江海年鉴

2021

江门市江海区地方志编纂委员会　编

方志出版社
Publishing House of Local Records

图书在版编目（CIP）数据

江海年鉴. 2021 / 江门市江海区地方志编纂委员会编. -- 北京 : 方志出版社, 2021.10
ISBN 978-7-5144-4918-1

Ⅰ. ①江… Ⅱ. ①江… Ⅲ. ①区（城市）—江门—2021—年鉴 Ⅳ. ①Z526.54

中国版本图书馆CIP数据核字(2021)第275624号

责任编辑：顾洁
责任校对：刘玉霞
责任印制：赵楚
出 版 者：方志出版社
地　　址：北京市朝阳区潘家园东里9号（国家方志馆4层）
邮　　编：100021
网　　址：http://www.zgfzcb.cn
发　　行：方志出版社图书营销中心（010-67110500）
印　　刷：江门市江海区艺朗彩色印艺有限公司
开　　本：889毫米×1194毫米　1/16
印　　张：12.25
字　　数：294千字
版　　次：2021年10月第1版
印　　次：2021年10月第1次印刷
定　　价：280.00元

编辑说明

一、《江海年鉴》是江门市江海区地方志编纂委员会主持编纂的地方综合年鉴，以马克思列宁主义、毛泽东思想、邓小平理论、“三个代表”重要思想、科学发展观和习近平新时代中国特色社会主义思想为指导，坚持辩证唯物主义和历史唯物主义的立场、观点和方法，存真求实，全面客观反映江门高新区（江海区）的政治、经济、文化和社会各项事业的发展和基本情况。

二、《江海年鉴（2021）》记述时限自2020年1月1日至2020年12月31日。采用分类编辑法，结构分为类目、分目、次分目、条目4个层次，条目为记述实体单元，标题统一使用黑体字加【】标示。类目设有特载、大事记、概况、党政机关、群众团体、法治·军事、经济、城乡建设、文化、社会事务、街道、附录。

三、内文所载国民经济和社会发展的统计数据，入书时以区统计局公开发布的数据为准。统计数据采用法定计量单位。条目中的数字由于统计口径和时限范围，或存在与统计部门数据不一致的地方，使用时应参照《江门市江海区统计年鉴》所示数据。有关数据比照2019年同期增长或者减少，统一以“增长”或者“减少”表示之，前缀不另使用“同比增长”或者“同比减少”字样。

四、《江海年鉴（2021）》资料由江海区各街道、区直各单位和区内有关单位部门提供，图片由区委宣传部提供。

2020年3月1日，江门高新区（江海区）2020年第一季度重大项目集中动工活动

2020年5月8日，江门高新区（江海区）2020年第二季度重点项目集中动工（投产）活动

2020年8月28日，江门高新区（江海区）2020年第三季度重点项目集中动工（投产）活动

2020年11月19日，江门高新区（江海区）2020年第四季度重点项目集中动工（投产）活动

2020年6月19日，江门市碧道建设工程EPC+O（设计采购施工运营总承包模式）项目江海段开工仪式

2020年12月15日，江门高新区（江海区）油湾片区城市更新改造启动暨城央绿廊油湾段动工活动

2020年4月28日，江门市“云招商”推介活动“湾区新商机·珠西增长极”高新（江海）分会场

2020年12月11日，江门国家高新区深圳产业共建对接交流会

2020年5月18日，江门高新区（江海区）与江门农商银行战略合作协议签约仪式

2020年7月10日，江门市人民政府、珠海华润银行举办战略合作签约仪式

2020年1月28日，高新区（江海区）新型冠状病毒感染的肺炎疫情防控指挥部会议

2020年1月31日，釜山公园条幅防疫宣传

2020年2月9日，外海街道麻三村开展防疫入户登记和检测

2020年2月10日，高速公路出口防疫检查

2020年2月24日，江海区组织包车到广西省开展“点对点”劳务对接活动，接送员工返岗支持企业全面复工复产

2020年2月26日，江门市中心医院江海分院负压救护车移交仪式

2020年3月6日，江海区宏健医疗器械有限公司捐赠防疫物资

2020年4月1日，自由之光集团向环卫工人捐赠口罩

2020年1月1日，龙溪湖阅读中心启用仪式

2020年4月17日，江门高新区高价值专利培育布局大赛

2020年6月1日，江门儿童公园正式开园

2020年6月20日，2020年江海乡村旅游文化节暨礼乐葡萄节开幕

2020年9月27日，“乐过秋天”2020年江海区迎国庆市民歌会

2020年10月1日，在江门演艺中心举办的“江门圩日”活动

2020年10月1日，在江门演艺中心举办庆祝中华人民共和国成立71周年江海区龙狮文化节

2020年10月6日，江门市江海区科技馆、图书馆、青少年活动中心揭牌启用

2020年10月6日，龙溪湖时尚运动中心盛大启用

2020年10月23日，第5届广东省科普剧大赛在广东科学馆举办，天鹅湾小学获表演赛学校组一等奖

2020年11月12日，在江门演艺中心举办江海区第九届文化艺术节开幕式暨2020年江海区青少年课本剧文化节总决赛

2020年11月17日，在白水带体育公园举办江海区“体彩杯”市民运动会暨“华润银行杯”篮球大赛

2020年11月21日，在龙溪湖公园举办“文明健康　有你有我”君逸府杯龙溪湖公益健走活动

2020年11月28日，广东省首届演武大会开幕式

2020年12月23日，“文明江海　有你有我”江海区第九届文化艺术节颁奖仪式

2020年12月30日，江门一中附属小学启用仪式

2020年5月1日，江门市江海区“乐购侨都·约惠江海”五月惠民消费节

2020年6月28日，在江海区人民政府机关大院举办2020年“广东扶贫济困日”活动启动仪式

2020年10月1日，江门高新区（江海区）“乐购高新 宜居江海”国庆黄金周消费节

2020年12月11日，“共圆小康梦 奋进新征程”新时代文明实践江门“七个一百”精品项目下基层活动江海会场挂图及图书赠送仪式

龙溪湖阅读中心

龙溪湖时尚运动中心

江门儿童公园

釜山公园、釜山人行天桥

江海区“两馆一中心”（科技馆、图书馆、青少年活动中心）

江海区科技馆

江海区图书馆

江海区青少年活动中心

下沙公园

江门高新港

目 录

◆ 市场监督管理

◆ 国有资产管理

◆ 财政

◆ 税务

街　道

◆ 外海街道

◆ 礼乐街道

◆ 江南街道

附　录

特载

江门市江海区人民政府工作报告

——2021年3月9日在江门市江海区第十届人民代表大会第七次会议上

江门高新区管委会常务副主任
江门市江海区人民政府代区长　郑丹辉

“十三五”时期及2020年工作回顾

“十三五”期间，区政府坚持以习近平新时代中国特色社会主义思想为指导，全面贯彻党的十九大和十九届二中、三中、四中、五中全会精神，深入贯彻习近平总书记对广东系列重要讲话和重要指示批示精神，在省委、省政府，市委、市政府和区委的正确领导下，在区人大及其常委会和区政协的监督支持下，坚定不移贯彻新发展理念，认真落实省委、省政府“1+1+9”工作部署，市委、市政府“1+1+5”工作举措和区委、区政府“1+1+12”工作任务，抢抓“双区”建设重大历史机遇，开拓创新、真抓实干，决胜全面建成小康社会取得决定性成就，“十三五”规划主要目标任务顺利完成，国家级高新区综合排名实现大幅跃升，为开启全面建设社会主义现代化新征程奠定坚实基础。

五年来，我们奋力推进经济平稳较快发展，综合实力迈上新台阶。2020年全区实现地区生产总值249亿元，比2015年增加100亿元，五年年均增长7.5%，高于全国、全省、全市平均水平。主要经济指标持续稳定向好，规模以上工业增加值年均增长9.1%，固定资产投资年均增长16.4%，社会消费品零售总额年均增长5.6%，外贸进出口总额年均增长10.4%，实际利用外资年均增长19.7%。经济结构更加优化，三次产业比重从“十二五”期末2.4∶58.9∶38.7优化为2∶53∶45。

五年来，我们奋力推进国家重大发展战略落地见效，融入“双区”建设开创新局面。产业创新协同发展成效显著，引入大湾区中心城市优质产业项目超100个，总投资近800亿元，引入优质创新平台超30个，“广深港澳总部+江海基地”“广深港澳研发+江海转化”等合作格局逐步成形。交通基础设施“硬联通”扎实推进，新建、改扩建道路38条，完成交通投资106亿元，总长56千米，分别是“十二五”时期的5倍和4倍，形成城轨、高速路、省道、城市主次干道和水路相互交织的综合交通网络体系。机制“软联通”不断优化，“放管服”“证照分离”“数字政府”深入推进，“四个一”工作机制和“承诺制”“清单制”“委托制”有效实施，项目审批平均提速超1个月。

五年来，我们奋力推进创新驱动发展，创新引领能力实现新突破。创新平台提质增效。新增国家级创新平台3家；现有新型研发机构、工程中心等创新平台329家，是“十二五”期末的6倍；国家、省级创新创业孵化载体7家，面积50万平方米；全社会研发经费支出占地区生产总值比重增长到4%以上，远高于全国、全省、全市水平。创新主体不断壮大。国家高新技术企业405家，是“十二五”期末的8.5倍；高新技术产品产值占规模以上工业总产值比重增至61.6%；增国家“万人计划”人才3人、广东“特支计划”人才2人、硕博士428人、高技能人才1.2万人；每万人发明专利拥有量达35件，是全国平均水平的2.4倍。科技金融深度融合。高新区金融中心投入运营，全区科技支行由3家增至7家；建成全省首个园区企业信用评价体系，率先开展“中小企业信用体系实验区暨金融科技产业化基地”创建试点工作。

五年来，我们奋力推进工业立区制造强区，产业发展取得新成效。工业经济优化升级，全区先进制造业、装备制造业增加值年均分别增长12.5%、16.1%，获评广东省制造业发展优秀县（市、区），成为全省唯一的泛珠三角区域工业和信息化合作创新发展试点示范园区。德昌电机、优美科、摩尔电子等一批行业龙头相继建成投产，高端机电装备制造、新材料、新一代电子信息三大战略性新兴产业集群总产值突破300亿元，占全区工业总产值的60%以上。规模以上工业企业超310家，较“十二五”期末增长45%。技改投资累计完成174.7亿元，年均增长28.9%。

五年来，我们奋力推进“三区并进”，城乡面貌展现新形象。老城区累计完成城市提质工程163项，总投资约121亿元，高标准建成城央绿廊10千米，成为全市唯一入选省级万里碧道工程的试点项目，一批老旧小区全要素提升成效显著。产城人融合发展区的品牌商业综合体、金融配套、优质学校等相继建成。都市农业生态区绿色发展潜力持续释放，集科技农业、休闲农业、绿色农业功能于一体的都市农业生态公园和6.4千米长的乡村绿廊建成运营。

五年来，我们奋力推进发展成果共享，民生福祉达到新水平。坚决贯彻落实以人民为中心的发展理念，民生支出年均增长12.4%。年均新增就业、再就业人数超1万人，城乡居民人均可支配收入较2010年翻一番。社保扩面工作成效显著，基本实现全民医保。低保人员、特困人员、孤儿、困难（重度）残疾人等四类人群补贴标准均比“十二五”期末提高50%以上。教育事业实现跨越式发展，高标准新建学校7所，推动20所中小学升级扩建，新增公办优质学位1万多个。紧密型“医联体”建设走在全市前列，市中心医院江海分院、五邑中医院江海分院实现与总院一体化管理。文体事业蓬勃发展，建成国家一级文化馆1家、省一级文化站3家、文体广场65个。扫黑除恶专项斗争深入推进，刑事治安警情、刑事立案较“十二五”期末分别下降17.1%、28.3%，社会安全形势总体稳定向好。

五年来，我们奋力推进政府自身建设，治理能力得到新提升。持续深入学习习近平新时代中国特色社会主义思想，全面落实第一议题制度，认真开展“两学一做”和“不忘初心、牢记使命”等主题教育，持续深化“大学习、深调研、真落实”，不断增强“四个意识”、坚定“四个自信”、做到“两个维护”。政府党组自身建设不断加强，中央、省委巡视整改措施按要求完成或取得阶段性成效，认真落实区委巡察整改工作。党风廉政建设、意识形态工作全面深化，机构改革各项任务圆满完成，审计监督实现全覆盖，基层减负效果明显。

2020年是决胜全面建成小康社会、决战脱贫攻坚之年，也是“十三五”规划收官之年。面对世纪罕见的三重严重冲击，我们在以习近平同志为核心的党中央坚强领导下，认真落实省委、省政府，市委、市政府的工作部署和区委的工作要求，慎终如始抓好疫情防控，全力以赴做好“六稳”“六保”工作，较好完成区十届人大六次会议确定的目标任务，疫情防控和经济社会发展取得显著成效。地区生产总值增长3.5%，固定资产投资增长12.1%，地方一般公共预算收入增长5.3%，均排名全市第一；规模以上工业增加值增长5.1%，排名全市第二；城镇登记失业率2.5%；区人大代表票决的十件民生实事全面完成。

一、勠力同心、有为应对，疫情防控成效显著

坚决服从习近平总书记、党中央的统一指挥、统一调度，坚持把人民群众生命安全和身体健康放在首位，把依法防控疫情摆在压倒一切的位置，筑起疫情防控的“铜墙铁壁”。

闻令而动，精准防控，以最严举措遏制住疫情蔓延。第一时间成立区疫情防控工作领导小组（指挥部），迅速落实省重大突发公共卫生事件一级响应措施。及时落实“九个从严”“六个优化”“外防输入、内防反弹”等工作部署，全面推行集中隔离、社区排查、流行病学调查“三大硬招”，筑牢严防中高风险地区疫情输入、聚集性疫情发生、境外疫情输入、社区疫情反弹“四道防线”，有效遏制疫情蔓延。

科学救治，加强保障，以最强力量护佑人民生命安全和身体健康。畅通疑似病例、确诊病例转运救治渠道，7例确诊病例均已治愈出院，连续13个月无本地新增确诊病例，医务人员、各类专班工作人员“零感染”。成立区疾病预防控制中心，组建流行病学调查应急队伍，完成发热门诊（诊室）的规范建设和符合生物安全二级以上标准的临床基因扩增检验实验室建设。

团结一心，齐心抗疫，以最广范围构建全面防控大格局。构建以党员为骨干、志愿者和群众广泛参与的四级疫情防控体系，1453名网格员投入疫情防控工作，73个三人小组累计排查和防控重点人员964批、6245人次。疫情发生以来，我区各行各业涌现出了许多先进典型。区内40家企业为湖北等地提供应急防疫物资及生产设备，完成应急物资保障工作；17家企业均受到国务院联防联控机制专门致谢和省、市表扬；2人获得省级先进个人称号，26人次和14个单位、党组织获市表彰。

二、精准施策、提质增效，经济运行逆势增长

采取超常规举措、以超常规力度，落实“六稳”“六保”工作，扎实推进“双统筹”，奋力夺取“双胜利”。

工业和投资量质齐升。落实各级领导干部挂钩联系企业制度，出台支持企业复工复产“黄金六条”措施，兑现复工复产、创业稳岗、产业发展等扶持资金超3.3亿元，企业减税降费8.8亿元，全市最早实现规模以上工业企业、重点项目100%复工复产。完成工业投资54.9亿元，增长10.6%，63家战略性新兴产业骨干企业增加值增长18.2%。传统产业转型升级步伐加快，全年新增技改项目87个，总投资43.9亿元。开展“以投资论英雄”活动，推动103个优质项目集中动工（投产），投资总额超212亿元。省、市重点项目分别完成年度投资计划的172%、133%，均排名全市第一。其中，联升5G传导材料、上海通用机器人、骏鼎达特种材料等项目通过“容缺审批”“投资承诺制”，实现“摘牌即动工”，再次刷新项目落地的“高新速度”。

外经贸和消费加快恢复。落实稳外资外贸34项措施，积极搭建外经贸大平台，实际利用外资同比增长11.8%。引进菜鸟等大型优质跨境电商企业，推动崇达电路技术有限公司成为全市唯一海关AEO（Anthorized Economic Operator）高级认证的企业，8家企业纳入商务部防疫医疗物资出口“白名单”。新建“彩虹方块创意园”“水岸夜市”等消费空间，推动夜间经济发展。出台系列政策措施，推动汽车市场消费升级，促进消费回补。

财政和金融运行健康平稳。积极推进“数字财政”改革，在全省率先上线运行“数字财政”系统。获得地方政府专项债券5.7亿元和抗疫特别国债5100万元。全年金融业税收超1亿元，较2019年翻一番。31家金融机构入驻高新区金融中心，华润银行江门分行、工商银行江港澳跨境金融服务联络处、中国人寿保险公司江门第一分公司等金融机构相继开业。获批成立全市首家政府性融资担保公司。推动3家企业成功上市，其中广东奇德新材料股份有限公司成为全市首家创业板改革并试点注册制企业。

三、主动对接、质量为上，发展根基不断夯实

抢抓“双区”建设机遇，深化与大湾区中心城市产业协作、创新协同、软硬连接，促进经济社会高质量发展。

招商引资再创佳绩。落实“招商引资项目提质年”行动，瞄准大湾区中心城市开展精准招商。全年引进超亿元项目37个，投资总额超175亿元，其中投资20亿元以上项目3个，项目总数和投资总额实现“双增长”，投资强度、年创税率和容积率均为全市最高水平。优化拓展产业发展空间，盘活低效土地近26.67公顷、低效厂房约4万平方米，推动4个村级工业园升级改造。

创新能力全面增强。主动对接广深港、广珠澳科技创新走廊，加强珠三角国家自主创新示范区建设。大力培育高成长性企业，净增国家高新技术企业54家、省级“专精特新”企业5家，累计313家企业进入国家科技型中小企业库。科技载体提质升级，新增省级众创空间2家，南方职业学院大学科技园成为全市首家省级大学科技园。成功引入投资额超20亿元的网驿·江门智造科技港，高新创智城、产业加速园二期、粤湾云谷等相继投入使用。人才引育力度加大，发放各类人才项目补助补贴超2200万元，新增硕博士85人，新增省博士后创新实践基地2家、博士工作站1家。新增1家科技支行和1支创业投资基金，139家次科技企业通过市、区两级贴息获得银行贷款超11亿元。全国首家高新区知识产权运营公共服务中心投入使用，成功举办2020广东创新挑战赛（江门赛区）和全省首个县级区域高价值专利培育布局大赛。

“硬联通”深入推进。实施交通大会战项目19个，完成投资9.2亿元。江门高新港首期建成启用，成为华南地区最大的内河智慧港口。深茂铁路江海段前期工作扎实推进，中江高速扩建项目（江海段）动工建设，将与深中通道同步建成。南山路和五邑路主线已通车，连海路、礼乐路、礼东路等一大批城市主次干道建成投入使用，十纵六横的交通网络基本成形。

“软联通”持续优化。“湾区通”工程、商事登记“离岸受理”有效推进，创新“船边直提”等通关措施，大幅压缩进出口通关时间。商事制度改革全面深化，“微信办照”最快6分钟通过审批，开办企业手续1个工作日全部办结，办结时间压缩75%。新登记市场主体1.2万户，增长80.3%。依申请类事项基本实现“一次办、网上办、马上办、就近办”四个100%。“减证便民”专项工作深入推进，基层办事提交证明量降低90%以上。在全市首创政府工程项目招投标“评定分离”改革，围标串标、工程建设成本高等突出问题得到有效解决，为全市创造了经验。

四、突出特色、统筹兼顾，发展平衡性协调性明显提升

坚持人民城市人民建、人民城市为人民，着力解决发展过程中面临的不平衡不协调问题，全力打造高品质生产生活空间。

城市面貌日新月异。儿童公园、江海云道、城市阳台相继投入使用，下沙公园和儿童防疫服务中心、釜山中心、下沙中心、茶庵中心建成开放。科技馆、图书馆、青少年活动中心、龙溪湖阅读中心和时尚运动中心等优质公共设施成为全市文化新地标。油湾片区、联星村级工业园改造等城市更新改造工程顺利启动。仁美、中福、蓬苑等10个老旧小区全要素提升取得显著成效，永康、富田等8个口袋公园建成，全区新增停车位2万多个。环卫一体化改革稳步推进，在全市率先实现全域全要素全覆盖，生活垃圾分类示范片区基本建成。

乡村振兴亮点纷呈。连续两年代表江门市参加省乡村振兴实绩考核获粤西片区第一名。农村人居环境整治全域推进，整改“廊道”范围农田看护房超1100间，清拆田间乱搭窝棚30多万平方米。48个村（居）提前达到美丽宜居村标准，“彩虹村”“缤纷英南”、石鹤利社区等多个村（居）成为美丽乡村新名片。西江碧道和礼乐河碧道开工建设，累计完成碧道工程28.2千米，有望提前4年超额完成省的任务要求。省下达的“四好农村路”建设攻坚任务全面完成，农村生活污水处理设施实现全覆盖。农村土地制度改革进一步深化，“房地一体”农村不动产确权登记工作有序推进。

三大攻坚战成果丰硕。防范化解重点领域风险效果明显，完成国有“僵尸企业”处置和国企退休人员社会化工作，政府债务和隐性债务风险有序化解。如期高质量完成脱贫攻坚目标任务，建档立卡贫困户全部脱贫退出，协助作广西大新县实现脱贫“摘帽”。污染防治攻坚战成效显著，$PM_{2.5}$指标降至历史最低水平。严格落实“河长制”“湖长制”，在全市率先开启河湖物业化管理，地表水省考核断面水质优良比例和城市建成区黑臭水体消除比例均达100%，麻园河、龙溪河、马鬃沙河、礼乐中心河等实现“河清岸绿景美”。按时保质完成国务院督导的2家危险化学品生产企业搬迁改造任务，成功获评省循环化改造试点园区。

五、积极作为、共治共享，民生福祉日益增进

提升政府服务效能，用心用情用力办好民生实事，全面提升人民群众幸福感获得感安全感。

民生事业持续改善。2020年全区民生投入13.4亿元，占一般公共预算支出的70%。城镇新增就业5540人，“粤菜师傅”“广东技工”“南粤家政”三项工程成效明显。基本养老、医疗和住房保障覆盖面进一步扩大，低保、特困人员等群体实现应保尽保。全市首个区域性养老服务中心正式启用，未成年人救助保护体系逐步成形，预防青少年违法犯罪工作质量提高。教育优质均衡发展，江门一中附属实验学校、景贤初中和江门一中附小3所品牌学校竣工落成，新增优质公办学位4600多个。新建公办幼儿园2所，学前教育“5080”目标任务如期完成。医疗服务供给不断优化，建成全市唯一的国家标准化代谢病疾病管理中心，投资33亿元的高水平三甲医院市中心医院新院区项目动工建设，2家区级医院住院大楼完成医疗环境升级，3个街道的社区卫生服务中心完成中医馆建设，32个村级卫生站升级改造全面展开。

基层治理纵深推进。以全国首批农村社区治理实验区建设为抓手，打造英南村、江翠社区等一批社区治理示范村（社区），获得民政部高度肯定。区退役军人服务中心和街道退役军人服务站分别获评全国示范型单位和广东省五星级示范点。扫黑除恶专项斗争成果显著，社会治安、安全生产、食品药品、防灾减灾和消防安全等领域的形势平稳。连续4年获得全国信访工作“三无”县（市、区）称号。第七次全国人口普查工作顺利开展。

政府建设不断加强。持续抓好政府系统党风廉政建设，深入实施法治江海“十三条”，全省首创“行政检察+行政执法监督”的行政执法联合案卷评查模式，“两法衔接”和行政执法“两平台”建设加快。自觉接受人大和政协的监督，共办理各级建议提案429件，满意率均达100%。侨务、外事、台港澳、民族、宗教、人防、打私、妇女儿童、残疾人、地方志等工作得到进一步加强。

回首过去，我们豪情满怀，但也要清醒地看到推进高质量发展中存在的问题和短板：一是经济高质量发展的基础有待夯实。经济总量偏小，区域发展空间不足。支柱产业龙头带动作用仍需加强，现代服务业发展相对滞后。二是区域创新能力有待提升。高端创新人才不足，科研成果转化较少，科技服务体系尚需完善，科技创新对产业发展的支撑作用偏弱。三是城乡规划建设管理有待加强。精细化、智慧化管理水平偏低，基础设施配套仍需完善。四是教育、医疗、养老等公共服务供给有待改善，环境保护、安全生产存在薄弱环节。对此，我们要高度重视，采取有力措施加以解决。

“十四五”时期的目标任务

“十四五”时期是我国全面建成小康社会、实现第一个百年奋斗目标之后，乘势而上开启全面建设社会主义现代化国家新征程、向第二个百年奋斗目标进军的第一个五年。做好“十四五”时期各项工作，意义重大、影响深远。按照党的十九届五中全会精神和省委、市委的部署，根据区委《关于制定国民经济和社会发展第十四个五年规划和二〇三五年远景目标的建议》，区政府编制了《江门市江海区国民经济和社会发展第十四个五年规划和二〇三五年远景目标纲要（草案）》。

“十四五”时期区经济社会发展的主要目标是：以二〇三五年与全国同步实现社会主义现代化为目标，坚持目标导向和问题导向相结合，坚持守正和创新相统一，全力推动各项事业取得重大进展。地区生产总值年均增长7%左右，增幅高于全国、全省、全市平均水平，经济质量明显提升，夯实全面现代化的物质基础。改革开放取得新突破，社会文明程度得到新提高，生态文明建设实现新进步，民生福祉达到新水平，社会治理效能得到新提升。

“十四五”时期区经济社会发展的指导思想是：高举中国特色社会主义伟大旗帜，深入贯彻党的十九大和十九届二中、三中、四中、五中全会精神，坚持以马克思列宁主义、毛泽东思想、邓小平理论、“三个代表”重要思想、科学发展观、习近平新时代中国特色社会主义思想为指导，全面贯彻党的基本理论、基本路线、基本方略，深入贯彻落实习近平总书记对广东系列重要讲话和重要指示批示精神，统筹推进“五位一体”总体布局，协调推进“四个全面”战略布局，坚定不移贯彻新发展理念，坚持稳中求进工作总基调，以推动高质量发展为主题，以深化供给侧结构性改革为主线，以改革创新为根本动力，以满足人民群众日益增长的美好生活需要为根本目的，积极参与构建新发展格局，举全区之力融入“双区”建设，认真落实省委、省政府“1+1+9”工作部署，市委、市政府“1+1+5”工作举措和区委、区政府“1+1+12”工作任务，坚持工业立区、制造强区，推进治理体系和治理能力现代化，统筹发展和安全，实现经济行稳致远、社会安定和谐，努力把江海区打造成创新型经济主导的高水平高新区，为全市打造珠江西岸新增长极和沿海经济带上的江海门户，为全省在全面建设社会主义现代化国家新征程中走在全国前列、创造新的辉煌贡献高新（江海）力量。

实现“十四五”时期发展目标，必须坚持党的全面领导，坚持以人民为中心，坚持新发展理念，坚持深化改革开放，坚持系统观念。重点抓好六个方面工作。

一是积极服务全省打造新发展格局的战略支点。充分发挥产业和区位优势，注重需求侧管理，贯通生产、分配、流通、消费各环节，增强畅通国内大循环和联通国内国际双循环的功能，打造内需增长新引擎。力争“十四五”时期完成全社会固定资产投资超1600亿元、工业投资超640亿元、交通投资超200亿元。

二是建设更高水平的创新驱动发展示范区和科技创新强区。坚持创新在现代化建设全局中的核心地位，强化自主创新与开放创新、区域协同创新相互促进。加强创新主体培育，加快创新平台建设，完善全链条孵化培育体系。深化人才发展体制机制改革，加强高层次、创新人才和团队的引进和培育，打造创新人才高地。

三是建设粤港澳大湾区西翼特色现代产业体系。加快壮大“3+3”先进制造业集群体系，大力发展数字经济，推进产业优化升级。扎实发展六大产业核心基地，超前布局新型基础设施，提升产业平台承载力和质量效益。促进现代服务业优化发展，推进珠西产业金融综合改革示范区建设，推动生产性服务业向专业化和价值链高端延伸。

四是打造粤港澳大湾区西翼区域协调发展样板区。抓住“双区”建设重大历史机遇，强化与大湾区中心城市基础设施“硬联通”和营商环境“软联通”，全面参与珠江口西岸都市圈建设。加快推进“三区并进”，大力实施乡村振兴战略，推进城乡品质提升，促进城乡区域协调发展。

五是持续增进民生福祉和提高社会建设水平。建立居民收入增长长效机制，推动更充分更高质量的就业，促进教育高质量发展，全面推进健康江海建设，建立健全覆盖全民的社会保障体系。践行绿水青山就是金山银山理念，大力推动人与自然和谐共生，打造绿色发展引领区。提高社会文明程度，提升公共文化服务水平，推动文化事业和文化产业繁荣发展。

六是坚持统筹发展和安全。坚持总体国家安全观，把安全发展贯穿发展各个领域和全过程，坚决防范和化解各种风险，全面推进依法治区，保障政治安全、经济安全、人民生命安全、社会公共安全，建设更高水平的平安江海和法治江海。

2021年工作安排

2021年是中国共产党成立100周年，是实施“十四五”规划、开启全面建设社会主义现代化国家新征程的第一年，做好2021年工作意义重大、责任重大。我们要坚持高质量发展，巩固拓展疫情防控和经济社会发展成果，更好统筹发展和安全，从讲政治高度认识并做好经济工作，扎实做好“六稳”工作、全面落实“六保”任务，努力保持经济运行在合理区间，坚持扩大内需战略，扩大有效投资，强化科技战略支撑，扩大高水平对外开放，确保“十四五”开好局、起好步。

2021年全区经济社会发展主要预期目标是：地区生产总值增长7%以上，规模以上工业增加值增长7.5%以上，固定资产投资增长10%以上，社会消费品零售总额增长6%以上，外贸进出口总额保持正增长，地方一般公共预算收入增长6%以上，居民人均可支配收入增长与经济增长基本同步，城镇新增就业5400人以上，城镇登记失业率控制在3%以内。重点抓好以下工作：

一、坚持以“双区”建设为牵引，铸造高质量发展新引擎

始终把粤港澳大湾区建设作为纲举目张的大事，立足全省改革发展大局，全力支持深圳建设先行示范区，助推高质量发展。

深化协同发展。加强江海区与广深港澳在科技创新、先进制造业、高端服务业等领域的合作，高标准建设港澳青年创新创业基地，加快构建“广深总部+江海基地”“广深研发+江海制造”产业协同发展体系，推动江海区产业嵌入大湾区中心城市产业链和价值链。推进新型研发机构与科技成果转化基地建设，吸引大湾区科技成果转移机构在江海区设立分支机构。加快江门“侨梦苑”核心区建设，升级“侨之家”综合服务中心，加大侨资侨智招引力度，扶持重点侨资企业上规模、上档次，打造华侨华人创新产业集聚区。

强化内联外通。持续打好“交通大会战”，力争全年完成投资超10亿元。继续完善江门高新港的基础设施和交通配套，谋划二期建设，加强与盐田港、南沙港、高栏港等对接，打造国内一流现代内河港口和大湾区西翼物流枢纽门户。积极配合深茂铁路江海段、中江高速扩建（含外海至睦州支线）等重大交通项目建设，提升连接深中通道、港珠澳大桥等重要通道的便利度。加快推进白水带大道至金瓯路路段建设，力争金瓯路西延线和船厂跨江通道两大项目在上半年动工，谋划建设连海路南延线，解决城市交通堵点问题。

优化营商环境。学习借鉴粤港澳大湾区中心城市先进经验，主动对接深圳经济特区27条改革措施和40个首批授权事项，奋力将其打造为审批最少、流程最优、机制最活、效率最高、服务最好的区域之一。深化商事制度改革，大力实施“湾区通”工程，推进粤港澳大湾区综合窗口业务通办，促进投资贸易自由化、人员往来便利化。推进“证照分离”全覆盖试点改革，在“告知承诺”改革方面取得更大突破。推行市场退出便利化改革，加快实现注销“掌上办”。全面推进“双随机、一公开”监管标准化体系建设。深入推进“数字政府”建设，开展政务数据普查，完善基础数据库和专题数据库，推进智慧城市和智慧园区建设。优化企业服务，持续深化“评定分离”改革成效，为全市建设工程招投标领域改革提供经验。深入开展“暖企业、促投资”行动，兑现落实惠企政策，及时为企业解决用工、用地、用电、用气等困难。弘扬企业家精神、劳模精神和工匠精神，支持企业家参与涉企政策制订，保护企业和企业家合法权益。

二、坚持以创新引领为核心，打造具有核心竞争力的科技创新高地

坚持创新驱动发展战略，加强珠三角国家自主创新示范区建设，激发企业创新活力，营造良好的创新创业生态。

加强创新主体培育。持续开展高新技术企业树标提质行动，加强科技型企业梯度培育。深入实施制造业主体立柱行动和“小升高、高升规”行动，加强重点企业成长监测，力争培育10亿元以上企业10家、“小升规”企业20家以上，打造一批“专精特新”企业。

深化科创平台建设。加大科技招商力度，力争引进重大科技创新平台2个以上。加快高新创智城、网驿·江门智造科技港、电子信息产业港等科技综合体建设，高标准打造金瓯路

“创新创业大道”。深化产学研融合发展，支持重点企业与高校院所建设一批共性技术研发中心，引导高校、科研院所围绕优势领域建设专业孵化器。推动新型研发机构提质升级，做实做强江门大健康国际创新研究院、泛亚生物研究院。加强江门市珠西科技产业创新服务中心和高新区知识产权公共服务中心建设，为江门及珠三角地区企业提供高质量、高水平的公共服务。

落实“人才强区”战略。深入实施“高新英才”计划和百名博（硕）士引育工程，充分发挥全国博士后创新（江门）示范中心、珠西先进产业优秀人才创业创新园等平台作用，引进培育一批创新型企业家、高层次人才和创新创业团队。加强高技能人才引进培育，开展企业职工技能提升培训、新型学徒培训和重点群体技能培训，推进职业技能等级企业自主认定和社会化认定。优化人才政策，落实区领导联系高层次人才和人才服务专员制度，营造有利于人才成长和创新创业的良好环境。做大做强“科技杯”“乐业五邑”等创新创业大赛，打造具有区域影响力的品牌赛事。

三、坚持以工业立区、制造强区为根本，构建粤港澳大湾区西翼特色现代产业体系

把发展经济的着力点放在实体经济上，在培育产业新动能中塑造新优势，推动经济高质量发展。

做强产业集群“壮筋骨”。深入贯彻落实省委、省政府关于“双十”战略性产业集群的工作部署，推进市委、市政府关于制造业高质量发展“八大行动”，提升产业发展质量。加快推进以德昌电机、优美科、摩尔电子为“链主”的三大产业链项目建设，带动高端机电装备、新材料和新一代电子信息等三大战略性新兴产业集群发展。加快推进金多多、贝尔斯顿、乐的美等项目建设，优化提升大健康、智能家电、智慧照明等产业。大力发展制造业总部经济，争取引进区域性综合型总部、研发总部。围绕产业集群补链强链延链控链，加大招商引资力度，力争在引进投资超50亿元项目上取得突破。突出制造业数字化网络化智能化转型，鼓励和支持企业应用新技术、新工艺、新材料、新设备，推动45家以上工业企业实施新一轮技术改造。推进智能制造试点示范和机器人应用，推动20家以上工业企业“上云上平台”。突出5G产业赋能制造业发展，支持企业打造5G智慧工厂。

建强产业园区“提效能”。扎实推进高端机电装备制造产业集聚区、新一代电子信息产业集聚区、新能源新材料产业集聚区、现代服务产业园、大健康产业基地、智能智造产业基地等六个产业核心基地建设。协同新会睦洲、三江共建产业配套基地，打造“总部经济区+新兴产业集群+产业服务配套”的产业发展新格局。全面提高园区土地集约利用效率和园区综合效益，加快推动12个村级工业园升级改造。持续开展清洁生产，推动园区循环化改造，支持工业固废综合利用示范项目建设。创新园区管理机制和投资运营模式，完善园区及周边区域生活、医疗、教育等公共服务设施配套。

增强产业金融“稳支撑”。以建设珠江西岸产业金融综合改革示范区为目标，以高新区金融中心为主阵地，加大金融机构引进力度，形成涵盖银行、证券、保险、担保的金融服务体系。引进广东股权交易中心江门运营中心，推动全市首家政府性融资担保公司加快投入运营，做好“信易贷”平台推广，完善多元化、多层次、多渠道投融资体系。深入实施“金种子”三年行动，加强企业上市辅导，利用资本市场实现高质量发展。

四、坚持以打造新发展格局战略支点为目标，激发内外联动发展潜力

把实施扩大内需战略同深化供给侧结构性改革有机结合起来，发挥有效投资的关键作用和消费需求的拉动作用，畅通双循环关键节点，努力在构建新发展格局中赢得先机、占得主动。

抓牢有效投资关键点。深入推进“工业项目建设提速年”行动，实现每季度动工（投产）一批工业项目。实施新基建行动计划，重点加大对5G、大数据、人工智能、物联网等新型基础设施领域投资。积极争取上级资金支持，参与重大项目投融资“金舱”对接，破解基础设施、城市更新等项目资金难题。加大国企改革力度，增强国有企业在基础设施和公共服务领域的投资运营能力。

挖掘消费升级潜力点。优化商业网点布局，持续提升江海广场、演艺中心、麻园片区和下沙片区商业功能，加快推进夜间经济重点集聚区及10个夜间经济示范项目建设。巩固提升汽车、房地产等大宗消费，进一步促进商产文旅等多种消费业态联动，策划推出一批有集中度、显示度的主题营销活动，提振消费活力。强化市场秩序监管和消费者权益保护，营造安全放心的消费环境。

培育对外开放增长点。抢抓区域全面经济伙伴关系协定（RCEP）签署实施和中欧全面投资协定（CAI）签订的政策机遇，用好广交会、“江港澳”展览合作平台和“关地企”直通车机制，加强与“一带一路”沿线国家和地区的经贸合作，推动江海产品更好走出去。积极参与中国（江门）跨境电商综合试验区建设，扩大全区保税物流和跨境电商进出口。大力实施品牌战略，支持出口产品转内销。引进一批高质量、强带动的外资项目，大力稳住外贸外资基本盘。

五、坚持以提高发展平衡性协调性为导向，推动区域高质量发展

以更大投入、更精准措施，着力破解发展不平衡不协调问题，打造粤港澳大湾区西翼区域协调发展样板区。

大力推进江海版“三区并进”。老城区聚焦出新出彩、焕发活力。加快推进城央绿廊沿线油湾、金溪、下沙、纸厂、船厂等片区的城市更新改造。加快启动麻园特色小城镇建设，积极谋划江海云道二期工程。完善儿童公园配套，加快建成儿童特色酒店。加快推动新中、竹苑社区等6个老旧小区微改造，加强农贸市场及周边创文整改综合治理工作。产城人融合发展区聚焦做大做强、提升城市能级。推进总部科技园二期和明泰广场、东汇城建设，确保万达广场6月满铺开业，力争高新区金融中心B座7月投入运营。持续完善产业新城的基础配套，高标准推进东海路全要素提升和龙溪绿色生态景观中轴建设，启动港澳客运码头片区建设，高水平打造通江达海的“江海门户”。都市农业生态区聚焦生态优先、绿色发展。以农业生态公园、乡村绿廊为牵引，积极打造城乡居民休闲运动的好去处，带动农民致富、农业增收。

深入实施乡村振兴战略。积极发展富民兴村产业，进一步完善农产品质量安全监管体系，高水平建设“一村一品”，打造具有江海特色的农产品品牌。开展农村承包地经营权流转示范片创建，促进土地连片流转、适度规模、集约经营。加强高标准农田建设，严防死守耕地红线，坚决遏制耕地“非农化”，切实保障粮食安全。落实粮食节约行动。实施乡村建设行动，深化农村人居环境整治，持续推进“廊道”“四好农村路”省级示范点等项目建设，加强农村公共文化建设，培育优良家风、

文明乡风和新乡贤文化，打造3个美丽乡村示范片。深化扶贫改革，建立健全脱贫攻坚与乡村振兴有效衔接的长效机制，巩固拓展脱贫攻坚成果，接续推进对口帮扶工作。

稳步提升生态环境质量。积极参与国家生态文明建设示范市创建，大力推进美丽江海建设。巩固污染防治攻坚战成果，系统推进大气、水、土壤、固体废物污染防治。持续推动能源结构优化，降低碳排放强度，大力推广清洁能源。推进市政排水系统整治和污水管网建设维护工程，提高污水处理效率。高水平推进万里碧道建设，年内完成江门水道下沙至船厂段、西江外海段、礼乐河段等20千米长的碧道建设。深化环卫一体化改革，持续推进垃圾分类工作。

六、坚持以人民为中心，筑牢民生发展基石

全面增进民生福祉，让全区群众的获得感成色更足、幸福感更可持续、安全感更有保障。

拓宽就业增收渠道。落实援企稳岗促就业政策，健全企业用工监测机制，加强退役军人、高校毕业生、就业困难人员、贫困劳动力等重点群体就业帮扶，加大公益性岗位托底安置力度。深化创业带动就业，深入开展“粤菜师傅”“广东技工”“南粤家政”三项工程。持续推进根治欠薪行动，构建和谐劳动关系。

办好人民满意教育。加快推动全国知名重点品牌中学落地建设，规划启动油湾、滘头、江海门户等片区的学校建设。持续推进名校长、名师、名班主任工程，大力引进“双一流”大学和高水平师范院校毕业优秀教师。创新教研管理模式，推进信息技术与教研深度融合。推进学前教育扩容提质工程，扩大公办和普惠性幼儿园总量，改善办学条件，建设区域学前教育品牌。支持和规范民办学校发展，规范校外培训机构。

加强健康江海建设。毫不放松抓好常态化疫情防控，筑牢联防联控、群防群控工作体系，加强重点人群重点机构重点场所疫情防控工作，提高医疗救治、物资保障、核酸检测和隔离保障能力。坚持以病人为中心、对标国际一流的建设和服务理念，加快建设高水平三甲医院。深化医联体建设，因地制宜发展特色专科。提升家庭医生签约服务质量，增强基层医疗机构服务能力，深入落实分级诊疗政策。加快推进疾病防控队伍建设，努力提升疾病预防控制专业化、科学化水平。传承创新发展中医药事业，挖掘陈伯坛等中医大师的史迹，加强中医药高层次人才培育。落实妇女儿童发展纲要规划，健全妇幼保健服务体系。深入开展爱国卫生运动，巩固国家卫生城市创建成果。

健全多层次社会保障体系。配合做好机关事业单位养老保险制度改革和企业养老、医疗、失业、工伤保险基金省级统筹等重点改革工作。加强低保人员、特困人员、孤儿、困难（重度）残疾人等四类人群的生活保障，关注低收入群体生活。推进医疗服务和养老服务深度融合，推动养老服务机构标准化、品牌化发展。实施兜底民生服务社会工作双百工程，实现街道社会工作服务站100%覆盖，推进社会救助、社会福利、慈善和志愿服务事业发展。完善双拥工作长效机制，健全退役军人工作体系和保障制度，开展退役军人服务中心（站）能力提升行动。

完善公共文化配套。加快修缮陈少白故居，运营好科技馆、图书馆、青少年活动中心和龙溪湖阅读中心等文体设施，建设一批“口袋公园”，建成“十分钟文化圈”和“十五分钟体育生活圈”。深入推进全域旅游发展，提升葡萄音乐节、龙狮文化节、龙舟节等江海特色文旅品牌的知名度。健全文明城市创建常态长效机制，全面提升全国文明城市创建水平。

推动社会治理现代化。深化全国农村社区治理实验区建设成果，加大村（居）民议事会制度的推广力度，创新村（居）民积分管理方式。全面加强特种设备、食品、药品、工业产品的监管，进一步扩大监督性快检市场覆盖面。持续深入开展安全生产专项整治三年行动，推动“大应急”体系建设，加强应急管理信息化统筹规划和重要物资保障，提高防灾减灾抗灾救灾能力。加强社会治安防控体系建设，建立健全扫黑除恶常态化机制，严厉整治各类违法犯罪。

做好上述民生工作，必须加大民生投入，2021年财政安排民生支出14.4亿元，增长7.3%，切实保基本民生和保基层运转。抓好省、市、区十件民生实事和民生“微实事”落实，切实解决好群众普遍关注的操心事烦心事揪心事。继续做好侨务、外事、台港澳、统计、民族、宗教、人防、打私、地方志等工作。

开启新征程，展现新担当，对政府自身建设提出更高要求。我们将持续加强政府系统党的建设。深学笃行习近平新时代中国特色社会主义思想，不断提高政治判断力、政治领悟力、政治执行力，增强“四个意识”、坚定“四个自信”、做到“两个维护”。严守政治纪律和政治规矩，扎实开展党史学习教育，加强政府系统意识形态工作，自觉把党的领导贯穿到政府工作全过程、各领域。持续加强法治政府建设。深入贯彻宪法、民法典等法律法规，完善政务各领域办事公开制度，规范重大行政决策程序，严格规范公正文明执法。认真执行区人大及其常委会的决议决定，支持全省唯一的全国人大常委会法工委基层立法联系点工作，主动向区政协通报情况，不断提高人大代表建议、政协提案的办理质量。支持区监委和区人民法院、区人民检察院工作。提升政府治理能力，加强政府系统干部队伍建设，全面增强“八项本领”、提高“七种能力”，努力成为贯彻新发展理念、构建新发展格局的行家里手。持续加强廉洁政府建设。认真落实中央八项规定及其实施细则精神，力戒形式主义、官僚主义，坚持过紧日子。突出重点领域、重要部门、关键岗位廉政风险防控，深入推进审计监督全覆盖，营造风清气正的政治生态。

大事记

1月

1月1日，高新区（江海区）龙溪湖阅读中心面向广大市民免费开放。龙溪湖阅读中心总面积4000平方米，藏书量5万册，可容纳400多人同时阅读。阅读中心有3层，分为阅读区、休闲娱乐区及学习体验区。

同日，江门演艺中心2020年迎新春文创花市兰花展开展并长期向广大市民免费开放。此次兰花展展出80多个品种，有龙宇、大团圆、九仙牡丹等珍品兰花，还有市价30万元以上的母本兰花。同期展出的还有数十盆造型独特的艺术盆景，如黑骨茶、罗汉松、黄杨等名贵品种。

1月13日，中共江门高新区工作委员会2020年工作会议暨中共江门市江海区第九届委员会第九次全体会议召开，回顾2019年工作，部署2020年工作，高新区党工委书记、管委会主任，江海区委书记彭章瑞代表江门高新区党工委、江海区委常委会作工作报告，高新区管委会常务副主任、江海区区长劳茂昌就经济工作作专题讲话。

1月14日，高新区（江海区）召开“不忘初心、牢记使命”主题教育总结会议，高新区党工委书记、管委会主任，江海区委书记彭章瑞和市委主题教育第二指导组组长刘展红出席会议并讲话。高新区管委会常务副主任、江海区区长劳茂昌主持会议。

1月15—16日，江海区政协四届五次会议召开。会议听取区政协主席何腾作的区政协常委会工作报告和区政协副主席吴旭作的提案工作报告。全体政协委员通过无记名投票，增补选举袁美兰为区政协副主席、李艳芳为区政协常委。

1月16—17日，江门市江海区第十届人民代表大会第六次会议召开。高新区管委会常务副主任、江海区区长劳茂昌代表区政府向大会作政府工作报告及民生实事候选项目说明，区人大常委会主任余志坚作人大常委会工作报告。会议还听取区人民法院工作报告和区人民检察院工作报告。会议以举手表决的方式，通过江门市江海区第十届人民代表大会社会建设委员会主任委员、副主任委员、委员名单和江门市江海区第十届人民代表大会财政经济委员会主任委员名单。

1月19日，江海区礼乐街道向东村首届桃花文化节在江海区博雅学校举办。现场颁发“向东桃花种植引进第一人”、“‘桃花王’种植户”、“最美家庭”和“最美村民”等荣誉证书。

1月26日，高新区（江海区）召开新型冠状病毒感染的肺炎疫情防控工作会议，传达学习贯彻习近平总书记对新型冠状病毒感染的肺炎疫情重要指示和重要讲话精神，并结合省、市有关会议精神对疫情防控工作再研究、再部署、再推进。高新区党工委书记、管委会主任，江海区委书记彭章瑞出席会议并讲话，高新区管委会常务副主任、江海区区长劳茂昌主持会议。

1月31日，高新区（江海区）新型冠状病毒感染肺炎疫情防控指挥部召开“网格化”疫情防控工作会议。会议通报全区防控工作情况和实施“网格化”疫情防控需注意的问题，就全面实施“网格化”疫情防控工作提出具体工作要求。

2月

2月8日，高新区（江海区）召开疫情防控指挥部工作会议，对新冠肺炎疫情防控工作进行再动员、再部署、再落实，推进江门市出台的疫情管控“九个从严”措施落地。

2月17日，《江门高新区（江海区）应对新型冠状病毒肺炎疫情支持企业复工复产的若干措施》（“黄金六条”）出台，全力支持防疫应急保障物资生产企业、全力保障企业复工复产。

3月

3月1日，国务院应对新型冠状病毒肺炎疫情联防联控机制（医疗物资保障组）发出感谢信，其中对江海区经济促进局和铁金刚机械有限公司、业伟成机械厂等做出重要贡献生产企业点名表扬。

同日，高新区（江海区）举办2020年第一季度重大项目集中动工活动。此次集中动工项目共有16个，总投资超过40亿元，其中包括投资额超过20亿元、占地7.33公顷的高端智能装备制造项目组团，还有一行路等配套工程项目。

3月5日，广东省科学技术厅正式发布《广东省科学技术厅关于公布2019年度国际化科技企业孵化器　粤港澳科技企业孵化器名单的通知》，启迪之星海外（粤马）孵化平台作为重点支持的国际化孵化载体成功入选2020年广东省科技孵化育成体系高质量发展项目计划，获评广东省2019年度国际化科技企业孵化器，成为江门市首个与海外孵化基地合作共建的国际孵化器平台，全省仅两家上榜。

3月7日，广东省总工会决定授予先进女职工集体省五一劳动奖状20个，授予先进女职工省五一劳动奖章30名。其中，江海区辉隆塑料机械有限公司博士后创新实践基地的博士后梁艳艳被授予“广东省先进女职工”称号。

3月27日，江海区司法局与中国建设银行江翠支行联合成立江海区首个“劳动者港湾公共法律服务延伸工作室”，通过互助协作的政银合作模式，工作室将为辖区群众提供更加便民、利民、惠民的公共法律服务。

3月31日，江海区企业已复工7202家，工业企业复工率100%，2月底前全部复工的301家规上工业企业，产能恢复超过90%；全区1—2月工业投资、技改投资、装备制造业投资增速位列全市第一。

4月

4月21日，高新区（江海区）举行2020年江海区知识产权宣传周启动仪式暨广东省知识产权保护中心维权援助江海服务工作站揭牌仪式。此次宣传周活动主题为“知识产权与健康中国”。启动仪式上，知识产权专家志愿服务团队成员获颁聘书，知识产权示范企业获授奖牌。

同日，广东省普法办、广东省司法厅、广东省工信厅、广东省国资委、广东省工商联、广东省总工会联合发文，通报2019年度广东省“法治文化建设示范企业”评选结果，高新区（江海区）5家企业榜上有名，包括广东威铝铝业股份有限公司、江门市公共汽车有限公司、江门金钻辉精密铸造有限公司、江门奔力达电路有限公司、广东大冶摩托车技术有限公司。

4月25日，2020年江海区“版权宣传周”暨“绿书签行动”活动在龙溪湖阅读中心举行。2020年的“绿书签行动”主题为“护助少年儿童健康成长，抵制有害出版物和信息”。

4月24日，江海区举行退役军人就业合作协议签约暨教育培训中心揭牌仪式。江海区退役军人事务局与江海区业伟成机械厂等10家企事业单位签订退役军人就业合作协议。江海区退役军人教育培训中心在广东南方职业学院挂牌成立。

4月27日，2020年春季第一批学生返校复课，高新区（江海区）共3492名高三、初三学生返回校园复课。

4月28日，高新区（江海区）知识产权融资优秀合作单位授牌仪式暨“餐饮贷”贷款项目发放仪式在高新区火炬大厦三楼举行。光大银行被授予高新区（江海区）知识产权质押融资优秀合作单位，并向江海区首个“餐饮贷”贷款企业江门市湘当有味餐饮管理有限公司发放贷款支票。

4月，高新区（江海区）建成首批垃圾分类示范点，先行选择26个社区、10个美丽乡村、7个重点场所创建一批符合“高新标准”的示范点，示范点配有四种分类垃圾桶，以及智能垃圾分类箱、雨棚、排水管道、洗手盆、宣传栏等。

5月

5月1日，高新区（江海区）与江门日报社共同举办的“乐购侨都·约惠江海”惠民消费节启动，30万元优惠券投放到位，消费节在“五一”假期拉动消费超6300万元。

5月8日，高新区（江海区）举办第二季度重点项目集中动工（投产）活动。此次有重点项目动工（投产）26个，总投资超55亿元。其中，已投产落地9个，投资额近40亿元，包括总投资5.6亿元的江门220千伏岱建（高新）输变电工程项目、下沙水上人家、龙溪湖时尚运动中心等。

5月18日，为推动高新区（江海区）高质量发展，营造良好的金融生态环境，高新区党工委、管委会，江海区委、区政府与江门农商银行在高新区金融中心签署战略合作协议，江门农商银行将提供500亿元支持高新区（江海区）地方经济建设。

5月20日，江海区残疾人一元公益超市、江南街道残疾人一元公益超市、江海区肢残人协会正式揭牌。一元公益超市是江海区首个残疾人公益平台，内设“等价兑换区”“一元购物区”“5元展示区”“义工时兑换区”以及“公益岗位”等区域，并开展岗位培训及辅助性就业服务。

5月31日，江海区五月惠民消费节圆满收官，惠民消费节投放的30万元优惠券使用率超过90%，直接拉动消费超8500万元。

同日，“打卡文明·成长不疑惑”高新（江海）青少年心理健康教育项目启动仪式和“快乐读书，快乐成长”亲子阅读故事会活动在江海区龙溪湖阅读中心举行举办。项目主要针对青少年开展“24+8”新时代文明实践活动。其中，“24”是指社会主义核心价值观，“8”是指文明礼仪中的八礼四仪。

5月，礼乐街道社区卫生服务中心16个特色专科门诊启用。特色专科门诊由该中心与江门市五邑中医院江海分院联合建设。门诊楼面积2031平方米。特色专科坚持中西医结合的方式，充分发挥中医简便验廉的优势，切实为基层群众解决看病难问题。

6月

6月1日，江门儿童公园开园。公园位于江海区江海一路釜山公园对面。占地面积10.8公顷，总投资1.3亿元，于2019年10月动工建设。儿童公园整体包括两大主题区：“梦”主题游乐区，建设用地面积约5万平方米；“沙”主题游乐区，建设用地面积5.8万平方米。

6月5—7日，2020高新区（江海区）城市建设成果展暨人居环境推介会在白水带体育公园举行，吸引近2万人次线下观展，16家房企共收获数以千计的意向客户。

6月6日，“书香飘万家，文明伴我成长”漂流书包活动启动仪式暨困境儿童慰问活动颁发仪式在龙溪湖阅读中心举行。活动现场为辖区首批15个家庭发放“漂流书包”和礼物，并为15名困境儿童发放爱心行李箱和抱枕。

6月19日，江门市碧道建设工程EPC+O项目江海段开工仪式在城央绿廊外海示范段举行。江门市碧道建设工程EPC+O项目江海段河道长16.8千米，分别为西江外海段碧道6.8千米，礼乐段碧道10千米。

6月28日，江门高新区（江海区）举行2020年“广东扶贫济困日”慈善公益活动启动仪式，现场接收认捐善款2011万余元。

6月30日，坐落于江海区富华路的江门一中附属小学举行主体封顶仪式。校园总建筑面积约1.5万平方米，开设36个教学班，提供1620个优质公办学位。

同日，“你我心连心，共话党群情”庆祝建党99周年主题活动暨高新区(江海区)党群服务中心、外海街道党群服务中心项目启动仪式在外海街道举行。党群服务中心项目由区、外海街道、银泉社区三级党群服务中心联合共建，主功能区面积约1300平方米，共4层，含9个功能室。

7月

7月17日，“全民共建，幸福江南”百家公益日活动启动仪式在江海广场举行。活动现场，108家（个）爱心企业和个人获纪念牌匾。33家爱心企业来到现场进行服务展示、爱心义卖，当天活动的收益也成为百家公益基金的第一笔互助款。

7月24日，江海区首批“广东省放心消费承诺单位”“广东省线下无理由退货承诺店”授牌活动在江门高新区知识产权运营公共服务中心举行。广东生和堂健康食品股份有限公司等11家“广东省放心消费承诺单位”和江门市荣生商场有限公司等3家“广东省线下无理由退货承诺店”接受授牌。

8月

8月8日，2020年江海区生态体育节在长廊生态园启动。生态体育节由江海区文化广电旅游体育局主办，江门长廊生态园承办，时间为8月8—9日、15—16日。采用“体育+旅游”模式，引进水上摩托艇、水上飞人等特色体育项目到长廊生态园进行表演。

8月11日，江海区外海、礼乐、江南街道分别举行党政机构揭牌仪式，构建简约高效的基层管理新体制，进一步激发街道经济社会发展活力。

8月12日，2020年江门高新区高价值专利培育布局大赛决赛在江门高新区金融中心举行。大赛于2019年年底启动以来，对广大创新主体发出邀请，经过海选、初赛层层角逐，最终选拔出高端装备制造、新材料、新能源、大健康等热点领域的20支优秀队伍进入江高赛决赛擂台。进入决赛的20强项目，每个项目都拥有基础专利布局，部分项目专利布局数量达40余个，发明专利数量较高，各项目预期经济收益超千万元，技术上处于各行业先进水平。此次大赛设一等奖1名、二等奖2名、三等奖3名、最佳分析评议奖2项和最具投资潜力奖2项，总奖金达37万元。最终，广东自由之光照明实业有限公司“复合型洗墙灯”项目获一等奖。

8月14日，江海区在外海五大祠广场举行“我为城市添新绿”送花暨“垃圾分类”、法治惠民等宣传活动，现场向市民赠送市花、绿植约1100盆。

8月14日，江海区“关爱女童，护苗成长”保护女童人身权益三年行动联动机制启动仪式在江海广场举行。当日，全省首个区级护苗救助基金“江海区护苗基金”成立。护苗基金将为受侵害女童提供生活、医疗、学习、心理、技能培训和临时安置等方面的救助和帮扶。

8月14日，江海区青少年社会实践基地揭牌仪式在江门长廊生态园举行，长廊生态园占地面积约500公顷，是高新区（江海区）首个投资额超亿元的乡村休闲旅游项目。依托其独特的资源延伸学校教育，为青少年们提供更多优质的社会实践课程与活动内容。

8月20日，在外海银泉社区，江海区“三社联动”（社会治理、社区服务、社工成长联动）家政示范社区揭牌，江海区家政服务中心启动运营。家政服务中心通过“公益性+市场化”运作模式，针对就业困难人员、低保家庭成员等重点群体提供公益性技能培训并推荐其就业，为社区有家政服务需求的困难群体提供公益性家政服务。

8月24—28日，2020年江门市“中国体育彩票杯”青少年足球锦标赛在江门市体育场和白水带体育公园举行，江海区足球代表队参加6个专业竞技组别比赛，获得男子乙组、男子丙组双冠军，女子乙组亚军、男子丁组季军。

8月27日，江海区新的社会阶层人士联合会成立大会召开。江海区新阶联由辖区内的民营企业和外资企业的管理技术人员、中介组织和社会组织从业人员、自由职业人员、新媒体从业人员等新阶层人士、单位自愿组成，是具有统战性、联谊性、专业性的非营利性社会团体。

8月28日，江门高新区（江海区）举行2020年第三季度重点项目集中动工（投产）活动。此次集中动工（投产）重点项目38个，总投资额超50亿元，包括金多多食品集团高端糖果生产中心、摩尔材料（发热体）研发生产项目等。

8月，江海区职业技能大赛开幕，共有来自不同行业的335名选手将参加育婴员、妇婴护理、广式点心制作、广府风味菜烹调4个比赛项目的角逐。参加此次竞赛的选手享受免费技能培训，竞赛技能成绩达到要求的学员可以获得相应专项职业能力证书，竞赛成绩优异的选手还可获得奖金。

9月

9月7日，江海区国防教育主题公园正式开园，江海区国防教育主题公园位于儿童公园B区附近地块，面积约3500平方米，内设中国人民解放军海军山东舰、歼-15舰载战斗机模型、《军民鱼水情》主体雕塑、江海英贤事迹介绍、国防教育小知识等。

9月10日，高新区（江海区）召开庆祝2020年教师节大会，表彰全区教育战线上涌现出的先进集体和先进个人，全区60名优秀教师（优秀教育工作者）获颁证书，30名30年及以上教龄的教师代表获颁荣誉证书（全区共有237名在职教师获得此荣誉）。

9月11日，江海区未成年人“一站式”取证中心正式揭牌并投入使用。“一站式”取证中心是办理未成年人被侵害案件的专用场所，设有谈话室、检查室、心理康复室等多个功能区域，通过“检警医”紧密协作模式，一次性完成案件询问、证据提取、心理辅导、身体检查等工作，最大限度减轻对未成年被害人造成的二次伤害，有效解决被侵害未成年人案件取证难、指控难、认定难问题。

9月16日，江海区残疾人农疗基地（一耕农场）正式揭牌。该农疗基地位于江海区礼乐街道向东村五间围，占地总面积5.33公顷，有农场蔬果园、养殖区、餐饮制作区、多功能活动区等不同功能分区，主要提供有机果蔬销售、休闲体验服务等项目，为残障人士提供康复治疗、技能培训与辅助性就业。

9月25日，江海区第一届建筑工匠技能竞赛在江门市时代倾城举行。此次大赛有5个施工企业代表参赛，各企业派出2支队伍分别参加木工实操和砌筑实操两项比赛。最终江门市兴华业建筑工程有限公司夺得木工实操、团体两项一等奖，广东亿德兴工程建设有限公司夺得砌筑实操一等奖。

10月

10月6日，江海区科技馆、图书馆、青少年活动中心和位于江门高新产业新城的龙溪湖时尚运动中心对外开放。“两馆一中心”位于江门高新区(江海区)高新创智城内，总投资2.5亿元，总建筑面积1.8万平方米。龙溪湖时尚运动中心占地面积5.6万平方米，是江门市首个全维度城市运动生活体验中心，包括极限运动区、篮球场、足球场等。

10月8日，为期5天的2020年高新区（江海区）国庆黄金周消费节圆满落幕。消费节以“乐购高新·宜居江海”为主题，汇集全区16家特色房企、20家汽车销售企业、50家工业产品企业，消费节期间带动消费近3亿元，最高补贴金额3000元。

10月16日，2020高新区（江海区）第七届“体育彩票杯”校园足球赛决赛及闭幕式在白水带体育公园足球场举行。此次赛事于9月22日拉开序幕，分为男子中学组、小学组和女子中学组、小学组4个组别。来自全区各中小学的34支队伍参赛。最终，银泉小学夺得男子小学组、女子小学组冠军，麻园中学夺得男子中学组冠军，礼乐三中夺得女子中学组冠军。

10月23日，第五届广东省科普剧大赛在广东科学馆圆满闭幕，江海区天鹅湾小学原创垃圾分类宣传科普剧《猪小戒和四个大桶》夺得一等奖。

11月

11月3日，第五届中国创新挑战赛（广东·江门高新）暨2020广东创新挑战赛（江门赛区）现场赛在江门高新区举行，经过前期筛选、评判，来自广州、宁波、天津、北京、上海等地多所重点院校、科研机构与科技企业共有12个项目进入现场赛环节，角逐总额28万元的奖金。最终，大赛决出4项优胜奖、8项优秀奖、2项创新需求奖，4家需求企业现场与项目团队签约，达成意向合作金额近300万元。

11月11日，江门市委组织部印发《关于评定江门市基层党建示范点的通知》，江海区被评为全市基层党建示范区；礼乐街道成功入选基层党建示范街；外海街道直冲村、礼乐街道英南村、江南街道江翠社区等15个村（社区）被评为基层党建示范村（社区）。

11月12日，江海区第九届文化艺术节开幕式暨2020年江海区青少年课本剧文化节总决赛在江门演艺中心侨都大剧院举行。此届文化艺术节从10月底启动，将持续至12月，设有书法、绘画、摄影、征文、手工艺品五大类别的赛事，青少年课本剧大赛为2020年首创，是此届文化艺术节的重头戏，9所小学、6所中学带来的15个作品上台角逐。最终礼乐中学《花木兰》、外海中心小学《梅兰芳·蓄须》、景贤小学《一件军大衣》获金奖。

11月13—14日，全国人大社会建设委员会在山东临沂召开基层社会治理暨“两委”组织法修法研讨会。应省民政厅商请，江海区民政局作为全省唯一县级代表与全国其他省份6个县级民政局到会发言。区民政局就江海区贯彻实施《城市居民委员会组织法》《村民委员会组织法》及在基层治理中的新做法、新经验进行交流。

11月17日，2020年江海区“体彩杯”第二届市民运动会暨“华润银行杯”篮球大赛开幕式在白水带篮球场举行。此届市民运动会由江海区委宣传部、江海区文化广电旅游体育局主办，江海区社会体育指导员协会承办，赛期持续到年底。包括篮球、武术、足球等11个项目，有3000多名市民报名参加各项赛事。

11月19日，高新区（江海区）举行2020年第四季度重点项目集中动工（投产）活动。此次集中动工（投产）的23个重点项目总投资65亿元，其中，有投资超20亿元的联升5G数据通信与传输线缆智能制造总部基地项目和投资超10亿元的贝尔斯顿增资扩产项目。

11月20日，中国文明网公布第二届全国文明校园名单，江海区礼乐街道新民小学上榜，这是江门市唯一一所上榜的小学。

11月28—29日，2020年广东省首届演武大会暨《中国武术段位制》段位技术考评（江门赛区）在江门市第一中学体育馆举行。大赛由广东省武术协会主办，江门市蓬江区、江海区文化广电旅游体育局支持，江门市社会体育指导员协会及广东华体武术文化发展有限公司共同承办，江海区武术协会协办，来自全省各地级市的近80支代表队、1200名武术爱好者同场竞技。

11月，位于高新区（江海区）的广东优巨新材料股份有限公司研发出一款名为聚醚酰亚胺（PEI）的特种工程塑料，该材料具有良好的机械特性，耐高温、耐磨，应用于航空、电子通信、医疗等各领域。此前，该材料在全球仅一家公司可以生产，优巨新材料打破国外垄断。

12月

12月10日，科技部火炬中心公布2019年国家级科技企业孵化器评价结果，江门市高新技术创业服务中心有限公司是江门市唯一获评国家、省“双A级”的优秀单位。

12月11日，以“湾区魅力，江门机遇”为主题的2020江门高新区深圳产业共建对接交流会在深圳举行，会上共洽谈意向投资项目超60个，涉及意向投资总额超300亿元。活动现场，特种精密电路板研发制造总部项目、高端热处理智能装备及新材料产业化项目、智能装备研发制造基地项目等涉及高端机电、新材料、新一代电子信息等领域的10个项目进行集中签约。

12月15日，高新区（江海区）举行油湾片区城市更新改造启动暨城央绿廊油湾段动工活动。此次项目规划用地总面积71公顷，总投资超60亿元。

12月22日，“江门市品牌社会组织”名单（第二批）公布，江海区社会服务发展中心和江海区晨光社会工作综合服务中心获“江门市品牌社会组织”称号。

12月23日，以“文明江海有你有我”为主题的江海区第九届文化艺术展演在江门演艺中心举行，持续近两个月的江海区第九届文化艺术节圆满落幕。文化艺术节自10月下旬启动，历时两个月，设置书法、绘画、摄影、征文、手工艺品五大类别的赛事，征集各类作品共计810件，并评选出41件金奖作品。

12月30日，高新区（江海区）与江门一中通过“合作办校”模式建设的江门一中附属小学正式揭牌启用。江门一中附属小学是由江海区委、区政府重点推动建设的一项重点民生工程，学校位于江门天骄半岛小区旁，校园建筑面积约1.5万平方米，办学规模为36个班，提供1620个优质公办学位。

12月30日，江海区疾病预防控制中心揭牌成立。同时，外海、礼乐、江南3个街道的社区卫生服务中心分别加挂街道疾病预防控制中心牌子。

12月30日，江门高新区（江海区）举办江门高新港竣工落成活动。江门高新港项目是广东省、江门市重点工程项目，首期项目投资12亿元，于2015年12月动工建设。项目占地面积40万平方米，岸线732米，年吞吐量120万标箱，使全市外贸船运吞吐量增长一倍，是华南地区最大的内河智慧港口。

概况

基本情况

【位置面积】 江海区在江门市东南部，是中心城区之一。地处珠江三角洲西缘，东北隔西江与中山市古镇镇相望，南接新会区睦洲镇，西依江门水道与新会区会城街道分界，北靠蓬江南岸与蓬江区为邻。总面积109.16平方千米。

【人口】 年末，户籍人口18.05万人；常住人口36.66万人。人口出生率12.6‰，死亡率6.6‰，自然增长率6.0‰。

【行政区划】 江海区是江门市辖县级建制区，与江门高新区合署办公。下辖外海、礼乐和江南3个街道，设社区居民委员会26个、村民委员会36个。

江海区行政区划一览表

表1

街道	面积（平方千米）	行政村	社区
外海街道	47.1	麻一、麻二、麻三、南山、中东、东南、东升、七东、七西、直冲、东宁、前进	墟镇、金溪、清兰、四大、沙津横、石鹤利、银泉、彩虹、永康
礼乐街道	50.3	英北、英南、东红、跨龙、东仁、雄乡、敬和、雄光、威西、五四、威东、向前、武东、乌纱、新民、新创、向民、新丰、向荣、新兴、向东、新华、丰盛、镇龙	墟镇、文苑、文昌沙、中福
江南街道	11.76	—	桥南、蓬苑、江翠、新中、竹苑、中沙、仁美、建联、银城、正南、永明、北湾、富横

江海区社会经济发展概况

【经济综述】 2020年，江海区实现地区生产总值249.03亿元，比2019年增长3.5%；人均地区生产总值69493元，下降1.3%。其中：第一产业增加值5.35亿元，比2019年增长2.8%；第二产业增加值131.7亿元，增长3.6%（工业增加值123.66亿元，增长3.6%）；第三产业增加值111.98亿元，增长3.4%。三次产业结构2.1∶52.9∶45.0。全年地方一般公共预算收入15.29亿元，增长5.3%，其中税收收入12.85亿元，增长2.8%。地方一般公共预算支出21.49亿元，增长9.1%，其中教育支出3.9亿元，比2019年增长2.3%；卫生健康支出1.72亿元，增长6.9%；社会保障和就业支出3.15亿元，增长19.4%。实际利用外资2.59亿美元，比2019年增长11.84%。全区列入省重点项目4个，投资额109.6亿元，年度计划投资7.5亿元，投资完成率300%。市重点项目80个，投资额523.57亿元，年度计划投资94.41亿元，投资完成率133%，全市排名第一。区重点项目100个，投资额705.78亿元，年度计划投资124.77亿元，投资完成率94.81%。103个重点项目集中动工，总投资212亿元。全年固定资产投资比2019年增长12.1%。

【农业】 全区农林牧渔业总产值9.17亿元，比2019年增长0.8%。粮食作物播种面积58.87公顷，比2019年增长11.6%；甘蔗种植面积547.8公顷，增长0.2%；蔬菜种植面积2124.8公顷，增长5.0%；粮食产量297吨，增长53.9%；果蔗产量4.59万吨，增长1.5%；蔬菜产量4.58万吨，增长5.5%；肉类总产量383吨，增长3.0%。水产品产量2.78万吨，增长3.7%。新增江门市级特色种养标准示范项目1个，为南美白对虾养殖标准示范园。建设江海区都市农业生态公园，位于礼乐街道会港大道以南，占地面积233.33公顷，设有农业科普长廊、荷香园、菜香园、果香园、鱼香园，配套共享厨房、浅水湾农庄等功能区域，其中荷香园为广东省最大的连片荷花主题公园。

【工业和建筑业】 全区工业投资完成54.92亿元，比2019年增长10.6%；技术改造投资完成44亿元，增长超6%；规模以上工业增加值113.5亿元，增长5.1%；实际利用外资完成2.59亿美元，增长11.84%，超额完成市下达任务129.31%。分行业看，计算机、通信和其他电子设备制造业、电气机械及器材制造业、非金属矿物制品业、化学原料和化学制品制造业、金属制品业等增加值排在前五位的行业比2019年分别下降1.4%、增长8.4%、下降9.6%、增长30.5%、增长9.1%。规模以上高技术产业增加值增长2.3%，占规模以上工业增加值比重36.7%；规模以上先进制造业增加值增长1.9%，占规模以上工业增加值比重69.2%。全年全社会建筑业增加值1.31亿元，比2019年下降2.2%。全年具有资质等级的总承包和专业承包建筑企业17个，比2019年增加8个；实现建筑业总产值4.45亿元，增长8.6%。实现利润总额0.12亿元；利税总额0.3亿元。

【服务业】 全区社会消费品零售总额56.8亿元，比2019年下降6.2%。分行业看，限额以上批发零售业实现零售额24.96亿元，比2019年下降5.1%；限额以上住宿餐饮业实现零售额1.39亿元，下降23.2%。分商品类别看，在限额以上批发零售业零售额中，粮油和食品类比2019年增长20.7%，文化办公用品类下降17.6%，汽车类下降5.9%，其他类增长3.4%。全区批发和零售业增加值11.54亿元，比2019年下降3.0%；住宿和餐饮业增加值3.66亿元，下降22.7%；金融业增加值8.67亿元，增长7.7%；房地产业增加值36.41亿元，增长11.5%；交通运输、仓储和邮政业增加值5.51亿元，下降2.1%；营利性服务业增加值24.5亿元，增长0.2%；非营利性服务业增加值21.62亿元，增长4.6%。全年规模以上服务业企业实现营业收入10.48亿元，比2019年增长17.5%；利润总额0.74亿元，增长4.6%。

【固定资产投资】 全年固定资产投资比2019年增长12.1%。分投资主体看，国有经济投资增长15.9%；港澳台、外商经济投资下降48.3%；民间投资增长22.4%。分产业看，第二产业投资增长10.6%；第三产业投资增长12.7%。分类别看，工业投资增长10.6%，占固定资产投资的比重为28.7%；房地产开发投资增长14.2%，占固定资产投资的比重为47.7%；基础设施投资增长6.6%，占固定资产投资的比重为22.2%。

【国内贸易】 全年社会消费品零售总额56.8亿元，比2019年下降6.2%。分行业看，限额以上批发零售业实现零售额24.96亿元，下降5.1%；限额以上住宿餐饮业实现零售额1.39亿元，下降23.2%。分商品类别看，在限额以上批发零售业零售额中，粮油和食品类增长20.7%，文化办公用品类下降17.6%，汽车类下降5.9%，其他类增长3.4%。

【对外经济】 全年外贸进出口总额245.0亿元，比2019年下降2.2%。其中，进口总额58.2亿元，下降4.6%；出口总额186.8亿元，下降1.4%。全年实际利用外资2.59亿美元，比2019年增长11.8%。

2020年江海区国民经济主要指标情况表

表2

指　标	计量单位	绝对值	增长（%）
地区生产总值	亿元	249.03	3.5
第一产业增加值	亿元	5.35	2.8
第二产业增加值	亿元	131.7	3.6
第三产业增加值	亿元	111.98	3.4
固定资产投资	亿元	191.29	12.1
社会消费品零售总额	亿元	56.8	-6.2
外贸进口总额	亿元	58.2	-4.6
外贸出口总额	亿元	186.8	-1.4
实际利用外资	亿美元	2.59	11.8
地方一般公共预算收入	亿元	15.29	5.3
地方一般公共预算支出	亿元	21.49	9.1
常住居民人均可支配收入	元	45190	3

【人民生活和社会保障】 江海区居民人均可支配收入45190元，比2019年增长3.0%，扣除价格因素实际下降0.1%。全区参加城镇职工基本养老保险（含离退休）16.22万人，比2019年增长4.8%；参加城镇职工基本医疗保险16.38万人，增长6.7%；参加工伤保险11.78万人，增长1.9%；参加生育保险11.58万人，增长10.7%；参加失业保险11.21万人，增长9.1%；参加城乡居民社会养老保险4.2万人，下降3.3%；参加城乡居民基本医疗保险7.52万人，增长1.8%。全区有社会福利院1家，床位1000张，收寄养人数706人；儿童福利院1家，床位

500张，收养人数110人。养老院2家，床位375张，收寄养人数263人。社区服务中心覆盖率100%，社区服务设施65个。全区城镇最低生活保障121户、161人，全年城镇最低生活保障金支出172.71万元；农村最低生活保障206户、311人，全年农村最低生活保障金支出289.41万元。全区建档立卡贫困户133户446人，其中201人通过企业吸纳、灵活就业和自主创业方式就业。开展公益性岗位招录工作，录用5人，其中建档立卡3人，就业困难人员2人。

【教育】 全年地方一般公共预算教育支出3.9亿元，比2019年增长2.3%。全区有幼儿园51所，小学20所，中学15所。普通高中招生2285人，在校生6842人，毕业生2153人。初中招生3274人，在校生8953人，毕业生2755人。小学招生5028人，在校生2.89万人，毕业生3733人。幼儿园入园儿童4067人，在园幼儿1.03万人。小学学龄儿童入学率100%，初中适龄少年入学率100%，初中升学率100%，高中升学率98.8%。高考本科上线399人，本科上线率38.84%；中考上江门一中分数线学生141人。推进学校建设和升级改造工程，投入6亿元，高标准新建江门一中附属实验学校、景贤初中和江门一中附属小学3所学校。年内招生入学新增学位4600多个。完成学校升级改造15所，新建5所学校的综合楼、教学楼、宿舍楼，改造10所学校的厕所、外墙或塑胶运动场等。推进学前教育建设工程，新建公办和公办性质幼儿园21所，认定普惠性幼儿园16所。公办幼儿园在园幼儿人数占52.9%，公办和普惠性民办幼儿园在园幼儿人数占81.7%。开展教育资助，落实扶困助学政策，资助大中小学和幼儿园1566人，发放助学金107万元。

【科技】 全年地方一般公共预算科学技术支出1.67亿元，比2019年增长4%。年末国家级高新技术企业407家；全年净增国家级高新技术企业56家。拥有省级以上创新平台97个。拥有工程研究中心255家，其中省级工程研究中心75家。全年专利授权量3078件，增长18.2%。其中发明专利授权量127件，下降19.1%。

【卫生】 全区有各类医疗卫生机构100家，其中综合医院2家、中西医结合医院1家、社区卫生服务机构6家；门诊部12家，诊所、医务室等79家。各类卫生技术人员1113人，其中执业（助理）医师409人、注册护士525人、药师84人、床位525张。新冠肺炎疫情防控做到有效控制，实现疫情未蔓延、患者零死亡、医务人员零感染。6月，江门市中心医院新院区落户江海区。12月30日，江海区疾病预防控制中心揭牌成立，同时外海、礼乐、江南3个街道社区卫生服务中心分别加挂街道疾病预防控制中心牌子，加强疾病预防控制职能。区卫生健康局与江海区天健社会工作综合服务中心签订协议，引入社工团队，以“社工+家庭医生”的专业服务模式，让群众在家中享受三甲医院服务。建成礼乐中心中医馆和江海区中西医结合医院的治未病中心，5月，启动医院与中心联合建立的16个特色专科门诊，坚持中西医结合方式，为基层群众解决看病难问题。联合《江门日报》推出健康教育相关新闻或科普文章39篇，推出“健康素养大讲堂”直播5期，并在“江门直播”App和江门新闻网播放基本公卫项目公益广告片。

【文化】 全区有基层综合性文体服务中心62个，街道文体服务中心3个，文化馆1个，文化分馆3个，图书馆1个，24小时自助图书馆3个，图书总藏量34.3万册。广播人口综合覆盖率和电视人口综合覆盖率均达100%。依托“文体超市”平台，举办各类文体活动300余场，受惠群众10万人次。举办文化艺术节、江门圩日、金秋灯会节、葡萄音乐节等江海特色系列文化活动。打造舞蹈《腾龙》、情景表演《长堤晚风》等文艺精品22件。组织文艺家创作抗疫主题文艺作品345件，其中12件作品14次登上“学习强国”平台；区文化馆选送的原创歌曲《起大樑》在“2020江门市群众艺术花会（音乐舞蹈）”比赛和“老乡讲小康——2020年江门市百姓宣讲大赛总决赛”曲艺类分别获金奖和二等奖。推动“外海生恭鲤鱼手工艺品”和“台山玉石雕刻技艺”申报列入江门市第八批非物质文化遗产代表性项目名录。非遗项目“礼乐传统木雕制作技艺”传承人梁群英入选为江门市第六批非物质文化遗产项目代表性传承人。

【旅游】 全年旅游总收入15.48亿元，接待游客147万人次。其中，接待一日游游客69万人次；接待过夜游客78万人次。礼乐街道英南村获评为第二批广东省文化和旅游特色村；长廊生态园创建为国家AAA级旅游景区。

【体育】 全区有体育公园13个，文体广场66个，其中全民健身广场13个，文体小广场53个。新增及升级灯光围网篮球场6个。公共体育场所总面积78.4万平方米。实施下沙公园、江南路沿江路胜利大桥至下沙人行天桥段工程，新建体育健身步道2千米，累计总长11千米。建成龙溪湖时尚运动中心1个，占地面积5.6万平方米；骁龙·双鱼乒乓球运动体验中心1个，占地面积1500平方米，设有专业乒乓球桌26张。新建礼乐街道新华村600平方米文体小广场。举办江海区龙狮文化节，邀请各地龙狮精英队伍进行表演和比赛。成立网球协会和武术协会，新增三级社会体育指导员200人。举办第二届市民运动会，新增竞技项目11个。首次举办江海区生态体育节，增加水上摩托艇、水上飞人等特色体育项目。组队参加2020年江门市青少年锦标赛足球、羽毛球比赛获3个第一名。参加“广东省第十六届运动会乒乓球江门地区选拔赛”，获男子团体第一名；参加“广东省第十六届运动会健身气功江门地区选拔赛”，获团体4个第一名，单项3个第一名；代表江门市参加广东省健身气功舞大赛，分别获青少年组和成年组团体第二名。举办“体彩杯”趣味运动会、足球赛、电竞赛、武术大赛、跆拳道大赛、老年人门球、残疾人活动、2000人国民体质监测、广场大明星、功夫少年、轮滑、校园足球赛、篮球大赛、乒乓球赛和体育进校园免费培训等活动。

2019—2020年江海区社会事业主要指标情况表

表3

指　标	单　位	2019年	2020年
普通中学	所	13	15
普通中学在校学生	人	13898	15795
小学	所	19	20
小学在校学生	人	27069	28867
幼儿园	所	48	51
在园幼儿	人	8657	10327
医院、卫生院	家	3	3
医院、卫生院床位	张	485	485
公共图书馆	个	1	1
博物馆	个	1	1
国家档案馆	个	1	1

【城乡建设】 江海区城市品质提升工作项目77个，年度完成投资65.75亿，投资完成率139.79%，年度开工项目72个，其中完工项目61个。区重点项目累计完成投资6.07亿元，累计投资完成率101.84%。推进城市公园建设，先后建成开放儿童公园、下沙公园、富田口袋公园、永明口袋公园等；推进城市主次干道建设，优化城市交通出行条件，先后建成江南路西段、乐祥路东延线、乐祥路、威东路、东荣路等；投入财政资金6500万元，完成10个老旧小区改造任务，完成“三旧”（旧城镇、旧厂房、旧村庄）改造面积66.67公顷，提升老旧城区周边城市配套设施。制订并推行江海区农村公路“路长制”，管养江海区地方公路里程212.54千米，首次取用设计总承包EPC（工程总承包）招投标模式投入3500万元建设10个“四好农村路”（建好、管好、护好、运营好）项目5.87千米。连海路、礼东路、礼乐路等辖区主干道路完工，完成“四好农村路”年度建设任务。推进下沙水上人家片区、油湾片区改造。投入25万元，改造全区主干道17个公交站点的旧站牌（铁牌）。加快高新产业新城产城融合区发展，完善龙溪湖公园、市民阅读中心配套设施建设；保障“两馆一中心”（科技馆、图书馆，青少年活动中心）文化综合体建成并投入使用；开拓产业新城建设，包括江海区地标文化建筑、医疗综合服务中心、教育学校等；统筹推进城央绿廊建设，年度计划投资6.43亿元，年内完成下沙水上人家公园、城央绿廊江南路西段“四道贯通”，启动江门纸厂征地拆迁、下沙人行天桥建设；启动马鬃沙碧道建设，总投资约8000万元，全长7千米，年内完成首期建设，实施长度2千米。全年商品房施工面积522.05万平方米，比2019年下降9.7%；

商品房竣工面积27.4万平方米，下降54.0%；商品房网签销售面积78.13万平方米，增长44.13%，其中住宅网签销售面积60.07万平方米，增长45.72%；住宅网签销售均价每平方米10194.06元，下降1.57%。

【生态环境】 江海区推进生物质燃料锅炉整治，淘汰注销不符合特种设备管理要求生物质锅炉，7台生物质燃料锅炉淘汰或改燃清洁能源完成。推动谦信化工完成就地改造，推动建滔化工完成关闭退出，仕春公司经协商自行关停退出。强化涉固体废物污染环境监管，出动执法人员864人次，检查企业355家，发现安全隐患57家，责令整改57次，行政处罚2家，处罚金额13万元。加强机动车维修行业固体废物排查清查，联合出动检查人员281人次，检查机动车维修企业120家次，发现问题经营单位57家（存在安全隐患162处），发现危险废物隐患问题企业34家。259个自然村完成生活污水处理设施全覆盖，完成率100%，其中248个自然村纳入城镇污水处理厂，11个通过农村生活污水处理设施处理。全区有污水处理厂3座，污水管网182千米，污水处理能力每日34吨，城镇生活污水处理率97.5%。镇级生活垃圾转运站43座，城镇生活垃圾无害化处理率100%。全区大气环境质量良好，空气质量达标天数占比88.0%。饮用水源水质达标率100%。城市区域环境噪声平均值56.69分贝，优于国家区域环境噪声2类区昼间标准；道路交通干线两侧昼间噪声质量处于较高水平，等效声级69.7分贝，符合国家4类区昼间标准。新建乡村绿化美化示范点6个，组织全区参加义务植树13万人，义务植树18万株，开展农田林网修复、火烧迹地复绿抚育工程10.67公顷。

党政机关

中共江门高新区工作委员会·中共江门市江海区委员会

□ 综述

【党委会议】 1月8日，会议传达学习贯彻习近平总书记在中央经济工作会议上的重要讲话精神，省委十二届九次全会和市委十三届十一次全会精神，中央全面深化改革委员会第十一次会议精神。研究并原则同意区办公室《在中共江门高新区工委2020年工作会议暨中共江门市江海区委九届九次全体会议上的报告（送审稿）》《全会决议（草案）》和《在中共江门高新区工委2020年工作会议暨中共江门市江海区委九届九次全体会议上的讲话（送审稿）》《江门市江海区人民政府工作报告（送审稿）》。组织部《高新区党工委江海区委常委会抓党建工作情况报告（送审稿）》《2020年高新区（江海区）民生实事候选项目（送审稿）》。发展和改革局《关于提请审议〈江门高新区（江海区）2019年国民经济和社会发展计划执行情况与2020年计划草案的报告（送审稿）〉的请示》和财政局《关于向区人大汇报〈江门高新区（江海区）2019年预算执行情况和2020年预算草案报告〉的请示》。会议还研究人事议题。

1月8日，会议听取各街道党工委书记、区直机关工委书记和区教育局党组书记抓基层党建述职报告。

1月17日，会议研究并原则同意组织部《区直机关和街道经济社会发展绩效考核结果及奖励方案》。

1月19日，会议传达学习贯彻习近平总书记在十九届中央纪委四次全会发表的重要讲话精神，听取巡察办关于区党委第七轮巡察情况的报告，研究并原则同意巡察办《关于区党委第七轮巡察情况的报告》。研究并原则同意《中共江门高新区纪律检查工作委员会2020年工作会议暨中共江门市江海区第九届纪律检查委员会第五次全体会议工作报告（送审稿）》。会议还研究人事议题。

1月31日，会议传达学习贯彻《中共广东省委关于深入贯彻落实习近平总书记重要批示精神加强党的领导团结带领人民群众构筑群防群治严密防线的通知》文件精神，听取区疫情防控指挥办各工作组和各街道疫情防控工作情况汇报，对各单位提出的需解决事项进行研究。

2月1日，会议传达学习贯彻习近平总书记关于疫情防控工作的重要讲话、重要指示精神和省委书记李希的批示精神以及《中共中央关于加强党的领导、为打赢疫情防控阻击战提供政治保证的通知》文件精神，市委十三届第143次常委会会议精神；分析研判疫情防控形势，部署推动全区疫情防控工作。

2月4日，会议传达学习习近平总书记2月3日在中共中央政治局常务委员会会议上的重要讲话精神。听取区疫情防控指挥办各工作组和各街道疫情防控工作情况汇报，对各单位提出的需解决事项进行研究。

2月9日，会议传达学习贯彻省委常委会、省防控工作领导小组（指挥部）会议精神以及省疫情防控指挥部办公室《关于深入贯彻落实习近平总书记重要讲话精神把疫情防控落实工作抓实抓细抓到位的通知》文件精神，书记林应武在市委常委会会议暨市疫情防控指挥部会议上的讲话精神，分析研判疫情防控形势，部署推动全区疫情防控工作。

2月11日，会议传达学习贯彻习近平总书记在北京市调研指导新型冠状病毒肺炎疫情防控工作时的重要讲话精神，听取区疫情防控指挥办各工作组和各街道疫情防控工作情况汇报，对各单位提出的需解决事项进行研究。

2月12日，会议传达学习贯彻省委书记李希在省新冠肺炎防控领导小组（指挥部）视频会议上的讲话精神，研究并原则同意复工防控组《江门高新区（江海区）企业复工复产疫情防控工作方案（草案）》，听取各工作组和各街道疫情防控工作情况汇报，对各单位提出的需解决事项进行研究。

2月13日，会议传达学习贯彻习近平总书记在中央政治局常委会会议分析新冠肺炎疫情形势研究加强防控工作的重要讲话精神，书记林应武在市委常委会会议暨市新型冠状病毒肺炎疫情防控指挥部会议上的讲话精神，听取区疫情防控指挥办各工作组和各街道疫情防控工作情况汇报，对各单位提出的需解决事项进行研究。

2月18日，会议传达学习贯彻省委书记李希在省委常委会会议暨省新冠肺炎防控领导小组（指挥部）会议上的讲话精神，听取区疫情防控指挥办各工作组和各街道疫情防控工作情况汇报，对各单位提出的需解决事项进行研究。

2月28日，会议传达学习贯彻习近平总书记在统筹推进新冠肺炎疫情防控和经济社会发展工作部署会议和中央政治局会议、中央政治局常务委员会会议上的重要讲话精神，以及省委常委会扩大（视频）会议精神，习近平总书记在中央全面依法治国委员会第三次会议上的重要讲话精神，习近平总书记在中央全面深化改革委员会第十二次会议上的重要讲话精神、《广东省落实中央依法治国办党政主要负责人履行推进法治建设第一责任人职责情况列入年终述职内容试点工作实施方案》精神。研究并原则同意组织部《关于审定2019年度党（工）委（党组）书记抓基层党建述职评议考核结果的请示》；对部分区领导分工进行调整。

3月2日，会议学习贯彻习近平总书记在统筹推进新冠肺炎疫情防控和经济社会发展工作部署会议、中央政治局会议和中央政治局常委会会议上的重要讲话精神，以及省委、市委常委会会议精神。

3月18日，会议传达学习贯彻习近平总书记在决战决胜脱贫攻坚座谈会上的重要讲话精神和全省决战决胜脱贫攻坚座谈会议精神，省委实施乡村振兴战略领导小组会议精神，省委全面依法治省委员会第三次会议精神，省、市组织部长会议暨老干部局长会议精神，全国、全省、全市森林草原防灭火工作电视电话会议精神，全省安全生产和消防工作暨第一季度防范重特大生产安全事故电视电话会议精神。会议还研究人事议题。

3月27日，会议传达学习贯彻习近平总书记在3月18日中共中央政治局常务委员会的重要讲话精神，研究并部署全区境外新冠肺炎疫情输入防控工作，听取高新区（江海区）政法工作报告。传达学习贯彻《中国共产党党和国家机关基层组织工作条例》。

5月13日，会议传达学习贯彻习近平总书记4月29日、5月6日在中央政治局会议上和在陕西考察时的重要讲话精神，习近平总书记对做好2020年“三农”工作作出的重要指示精神，中共中央、国务院《关于抓好“三农”领域重点工作确保如期实现全面小康的意见》和全省实施乡村振兴战略工作推进会精神，省委组织部执行《党委（党组）讨论决定干部任免事项守则》有关问题专项治理工作部署视频会议精神，《中国共产党党校（行政学院）工作条例》精神、中央全面深化改革委员会第十三次会议精神。研究并原则同意区办公室《区委全面深化改革委员会2020年重点改革工作安排（送审稿）》、区纪委监委关于深化区纪委监委派驻机构改革的请示事项。会议还研究人事议题。

5月18日，会议传达学习贯彻中央、省、市巡视巡察工作会议精神，研究部署全区配合省委第九巡视组巡视江海区工作的具体安排。

5月25日，会议研究并原则同意区办公室《江门市江海区全面工作汇报（送审稿）》。

6月5日，会议学习贯彻全省传达贯彻习近平总书记重要讲话精神暨全国两会精神干部大会和市委常委会（扩大）会议精神。

6月19日，会议传达学习贯彻习近平总书记在专家学者座谈会上的重要讲话精神，在山西、宁夏考察时的重要讲话精神，对毛南族实现整族脱贫作出的重要指示精神，对海南自由贸易港建设作出的重要指示精神；省新冠肺炎防控领导小组（指挥部）视频会议精神以及市委常委会研究部署全市统筹推进疫情防控和经济社会发展工作精神，省委、省政府主要领导关于“龙舟水”防御批示精神，研究部署全区防御“龙舟水”工作；《中共中央办公厅关于持续解决困扰基层的形式主义问题为决胜全面建成小康社会提供坚强作风保证的通知》《中共广东省委办公厅关于印发贯彻落实中央办公厅关于持续解决形式主义问题八条措施的分工安排的通知》文件精神，全市实施乡村振兴战略工作推进会精神，通报全区乡村振兴战略推进情况及研究下一步工作计划，研究并原则同意编办《关于提请审议〈江门市江海区深化街道体制改革、完善基层治理体系实施方案（送审稿一）〉和〈江门市江海区深化街道体制改革、完善基层治理体系实施方案（送审稿二）〉及其起草说明的请示》。会议还研究纪委议题。

6月29日，会议传达学习贯彻习近平总书记在十九届中央政治局第二十次集体学习时发表的重要讲话精神，省委审计委员会第三次全体会议精神，全市扫黑除恶专项斗争工作推进会会议精神，研究部署全区扫黑除恶专项斗争工作。

7月24日，会议传达学习贯彻中共中央办公厅转发《中央宣传部、中央组织部关于认真学习〈习近平谈治国理政〉第三卷的通知》《中共广东省委关于认真学习宣传贯彻〈习近平谈治国理政〉第三卷的通知》精神，习近平总书记在企业家座谈会上的重要讲话精神。

8月6日，会议传达学习贯彻7月30日中央政治局会议精神，习近平总书记在党外人士座谈会上和在吉林考察时的重要讲话精神，听取全区贯彻落实国务院联防联控机制严防聚集性疫情做好秋冬季防控工作电视电话会议精神意见、中央全面深化改革委员会第十四次会议精神，听取区总工会、共青团江门市江海区委员会和区妇女联合会工作汇报。

8月17日，会议传达贯彻省、市新冠肺炎防控领导小组（指挥部）会议精神以及省、市主要领导有关批示精神，专题研究部署全区疫情防控工作。

8月27日，会议传达学习贯彻习近平总书记对制止餐饮浪费行为作出的重要指示精神，在安徽考察时和在扎实推进长三角一体化发展座谈会以及在经济社会领域专家座谈会上的重要讲话精神，王鸿津在全国市县巡察办主任提级培训班上的讲话精神和《关于印发全国市县巡察办主任提级培训班精神传达学习提纲的通知》精神，《关于印发〈市县党委巡察工作领导小组组成人员主要职责〉的通知》精神。

9月9日，会议传达学习贯彻习近平总书记在中央第七次西藏工作座谈会、中央全面深化改革委员会第十五次会议、纪念中国人民抗日战争暨世界反法西斯战争胜利75周年座谈会上重要讲话精神以及8月31日中共中央政治局会议精神，广东省委十二届十次全会和8月28日江门市委常委会会议精神，通报江海区2020年上半年“扫黄打非”工作情况、2019年县域经济社会发展考核结果和江门市管干部2019年度考核等次。

10月14日，会议传达学习贯彻习近平总书记在第三次中央新疆工作座谈会、中央政治局第二十三次集体学习、中央党校（国家行政学院）中青年干部培训班开班式上的重要讲话精神，对新时代民营经济统战工作作出的重要指示以及9月28日中央政治局会议精神、全市扫黑除恶专项斗争“六清”行动工作推进会议精神，研究并原则同意组织部《关于中共江门市江海区国有资产监督管理局党组改设党委的请示》。会议还研究人事议题。

10月20日，会议传达学习贯彻习近平总书记出席深圳经济特区建立40周年庆祝大会和视察广东重要讲话、重要指示精神，以及全省传达学习贯彻习近平总书记出席深圳经济特区建立40周年庆祝大会和视察广东重要讲话、重要指示精神干部大会和市委十三届十二次全会会议精神。

11月9日，会议传达学习贯彻中国共产党第十九届中央委员会第五次全体会议、全省传达学习贯彻党的十九届五中全会精神干部大会和市委常委会（扩大）会议精神，对谋划好高新区（江海区）“十四五”时期经济社会发展进行动员部署。

11月9日，会议传达学习贯彻习近平总书记在中央全面深化改革委员会第十六次会议、中央政治局第二十四次集体学习、10月22日中共中央政治局常务委员会、纪念中国人民志愿军抗美援朝出国作战70周年大会的重要讲话精神，对推进农村土地制度改革、做好农村承包地管理工作、脱贫攻坚工作作出的重要指示以及10月16日中共中央政治局会议精神，全国疫情防控工作电视电话会议精神，全国巡视工作会议暨十九届中央第六轮巡视动员部署会以及全省巡视巡察工作会议暨十二届省委第七轮巡视动员部署会议精神和杨晓超在巡视巡察上下联动指导意见征求意见座谈会上讲话精神，听取统战部关于全区民族宗教工作情况的汇报，传达学习贯彻全市经济工作推进会精神，听取区委巡视整改办公室以及相关责任区领导关于区委巡视整改落实工作情况的汇报。

12月4日，会议传达学习贯彻中国共产党广东省第十二届委员会第十一次全体会议精神和市委常委会（扩大）会议精神。

【联席会议】 1月1日，会议听取泰达公司破产重整推进工作专班对光博汇重整进展情况报告，研究并原则同意区自然资源局《关于收储外海街道荔枝围（土名）共3宗土地使用权的请示》。

1月8日，会议研究并原则同意区办公室《江门市江海区人民政府工作报告（送审稿）》《2020年高新区（江海区）民生实事候选项目（送审稿）》，发展和改革局《关于提请审议〈江门高新区（江海区）2019年国民经济和社会发展计划执行情况与2020年计划草案的报告（送审稿）〉的请示》、财政局《关于向区人大汇报〈江门高新区（江海区）2019年预算执行情况和2020年预算草案的报告〉的请示》。

1月19日，会议研究并原则同意工业园公司《关于申请下拨连海路（新港路—南环路）一期工程用地报批费用的请示》、自然资源局《关于成立江门高新区（江海区）国土空间规划协调委员会的请示》、司法局《关于提请审议〈江门高新区（江海区）政府投资管理办法（修订）（送审稿）〉的请示》《关于提请审议〈江门高新区（江海区）2019年行政复议、行政应诉工作情况报告（送审稿）〉的请示》、国有资产监督管理局《关于提请审议〈江门高新区（江海区）区属企业监督管理暂行办法〉等七个制度的请示》《关于象溪商业城物业处置问题的请示》。

2月15日，会议研究并原则同意发展和改革局《江门高新区（江海区）关于应对新型冠状病毒肺炎疫情支持企业复工复产的若干措施（送审稿）》。

2月28日，会议研究并原则同意区大湾区办公室《关于提请审议〈江门高新区（江海区）推进粤港澳大湾区建设实施方案〉的请示》、自然资源局《关于竞买复垦指标的请示》、住房和城乡建设局《关于呈报江海区地方公路养护中心在编人员及合同制人员工资待遇的方案（送审稿）的请示》、工业园公司《关于宏都新城合作项目相关问题的请示》、司法局《关于提请审议2020年度政府规范性文件制定计划的请示》、人力资源和社会保障局《关于审定〈江门市江海区全征地农民参加企业职工基本养老保险延缴补助资金拨付规程（送审稿）〉的请示》、组织部《关于进一步规范改革性补贴相关问题的请示》。

3月18日，会议通报2020年高新区（江海区）政府工作清单，研究并原则同意住房和城乡建设局《关于实施广中江高速公路（江海段）整治提升工程解决收尾遗留问题的请示》、产城办《关于审定2020 年江门高新产业新城建设运营计划的请示》。

3月27日，会议传达贯彻3月26日全省安全生产工作视频会议精神，部署全区安全生产、防汛和清明森林防灭火工作。研究并原则同意应急管理局《关于审议江海区模块化消防站建设方案的请示》、城市管理和综合执法局《关于印发〈2020年高新区（江海区）创建生活垃圾分类示范区工作实施方案〉请示》、住房和城乡建设局《关于审批2020年高新区（江海区）城市建设项目计划的请示》。

4月15日，会议通报全区2019年禁毒工作情况，研究部署2020年禁毒工作。研究并原则同意普法办《关于印发〈2020年度江门高新区（江海区）联席会议学法计划〉的请示》。

5月13日，会议研究并原则同意区人力资源和社会保障局《关于推进珠西先进产业优秀人才创业创新园二期工程有关事宜的请示》、农业农村和水利局《关于审定2020年省级涉农专项转移支付资金分配方案的请示》、礼乐街道《关于审核〈一行路（南山路—龙溪路）征地拆迁补偿方案〉的请示》《关于审核〈南山路（会港大道—新港路）征地拆迁补偿方案〉的请示》《关于审核〈会港大道（礼睦路—南山路）征地拆迁补偿方案〉的请示》。

5月19日，会议研究并原则同意经济促进局《关于审定并印发〈江门高新区（江海区）工业用地准入评审工作指引（暂行）〉的请示》、土储中心《关于审定礼乐街道东红、英南村大公围地块交地和填土方案的请示》、自然资源局《关于竞买复垦指标方案的请示》、财政局《关于向区人大报告高新区（江海区）2020年财政预算调整方案（第一次）的请示》。

6月19日，会议研究并原则同意发展和改革局《关于推进一行路（南山路—龙溪路）等项目用EPC+O模式建设运营的请示》。

6月29日，会议研究并原则同意发展和改革局《关于提请审议〈江门市江海区实施乡村振兴战略规划（2020—2022年）〉的请示》、科学技术局《关于使用2019年高新技术企业认定扶持资金的请示》、工业园公司《关于划回南山路与龙湖路交界东南侧土地开发资金的请示》、产城办《关于支付江门高新区（江海区）约定区域合作项目服务费的请示》、应急管理局《关于审议江海区自然灾害防治能力建设行动计划的请示》、司法局《关于印发江门市江海区人民政府2020年度重大行政决策事项目录的请示》。学习贯彻《中华人民共和国网络安全法》。

7月24日，会议传达贯彻市主要领导经济责任审计整改工作部署会议精神，研究部署落实涉及全区审计发现问题整改工作。研究并原则同意司法局《关于提请审议〈江海区各街道法律服务所改革工作实施方案（送审稿）〉的请示》、礼乐街道《关于审核〈礼乐片区消防站项目征地拆迁补偿方案〉的请示》、外海海关《外海海关关于提请提供地方财政补助经费的函》、国有资产监督管理局《关于工业园公司2020—2021年度债券发行注册工作的请示》、农业农村和水利局《关于申请江海区乡村绿廊——马鬃沙段启动资金的请示》。

8月6日，会议研究并原则同意礼乐街道《关于提请审议〈江门市江海区礼乐房管所改革实施方案（送审稿）〉的请示》《关于解决2018—2019年礼乐街道农村人居环境整治超支资金的请示》、应急管理局《关于审议江海区礼乐消防救援站建设方案的请示》、农业农村和水利局《关于审定2020年市级涉农专项转移支付资金分配方案的请示》。

9月9日，会议研究并原则同意区教育局《关于解决公办中小学教师2019年核增绩效缺口经费的请示》、人力资源和社会保障局《关于落实江海区城乡居民基本养老保险财政补助资金的请示》、农业农村和水利局《关于调整2020年度农业农村和水利项目资金安排的请示》、土地储备中心《关于开展江门市中心医院新院区地块填土工程的请示》。

9月16日，会议研究并原则同意礼乐街道《关于审核〈礼乐街道文昌沙纸厂新村改造项目征地拆迁补偿方案〉的请示》。

9月29日，会议通报全区近期安全生产工作情况以及研究近期安全防范工作。研究并原则同意经济促进局《关于举办江门高新区（江海区）国庆消费节活动的请示》，传达贯彻《关于开展国务院第七次大督查的预通知》精神，传达学习贯彻省委办公厅、省政府办公厅《关于深化消防执法改革的若干措施》精神，统计工作有关文件精神。

10月14日，会议传达学习贯彻东西部扶贫协作稳岗就业工作座谈会议精神。研究并原则同意食安办《江门市江海区关于深化改革加强食品安全工作的若干具体措施（送审稿）的请示》、财政局《关于2020年压减一般性支出的请示》、卫生健康局《关于申请补办新冠肺炎防控相关经费签批手续的请示》、城市管理和综合执法局《关于审批2020年高新区（江海区）环卫一体化项目重大决策草案请示》《关于审定江门高新区（江海区）环卫一体化实施方案（送审稿）的请示》、外海街道《关于解决东升村留用地承担道路用地问题的请示》、组织部《关于进一步规范江海区应休未休年休假报酬的请示》。

11月9日，会议传达学习贯彻全市禁毒工

作会议暨禁毒重点整治工作动员部署大会精神，听取高新区（江海区）2020年禁毒工作情况汇报。研究并原则同意土地储备中心《关于开展高新区一行路与江睦路交界西南侧地块一填土方案的请示》、教育局《关于解决2020年教育系统新增支出项目经费问题的请示》、司法局《关于提请审议〈江门市江海区人民政府关于实行街道办事处综合行政执法的公告（代拟稿）〉的请示》，传达学习贯彻《重大行政决策程序暂行条例》。

11月20日，会议研究并原则同意工业园公司《关于划回五块土地开发资金的请示》、人力资源和社会保障局《关于申请江门市江海区机关事业单位工作人员职业年金补记利息资金的请示》《关于2019年度江门市粤港澳大湾区个人所得税优惠政策财政补贴经费追加预算的请示》、礼乐街道《关于审核〈礼乐街道乐祥路东延线（健乐路—胜利南路）征地拆迁补偿方案〉的请示》、住房和城乡建设局《关于调整一行路（南山路—龙溪路）等三条市政道路项目投资规模的请示》《关于调整2020年高新区（江海区）城市建设项目计划的请示》、自然资源局《关于同意印发〈江门高新区（江海区）政府储备土地前期开发与管护方案〉的请示》、土地储备中心《关于收储江门市洗衣机厂土地使用权的请示》。

12月4日，会议研究并原则同意国有资产监督管理局《关于设立高新区（江海区）政府性融资担保公司的请示》《关于申请划拨已垫付留用地租金的请示》、江南街道《关于借款支付环卫保洁服务费的请示》、经济促进局《江海区经济促进局关于追加专项经费的请示》、农业农村和水利局《关于申请江海区都市农业生态公园荷香园补偿款的请示》《关于审定2021年省级涉农专项转移支付资金分配方案的请示》、卫生健康局《关于申请追加江海区儿童免疫公共服务中心设施设备购置经费的请示》、政务服务数据管理局《关于对〈江海区人民政府赋予各镇街行使县级行政许可和公共服务事项目录（2020年版）〉进行审议的请示》、礼乐街道《关于解决礼乐街道第一批征地留用地历史遗留问题的请示》、财政局《关于向区人大报告高新区（江海区）2020年财政预算调整方案（第三次）的请示》、住房和城乡建设局《关于呈报〈江门市建设工程设计审查中心江海区办事处改革实施方案〉的请示》。

【办文办会】 针对工作实际和新冠肺炎疫情期间办文办会的最新要求，7月印发出台《区办公室公文处理补充指引》。2020年全年收办上级来文7978件，下级请示、报告1458件；核发文件3302份，其中编号文件1564份，会议纪要、备忘212份，通报类文件16份；举办中央、省、市各级会议和培训602场，区级会议396场次。严守文件印发关口，严控会议范围和数量，全年，大力精简文件、压减会议，印发全口径文件同比压减14.7%，区级会议压减19.3%。

【统筹协调】 全年筹办协办重大会议和项目动工等重大活动40多场次，统筹进行国家、省有关领导和市主要领导到江海区调研考察30多次。筹办2020年九届九次、十次全会等重点会议工作，协助完成人大、政协“两会”和纪委全会的会务工作。统筹协办全国基层立法联系点授牌仪式，一到四季度重大项目动工仪式，两馆一中心启用仪式等各项活动。对接完成中央政治局委员、省委主要领导和市委、市政府主要领导到江海区调研工作。

【规范性文件审查】 发党内规范性文件制定工作指引，做好区级党内规范性文件前置审查、制定报备工作。2020年区印发党内规范性文件6份，全部按时报备并审查通过，暂无收到市委办提醒。开展各街道、区直各部门党内规范性文件备案审查工作，定期审核各单位发文目录，及时发出工作提醒。2020年下备一级党内规范性文件17份，审查发现问题文件6件，并作提醒修正。推行法律顾问制度。11月，续聘广东法守律师事务所刘存权律师为江海区党委法律顾问，参与党内规范性文件的合法性审查并提供法律意见。2020年共印发2份政府规范性文件，做到即印发即分送相关业务股室进行政务公开工作，并在印发后30个自然日内报送区人大常委会和市司法局备案。

【信息编发】 至年底，共编写上报信息130期，被省、市累计采用51余条，获各级领导批示近20条。其中，《高新区（江海区）黑臭水体治理工作取得阶段性成效》《江海区成为广东省唯一“国字号”基层立法联系点》等系列政务信息被刊登在《江门信息》《江府信息》等专报，供市领导及兄弟市区参考。向中央、省、市、区反映基层存在的问题和提出各类意见建议40份。其中，《基层关于双创示范基地、双创企业面临突出困难及期盼建议》获得国务院办公厅采纳；《江门市做好全国人大常委会法工委基层立法联系点工作》《专家学者关于我省加快构建双循环新发展格局的对策建议》被省委办公厅采用，《基层关于后疫情时期加快推进农村治理现代化的工作建议》《关于引导和鼓励高校毕业生到城乡社区就业创业的对策建议》等问题和建议被市委、市政府采纳。

【紧急和重大突发事件处置】 履行突发事件第一时间报送主体责任，落实1小时报送制度。制定全力做好国庆期间安全稳定和值班工作的方案。做好每季度突发事件隐患排查及下一季度风险隐患防范对策的研判分析，为领导决策提供参考。2020年以来，共向市委、市政府报送各类突发事件信息专报、后续处理情况报告、落实领导批示精神报告等材料100多篇，办理市领导批示80余份。其中，及时报送江门幼师学生出现腹泻症状、新冠肺炎疫情等情况，防御台风“海高斯”等系列事件的进展，并自1月25日起每日报送新冠肺炎疫情防控工作情况报告及信息报送表。

【日常和重大节假日值班】 执行24小时专人值班和领导干部在岗带班责任制，对各单位领导及值班人员在岗值班情况进行抽查，严肃带班、值班工作纪律，坚决杜绝带班值班人员擅自离岗、脱岗、漏岗、转接电话和冒名顶岗等行为。落实领导干部外出报备制度，提前掌握区党政领导班子成员以及各街道党工委书记、办事处主任和区直各部门主要负责人、常务副职节假日期间活动和去向，负责省委巡视期间区四套领导班子成员及其处级领导干部，全体区管干部的休假和外出报告。全年共办理街道、部门领导外出及休假请示100余起，均未发现违规、瞒报等行为。

【调查研究】 围绕高质量发展、区域协调发展、疫情后企业复工复产、乡村振兴、农村社区治理实验区建设、环境综合整治、法治江海建设、基层党建等重点难点领域，组织开展和迎接省市领导及兄弟单位考察调研，形成《关于江门高新区（江海区）战略性新兴产业发展的调研报告》《高新区（江海区）加快构建

“三区并进”区域发展新格局工作落实情况报告》《高新区（江海区）推进乡村振兴战略工作情况报告》等调研报告。

【重大事项落实】 2020年，围绕推进村级工业园改造升级、推进重点片区“三旧”改造、推进城乡环境综合整治、推进教育优先优质发展、加大招商引资力度及盘活低效闲置工业厂房、用地、深入实施乡村振兴战略、加快补齐医疗短板、推进国家自主创新示范区建设、推进重要片区建设等九个方面，共安排18项具体工作任务。截至2020年年底，有关工作任务全部完成。协调推动四批、103个重点项目集中投产或动工，总投资额212亿元；协调项目建设提质提速，市重点项目投资完成率达123.2%，全市排名第一。共筛选安排区政府工作清单任务共80项。截至12月底，除个别经济指标因受经济大环境影响未达到年初目标，其他工作任务均已完成。安排民生实事十大类40项，涵盖底线民生、就业创业、医疗卫生、教育服务、食品安全、精准脱贫、城市品质和城市综合管理、养老照护、政务便民、公共文化等多个方面。截至12月底，十大类40项民生实事全部按进度完成。

【建议提案办理】 2020年，共办理两会期间市人大代表建议、市政协委员提案134件（含闭会期间建设提案），区人大代表建议、区政协委员提案92件（含闭会期间建设提案）。截至2020年，全部建议提案已在规定期限内答复代表和委员或牵头主办单位，并上传至建议提案办理系统。经反馈，代表和委员们对江海区承办的建议提案答复满意率（含基本满意）为100%。承办省人大代表建议、省政协提案、市人大代表对市政府工作的意见建议、市十五届人大六次会议关于政府工作的审议意见的建议、部分与会市人大常委会组成人员、市人大代表在2020年上半年工作情况通报会上的意见建议、市政协十三届四次会议委员分组和港澳委员座谈会意见建议、华侨和江门市荣誉市民有关意见和建议、“更好发挥人大代表作用”主题活动代表建议、2020年1—3季度人大代表提出上报解决处理问题及意见（上报解决类）等建议提案221件。全年共办理各类建议提案合计447件。

【政务接待】 全年共完成政务接待235批次，其中省部级领导考察5批次；省、市、县（区）领导检查调研组88批次；各省市考察团62批次；投资客商约80批次；共计3290余人次的接待工作。完成省委第九巡视工作组在江海区展开巡视为期两个月的接待工作。

【中共江门高新区工作委员会负责人名录】

书　记：彭章瑞
副书记：劳茂昌
　　　　朱辉荣
委　员：余启超（12月止）
　　　　赵晓斌
　　　　邹德昌
　　　　陈焕溪
　　　　陈　诚
　　　　李　丹
　　　　刘　刚（12月起）
　　　　李国和
　　　　肖咏延（女）
　　　　岑明俸（4月起）
　　　　庞晋山（6月起）
　　　　曾计开

【中共江门市江海区委员会负责人名录】

区委书记：彭章瑞

副 书 记：劳茂昌

朱辉荣

常　　委：余启超（12月止）

赵晓斌

邹德昌

陈　诚

李　丹

刘　刚（12月起）

李国和

肖咏延（女）

农建敏（11月起）

张连军

□组织工作

【干部监督】　在日常工作中监督干部的政治作为，突出对遵守政治纪律和政治规矩情况的监督，对政治上不合格的坚决“一票否决”。强化任前监督，严格落实“凡提四必”、动议即审、部门联审制度，全年共向有关部门发出超300份征求意见函，对拟职务职级晋升人员开展联审180人次，审核56名股级干部提拔任用程序，做好区委2019年度选人用人“一报告两评议”工作，组织全区39个单位开展“一报告两评议”并针对评议反馈问题进行整改。针对省委巡视反馈问题，制订《江海区委组织部关于省委巡视反馈意见的整改工作方案》。完成礼乐街道近年培训工作核查，对违纪行为严肃处理，并对全区近年来各单位培训情况进行抽查；完成9名干部选拔任用程序的自查。开展《党委（党组）讨论决定干部任免事项守则》有关问题专项治理、匡正选人用人风气专项行动、“带病提拔”倒查、区管干部近亲属信息收集、领导干部亲属经商办企业情况排查及“裸官”排查等工作。开展对10个单位的选人用人专项检查。组织全区51名领导干部填报《领导干部个人有关事项报告表》，对不如实填报的干部进行严肃处理。加强对“关键少数”的监督，制订《江门市江海区“一把手”权责清单和负面清单要点》，督促指导全区27个单位制订并公示相应清单。从严管理因私出国（境），制订《关于进一步加强和规范国家工作人员因私出国（境）管理工作的意见》。落实信访举报核查工作，全年共收到信访件10件，办结10件，办结案率100%。开展领导干部经济责任审计，提请对2名干部经济责任的审计。

【人才培育与服务】　按照“1+3+N”的人才驿站建设模式，在全国博士后创新（江门）示范中心高新（江海）分中心设立1个总站，在外海、礼乐、江南3个街道分别设立镇街级人才驿站，选取市内N家单位和商户设立人才驿站服务点。实施江门市“百名博（硕）士引育工程”，2020年引进博士后1名、博士1名、硕士1名，累计引进博（硕）士8名，引进总量位列三区四市第一。推行博硕引育对象双导师制度，有1名博士聘用为事业单位正科级领导、1名博士聘用为国有企业正科级领导，1名硕士聘用为事业单位副科级领导。以外海街道为试点单位，统筹推进“人才强基工程”，印发《高新区（江海区）开展街道“人才强基工程”实施方案》《高新区（江海区）开展街道“人才强基工程”的指导意见》和《高新区（江海区）开展街道“人才强基工程”宣传月活动方案》，从党建经费中划拨25万元专项经费用于外海街道人才驿站建设，对街道在人才政策、资金、活动、宣传、重点项目等方面给予支持，推动基层做好人才引、育、聚、留、用工作。启动2020年江海区名校长引进工作，采用“一事一议”方式引进优秀教育人才。扩大人才服务绿色通道服务范围，及时对接落实人才需求，全年服务各类人才180多人次。新建高新创智城120套公寓投入使用，全区累计建成人才公寓254套，全年吸收高层次人才和新入职高素质教师共231人拎包入住。全年累计发放“优才卡”钻石卡4张、金卡30张，发放人才驿站消费额度40.7万元。高层次人才持卡可享受子女入学、配偶就业、医疗保健、休闲娱乐等绿色通道服务。开通江海人才服务公众号，建立江海人才服务网，开发人才公寓入住、子女入学、配偶安置线上申请功能，建立问候、问情、问需、问策常态化联系专家人才工作机制，全年区领导走访联系高层次人才116人次，解决人才需求35个。

【基层党建示范点创建】 开展“三个三”基层党建示范点创建工作，江海区被评定为全市基层党建示范市（区）；礼乐街道成功入选全市基层党建示范镇（街）；外海街道直冲村、礼乐街道英南村、江南街道江翠社区等15个村（社区）被评定为全市基层党建示范村（社区）。

【发展党员】 2020年度共发展党员137名，其中区直机关工委发展34名，外海街道发展41名，礼乐街道发展34名，江南街道发展28名。在人员结构方面，产业工人发展14名，农牧渔民发展27名，“两新”组织发展48名。

【干部队伍建设】 以“重实干重实绩”为标准，在疫情防控、扫黑除恶、脱贫攻坚、乡村振兴等方面考察识别干部，全年调整配备区管干部199人次，其中提拔重用13名干部担任街道、区直部门领导班子，65名区管干部获职级晋升。制订《江海区大力发现培养选拔优秀年轻干部实施方案》，一批优秀年轻干部走上领导岗位。推进干部工作信息化，建成干部分析研判、出入境管理、档案管理信息系统。制订《高新区（江海区）新型冠状病毒感染的肺炎疫情防控专项考核方案》，激励干部在疫情防控中担当作为，2名干部获评广东省抗击新冠肺炎疫情先进个人称号，22名先进个人、11个先进集体、4名优秀共产党员、3个先进基层党组织获市表彰。制订《领导干部生病住院探望慰问制度》，加强对干部走访慰问，确保干部享有的合理权益落实到位。制订《省委巡视反馈选人用人问题整改落实工作方案》，开展选人用人工作规范化，违规选人用人、干部管理问题、超职数配备干部问题等专项整治。

【两新党建】 推行“四联动”（区街联动、部门联动、政企联动、党群联动）工作机制。2020年完成全区非公企业党建全覆盖摸底排查，推动新建非公企业党组织79个，其中新建规上企业党组织60个，全区243家“五类”企业全面实现“两个覆盖”（党的组织覆盖和工作覆盖）。全区各级领导走访重点工业企业450家次，推动组建一批党组织，协调解决关于企业厂房租赁、融资、人员招聘等问题100余条，成功推动一批企业增资扩产，打造1个省级，2个市级非公党建示范点。

【党建引领农村社区治理】 以党建引领“三社联动”、推进“三治融合”多元共治的“江海模式”受到民政部高度肯定，被《人民日报》《南方日报》等媒体广泛关注，《党建引领激发农村社区治理新动能》成为全市唯一获评第七届“粤治·治理现代化”优秀案例。

【红色遗址保护】　将中共四邑地委、中共五邑地委驻地旧址——顺天里144号作为江海区党史党建的重要对外宣传窗口，打造成全市具有影响力的党员教育基地和党史教育基地。2020年，在市委组织部组织开展的市级党员教育基地评选中，成功被认定为第三批江门市党员教育基地，至2020年12月，基地已接待160批次5000多人参观。加快打造青青读书会旧址。理清房屋权属交付问题，收回青青读书会旧址产权。按照“修旧如故，最少干预”的原则，制订出台修缮及布展设计方案。

【老干部管理】　组织离退休干部收看收听全省传达贯彻习近平总书记重要讲话精神暨全国“两会”精神干部大会和全省传达学习贯彻习近平总书记出席深圳经济特区建立40周年庆祝大会和视察广东重要讲话重要指示精神干部大会内容。配合做好党建读本的征订和发放工作，2020年为全区离退休干部订阅《秋光》《广州日报》《广东老干部政治理论读本》《习近平谈治国理政》（第三卷）等报刊及学习资料。举办老干部情况通报暨迎春茶话会、迎国庆贺中秋座谈会暨上半年全区工作情况通报会，组织老干部参观调研辖区阅读中心、金融中心、儿童公园、城央绿廊、龙溪河黑臭水体整治项目、英南村、外滩湿地公园，全面了解全区经济社会发展最新成果。执行离退休干部政策，按时足额发放离退休费及各项生活补贴，定期为离休干部办理报销医药费手续。以集中座谈、入户走访等形式慰问老干部57人次。慰问抗战老干部1名，慰问抗美援朝老干部1名。新冠肺炎疫情期间采用电话、微信等方式定期沟通慰问，了解情况，帮助老干部排忧解难。配合做好省离退休干部服务管理系统的上线运行工作。全区47个单位已全面开展系统运行工作，各单位已基本完成基础信息录入工作。

【党史研究】　开展革命遗址大普查，通过投入专项资金、引进专业社工机构，成立普查工作小组，对辖区范围内的革命遗址进行新一轮全面细致的普查，共普查出新民主主义革命时期遗址6个。普查成果资料获得市党史研究室的肯定，被评定为第一档次“良好”级别。配合省委、市委党史研究室建立广东省红色革命遗址数据库，对辖区内普查出并被省市认定的4处红色革命遗址信息进行梳理完善，编撰《广东省红色革命遗址大博览》江门篇。完成江海区党、政、军、统、群的组织机构沿革和领导人名录等相关资料的征集工作，形成《中国共产党江海区组织史资料》。举办“红色精神在传承”红色故事宣讲赛。组织“七一”红色书画摄影作品征集活动，共征集各类作品近100件。

【党员责任岗制度】　在全区全面推行党员责任岗制度，出台《江海区农村（社区）党员责任岗创建工作方案》，设置政策宣传、护村平安、文明风尚、脱贫致富、生态环保、互助爱心等6类岗位，明确岗位职责和服务要求。全区共有2797名农村（社区）党员认领责任岗并经培训上岗履责，占农村（社区）党员的73%。

【村级换届准备工作】　成立由区委书记担任组长，19个区直单位组成的村级换届选举工作领导小组。从民政、法院、检察院等区直部门抽调骨干人员组建换届工作专班并常态运作。建立村级换届区领导包村工作机制。区四套领导班子全体成员分别挂点联系2个村（社区），补选产生女村委会主任4名。通过实行“区级导师团”模式，为每名女村委会主任配备至少2名区直部门班子领导作为帮扶导师，帮助女村委会主任树立工作威信和定奠群众基础。严把人选标准，列出村级党组织书记人选资格负面清单，做好区街两级资格审查，专题召开区党委会逐一审议村级党组织书记拟任人选。做好“两委”干部“进退留”工作。开展非户籍委员选举试点工作。全区共选取6个非户籍委员选举试点，其中3个为原试点社区，3个为新增试点社区，6个试点社区均已物色好拟任人选，原试点社区非户籍委员均拟留任。组织区街两级组织、民政线相关工作人员参加省市举办的各类相关培训，并集中学习研讨换届相关的新政策新法规，组建区街换届工作交流群。制订全区换届工作指引、流程图、换届工作各类公告、名册、请示、选票等样式模板。

【区级城市基层党建联席会议制度】 建立以区委书记为总召集人的区级城市基层党建工作联席会议制度，联席会议原则上每半年召开一次，具体研究、讨论城市基层党建工作中的重要问题和重大事项，根据工作需要不定期召开专题会议。

【选调生培养和管理】 2020年在全区开展基层锻炼选调生已达24人，其中市直部门到全区基层锻炼选调生16人，全区招录的选调生8人。探索建立选调生“双导师”培养机制，从选调生所在村选派政治素质过硬、熟悉基层社情、工作经验丰富的公务员担任导师，帮助选调生更快适应基层环境和快速成长。制订《江海区基层锻炼选调生日常培养和管理工作清单》，明确选调生基层锻炼的日常工作职责。编印《江海区基层锻炼选调生工作日志》，搭建选调生交流微信群，畅通选调生与驻村（社区）“第一书记”同步培训、同步学习和交流互动渠道，落实好选调生跟踪管理和服务。定期组织召开全区基层锻炼选调生工作座谈会，掌握选调生到村任职后的工作和思想状况。对基层锻炼满1年选调生开展基层锻炼考核。

【村级组织】 在全市率先探索制订并落实村级党组织书记小微权力正负面清单，厘清村级党组织书记权力内容3大类93项，制订风险防控措施35项，出台《责任追究实施意见》，将清单运行情况纳入基层党建和农村年度考核，实行农村基层组织向党组织报告工作制度。全区521个农村基层组织实现报告工作常态化运行。农村党组织群众满意度均在90%以上。出台《江海区村规民约积分管理实施方案》，引导结合实际制订村规民约，建立量化评价体系，将村民参与人居环境治理、乡村文化活动等8类项目纳入日常积分考核，通过奖惩制度激励村民积极参与乡村治理。引入第三方机构监督指导，由“两委干部+村民小组长+党员+志愿者”组成考评小组，以季度为周期，以家庭、村小组或片区为单位，采取按次加分、按质加分方式进行积分排名公示。积分与股份分红挂钩，与“星级文明户”“最美家庭”等荣誉挂钩。

【干部制度建设】 重新修订《高新区（江海区）区管干部任前公示办法》。制订《关于加强干部考察员队伍专业化建设的实施方案（试行）》，开展选优建强考察员队伍工作。制订《江门市“政治能力提升年”行动实施方案》，全面把握干部选任政治标准的内容和要求。制定《江海区从严规范干部在企业兼职（任职）管理办法》，加强干部队伍建设和干部日常管理监督。制订《江海区党政领导干部任职试用期暂行办法》，完善党政领导干部选拔任用机制，提高选人用人质量。制订《江海区区管干部交流轮岗实施办法》，推进干部多岗位锻炼，促进干部合理流动，增强干部队伍活力。

【干部教育培训】 用好“江门市干部培训网络学院”“网上党校”“学习强国”等平台，开展线上、线下各类教育培训。组织举办“学习贯彻《习近平谈治国理政》专题研讨班”“学习贯彻党的十九届五中全会精神专题研讨班”“‘一把手’党建工作专题培训班”“科级干部能力提升培训班”“年轻干部能力提升培训班”等班次，选派干部参加中央和省市级调训。2020年全区组织教育培训班（次）34个42期，培训4000多人次；组织领导干部参加上级调训班14次，调训62人次。

【干部人事档案管理】 年内完成区管干部档案数字化工作，部署“干部档案管理信息系统”，全年一共复核区管干部人事档案456卷，指导各单位复核非区管干部人事档案647卷。年内开展全区干部人事档案业务培训两期，培训组织人事干部106人。

【公务员招录】 2020年江海区通过全省统一考试，面向国内部分“双一流”建设高校和省部分高校的全日制大学毕业生以及国（境）外部分知名院校的优秀留学回国人员，计划招录选调生和急需紧缺专业公务员24名，成功招录公务员23名。其中选调生4名，急需紧缺专业公务员19名，男性公务员13名，女性公务员10名；均为全日制本科以上学历及学士以上学位，具有硕士研究生学历的2名。统筹参加全省“四级联考”，面向社会公开招录公务员。成功招录公务员12名，其中7个职位专项招录应届毕业生；男性公务员8名，女性公务员4名；均为全日制本科以上学历及学士以上学位，具有硕士研究生学历的4名。从全区优秀村（社区）党组织书记中选拔招录乡镇公务员，成功招录江南街道社区书记2名。

【事业单位招聘】 探索创新招聘教师方式，重点招录全国“双一流”大学以及国内重点师范院校全日制毕业生，全年开展教师专场招聘4场，新聘教师97名。其中，研究生学历55人，占新招聘教师的57%，应届毕业生60人。开展事业单位公开招聘高校应届毕业生工作。全区医院等事业单位29个岗位参与招录，成功招聘事业单位人员5名。针对机构改革后新成立的和承担重要工作任务的事业单位组织两场全区事业单位公开招聘。第一场招聘提供招聘岗位33个，成功招聘事业单位人员28名。第二场招聘以卫生健康系统为主，提供招聘岗位67个，成功招聘事业单位人员33名。

【党员情况】 截至2020年12月，江海区共有党员8984名，其中农村党员2357名，占比26.2%；社区党员1711名，占比19%。在性别结构方面，男性党员6009名，占比66.9%；女性党员2975名，占比33.1%。在年龄结构方面，35周岁以下的2223名，占比24.7%；35—55周岁3672名，占比40.9%；55周岁以上3089名，占比34.4%。在学历方面，大学本科以上学历2957人，占比33%；专科学历2002人，占比22.2%；高中及以下学历4025名，占比44.8%。

□宣传工作

【理论学习】 全年，组织区委中心组集中学习7次。落实《中国共产党宣传工作条例》，开展宣讲会150场次，学习宣传贯彻习近平新时代中国特色社会主义思想和党的十九大、十九届五中全会精神，重点学习习近平总书记关于统筹推进疫情防控和经济社会发展工作的重要论述。组织参加“老乡讲小康”百姓故事宣讲比赛、主题学习300多场次。全区“学习强国”平台日均分数排名保持在全市前列。全区一线实践的原创稿件登上“学习强国”平台200多条。

【正面宣传】 围绕疫情防控、脱贫攻坚、全面建成小康社会、重大项目动工（投产）活动、企业复工复产、学生开学返校和城乡环境整治等主题，完成全媒体专题策划21个；结合不同时期的宣传热点，体现干部干事创业新闻题材。江门高新区复工复产登上《人民日报》头版头条，下沙水上人家攻坚克难的报道成为江门市先进典型。新媒体作品《江海十二时辰》获评五邑新闻奖一等奖。通过传统媒体和新媒体平台同步开展宣传，采用直播带货宣传方式助推江海区五一消费、国庆消费和文化旅游节活动，扩大江海品牌影响力。儿童公园和江海云道打卡Vlog微视频、防疫科教宣传短片《江海区防疫“三字经”》、“走向我们的小康社会”主题微视频等一批宣传作品广受市民欢迎。区委宣传部获评“国家高新区优秀宣传部门”。利用辖区内的电子显示屏、移动电视终端、广告牌、横幅、灯杆道旗等载体和形式，在城乡主干道、繁华商业街、广场、公园、景区、公共文体场馆、群众办事大厅、机关、学校、医院、银行、邮局、公交站、汽车客运站、火车站、码头等各类窗口单位、公共场所、重要区域进行习近平新时代中国特色社会主义思想有关内容的广泛宣传布置，累计刊载公益广告4.7万平方米，宣传标语5000多条。

【精神文明建设】 加强城市基础设施建设、完善公共配套服务，打造“1+3+13”（一中心、三所、十三站）示范点，以“十个一”标准进行配置建设，推进全区新时代文明实践中心、所、站建设工作。全年开展各类新时代文明实践活动600多场次，服务群众5万余人次；建成新时代文明实践志愿服务队伍265支，文明实践志愿者28681人。开展文明村、文明单位、文明校园、文明家庭的创建活动，全区95%以上的行政村达到区级文明村创建水平，礼乐街道英南村获评广东省文明村，新民小学获评第二届全国文明校园。实施“爱心之城”提升行动，组织举办“江海·最美”系列评选表彰活动。开展区、街道、村（社区）“三级联创”，做好城市品质提升、人居环境整治、联合执法整治、户外公益广告宣传和集贸市场升级等工作。

□编制管理

【街道体制改革】 研究制定街道体制改革实施方案，理顺街道与区派驻机构之间关系。印发街道党工委、办事处“三定”规定，整合调整内设机构，整合基层审批服务执法力量，完善街道运行保障体系，合理调剂街道一级人员编制力量，解决基层编制不足问题，增加9名行政编制、34名行政执法专项编制。

【街道事业单位改革】 将街道事业单位改革纳入江海区深化乡镇街道体制改革、完善基层治理体系工作统筹推进、同步实施，在全市率先启动镇街事业单位改革工作。精简和规范街道事业单位设置。推动街道事业单位第二轮优化调整，按照总量控制、结构调整、分类管理的原则，改革后3个街道设置事业单位共减少16个，机构数量大幅减少，减幅高达47%。

【机构编制问题专项整改】 推进机构编制问题整改专项工作。在现有机构编制问题整改台账的基础上，全区各部门开展自查自纠，梳理违规问题。2020年，全区通过干部调整、人员自然减员、部门内人员在编结构调整以及利用街道事业单位改革人员划转等方式共解决存量问题10条。截至2020年12月，江海区机构编制问题完成整改30项，仅剩存量问题3项，整改率达91%。启动超审批权限设置机构等问题自查自纠工作。通过检查机构设置、建立职数台账对碰干部名册等方式，自查发现全区存在超职数配备干部问题，明确下一步整改计划。

【公益三类事业单位改革】 制定和实施《关于推进区公益三类事业单位改革方案》及有关问题的处理意见，按照“一单位一对策”的原则，推动各单位按时保质完成公益三类事业单位改革。联系指导区6个涉改单位主管部门按照既定方向和路线完成改革工作。改革后不再保留公益三类、从事生产经营活动类事业单位。

【事业单位建设】 完善公益事业单位建设。成立区疾病预防控制中心，并分别在外海街道、礼乐街道和江南街道的社区卫生服务中心加挂疾病预防控制中心牌子。成立区教育第一幼儿园，设立区景贤初级中学、江门一中附属小学。在区青少年宫加挂“区青少年活动中心”牌子。成立区科技馆、区融媒体中心，设立区生活垃圾分类事务中心。

□统战工作

【主题调研活动】 区委统战部通过下基层实地考察、座谈会等形式开展深入的专题调研，形成《疫情防控常态化下统一战线在基层社会治理中的作用研究——以江门市江海区村级慈善联谊会为例》《加强新的社会阶层人士统战工作实践创新基地建设的思考》《江海区与港澳青少年交流的现状、困境与对策》《弘扬企业家精神、助力江门经济社会发展》调研报告4篇。组织民主党派和无党派代表人士，开展“乡村振兴战略”“优化营商环境，助推企业发展”等主题调研，召开座谈会围绕调研主题积极建言献策，编制《江海区民主党派意见建议汇编》，为区委、区政府民主化、科学化决策提供参考。

【江海区社会阶层人士联合会】 开展全区新的社会阶层人士调研，摸清全区新的社会阶层人士基本情况。召开区新的社会阶层人士联合会筹备工作会议2次，研究领导班子人选、章程（草案）、管理制度（草案），做好社团登记。8月27日举行区新的社会阶层人士联合会成立大会暨理监事会成员就职典礼。朱振华当选首届会长，会员52名。依托江门国家高新区火炬大厦的创梦工场挂牌设立新的社会阶层人士高新创业创新基地。

【民主党派代表人选推荐】 深入区各民主党派及区直相关部门，召开十多场座谈会广泛听取各方意见建议，多次与民主党派协商代表人士初步人选。初步人选征询区委组织部、各民主党派江门市委会意见后，产生江海区民主党派代表人士72名、骨干代表人士17名。

【民主党派发展】 区域各民主党派新发展成

2020年江海区域民主党派情况表

表4

党派名称	负责人	人数（人）
民革江海总支	余瑞武	48
民盟江海总支	曾小洁	23
民建江海总支	胡影儿	42
民进江海区基层委员会	陈颖琼	48
农工党江海总支	罗政权	59
致公党江海支部	吕旭芬	16
九三学社江海基层委员会	朱振华	47
合计		283

员17名，其中民革6名、民建3名、民进3名、农工党1名、致公党2名、九三学社2名。

□侨务

【海外侨胞】 2020年，江海区的海外侨胞主要分布在世界31个国家及地区，主要侨居地为美国、加拿大。

【侨梦苑建设】 升级改造江门“侨梦苑”核心区综合服务中心，引导华侨华人参与国内国际“双循环”发展，构建全新的引资引技引智、互联互通的高质量综合型服务平台。开设“云上世青会”江海分会场，吸引30多个国家和地区乡亲参与和关注，开展创业沙龙、创业讲堂等系列活动。

【帮扶困难归侨侨眷】 做好2020年广东省贫困归侨扶贫救助补助资金申请和发放工作，2020年江海区共有3户归侨家庭成功申领补助资金，合计2.64万元。与区民政局、中国华侨公益基金会联合江门五邑爱尔新希望眼科医院，开展江海区“侨爱心·光明行”活动，对江海区户籍的生活困难的归侨、侨眷、侨属，低保、特困、低收入、精准扶贫等对象免费提供白内障复明手术、胬肉手术、网脱手术等服务。

【纠纷化解】 与法院共建全市首个县级涉侨纠纷诉调对接工作室、全市首个区—街道—村三级调解服务机构。2020年共有涉侨纠纷案件33件，涉外4件，成功调解8件。

□台港澳事务

【港澳社团】 2020年，江海区有港澳社团4个，分别为旅港外海同乡会、澳门外海同乡会、香港礼乐同乡会和澳门礼乐同乡会。11月，邀请澳门外海同乡会、礼乐同乡会成员及澳门政协委员回乡参观考察和举办座谈会。

【因公赴港澳人员管理】 严格执行计划报批制度、因公出访审批制度，控制因公出境人数。2020年共办理赴港澳证件9批11人次。

【疫情防控】 2020年3月，台港澳事务局购置一批价值3万元的口罩，分别寄往各港澳社团，并赠送一批口罩给在本地居住的港澳人士。自3月1日起，开展防控境外新冠肺炎疫情输入工作。4月29日，撤回广州深圳珠海驻点组，入境人员转接工作实施应急值班措施。截至8月1日，共派出接送车辆30车次，派出转接人员45人次，转接入境人员30名。根据广东省从香港入境已在深圳隔离旅客分流工作的统一安排，积极协助开展从香港入境已在深圳隔离旅客的转接工作，截至年底，从深圳接回分流人员400名。

江门市江海区人民代表大会

【十届人大六次会议】 1月16—17日，召开江门市江海区第十届人民代表大会第六次会议。会议听取人大常委会工作报告以及区人民法院、区人民检察院工作报告。以书面形式对区2020年民生实事候选项目的报告、区2019年国民经济和社会发展计划执行情况与2020年计划草案的报告及2020年国民经济和社会发展计划草案、区2019年预算执行情况和2020年预算草案的报告及2020年预算草案进行审查；通过民生实事项目票决办法。以无记名投票表决方式通过《关于江门市江海区人民政府工作报告的决议》《关于江门市江海区2019年国民经济和社会发展计划执行情况与2020年计划的决议》《关于江门市江海区2019年预算执行情况和2020年预算的决议》《关于江门市江海区人大常委会工作报告的决议》《关于江门市江海区人民法院工作报告的决议》《关于江门市江海区人民检察院工作报告的决议》。以差额票表决的方式决定：提高底线民生保障水平、落实就业创业帮扶政策、提高医疗卫生保障服务水平、提升教育服务能力、提高市场食品安全监管水平、打赢精准脱贫攻坚战、提升城市品质和城市综合管理水平、提升养老照护服务水平、打通便民服务最后一千米、提升公共文化水平等项目为2020年江海区十件民生实事。

【常委会会议】 2月28日，召开十届人大常委会第二十八次会议。会议审议区人大常委会主任会议提请的人事免职案。书面听取《2019年规范性文件备案审查工作情况报告》。

4月29日，召开十届人大常委会第二十九次会议。审议《关于推进街道民生实事票决项目人大代表票决工作的指导意见》，审议区政府、区监察委员会、区人民法院提请的人事任免职案。书面通报区委关于《江海区人大常委会2020年监督工作计划》的批复。书面听取区政府《关于江门高新区（江海区）2018年度本级预算执行和其他财政收支审计查出问题整改情况的报告》。

6月12日，召开十届人大常委会第三十次会议。会议审议区人民法院、区人大常委会提请的人事任免职案。听取和审议《关于高新区（江海区）2020年财政预算调整方案（第一次）的报告》《江海区养老服务体系建设工作情况的报告》《江门市江海区学前教育工作报告》《关于江海区2016—2019年精准扶贫工作情况的报告》。书面通报《关于2019年江门高新产业新城工作推进情况的报告》《关于义务教育“三二一”工程审议意见落实情况的报告》。书面听取《关于贯彻落实江海区人大常委会〈关于检察机关开展公益诉讼工作情况报告的审议意见〉》。

8月31日，召开十届人大常委会第三十一次会议。会议审议决定接受孙敏利辞去江门市江海区人大代表职务的请求，审议区政府、区人民法院提请的人事任免职案，听取和审议《关于江门市高新区（江海区）2020年上半年国民经济和社会发展计划执行情况的报告》《关于高新区（江海区）2020年财政预算调整方案（第二次）的报告》《关于江门市高新区（江海区）2020年上半年财政预算执行情况的报告》《关于2019年度江门高新区（江海区）本级预算执行和其他财政收支的审计工作报告》《关于贯彻落实食品安全法执法检查情况的报告》。

10月23日，召开十届人大常委会第三十二次会议。会议听取和审议《高新区（江海区）扫黑除恶专项斗争工作进展情况报告》《关于高新区（江海区）推进人才强区工作情况报告》《高新区（江海区）2019年财政决算报告（草案）》《关于江海区2019年国有资产管理情况的报告》。会议决定接受罗军辞去江门市江海区人大代表职务的请求；决定接受周惠红辞去江门市第十五届人民代表大会代表职务的请求。审议区政府、区人民法院、区人大常委会、区人民检察院提请的人事任免职案。书面听取《江海区大力推进“便民服务最后一千米”改革工作情况报告》。

11月20日，召开十届人大常委会第三十三次会议。会议补选江门市第十五届人民代表大会代表。书面听取《江海区关于落实养老服务体系建设审议意见的情况报告》。

12月24日，召开十届人大常委会第三十四次会议。会议审议并表决通过《江门市江海区第十届人大常委会代表资格审查委员会关于代表资格的审查报告（草案）》《江门市江海区人民代表大会常务委员会2020年区政府民生实事项目实施情况满意度测评办法（草案）》《关于江海区十届人大六次会议代表建议、批评和意见办理情况的报告（草案）》《关于高新区（江海区）2020年财政预算调整方案（第三次）的报告》。审议区人大常委会、区监察委员会、区人民法院、区人民检察院提请的人事任免职案。书面听取《关于江海区医联体工作审议意见落实情况的报告》《2020年区人大常委会组成人员走访代表听取意见情况综合》《全国人民代表大会常务委员会关于全面禁止非法野生动物交易、革除滥食野生动物陋习、切实保障人民群众生命健康安全的决定》贯彻实施情况的调研报告。

【主任会议】 2月14日，召开第五十一次主任会议。会议传达学习《广东省人民代表大会常务委员会关于依法防控新型冠状病毒肺炎疫情切实保障人民群众生命健康安全的决定》。通报人大近期的工作情况。支持人大常委会机关驻村第一书记的工作，拟赠送一批防护物资给挂点的敬和村。

2月24日，召开第五十二次主任会议。会议传达学习习近平总书记在统筹推进新冠肺炎疫情防控和经济社会发展工作部署会议上的重要讲话精神、习近平总书记在中央全面依法治国委员会第三次会议上的重要讲话精神。研究有关人事免职议案、《江门市江海区人大常委会2020年监督工作计划》《2019年规范性文件备案审查工作情况报告》。

3月19日，召开第五十三次主任会议。会议传达学习省委十二届第173次常委会（扩大）会议精神、市委常委会（扩大）会议精神。林应武在市委常委会（扩大）会议暨市新冠肺炎疫情防控指挥部第十二次会议上的讲话精神。贯彻落实市委十三届十一次全会精神。研究《江门市江海区人大常委会2020年监督工作计划》、有关人事任免议题、《关于推进街道民生实事票决项目人大代表票决工作的指导意见》。

4月22日，召开第五十四次主任会议。会议通报区政府关于《江海区人大常委会2020年监督工作计划》的批复。研究有关人事任免议题、《区人大十届六次会议期间代表建议和十项民生工程跟踪督办工作方案》《关于江门高新区（江海区）2018年度审计查出问题整改情况报告的初审意见》《关于开展江海区学前教育工作调研的方案》。

5月19日，召开第五十五次主任会议。会议传达学习《习近平新时代中国特色社会主义思想学习纲要》第三讲：坚持以人民为中心——关于新时代坚持和发展中国特色社会主义的根本立场。林应武、刘毅4月28日在市委常委会（扩大）会议上的讲话精神——知耻后勇奋起直追以超常规举措打赢翻身仗奋力夺取疫情防控和经济社会发展“双胜利”。通报江门市纪委2020年第六期《工作通报》中《关于2起形式主义、官僚主义典型问题的通报》精神、江门市纪委对有关的处理意见。研究有关人事任免议题、《关于贯彻落实江海区人大常委会〈关于检察机关开展公益诉讼工作情况报告的审议意见〉的报告的审议意见》《关于江海区开展精准脱贫工作专项监督方案》。通报《关于2019年江门高新产业新城工作推进情况的报告》《关于义务教育“三二一”工程审议意见落实情况的报告》。

6月8日，召开第五十六次主任会议。会议学习《习近平新时代中国特色社会主义思想学习纲要》第四讲：实现中华民族伟大复兴的中国梦——关于新时代坚持和发展中国特色社会主义的奋斗目标。传达贯彻习近平总书记在全国两会上的重要讲话精神暨全国两会精神。研究有关的人事任免事宜、《关于江海区养老服务工作情况的调研报告》《关于开展对政府落实便民措施情况专题调研的工作方案》《关于高新区（江海区）2020年财政预算调整方案（第一次）报告的初审意见》《江海区学前教育工作调研报告》《关于江海区开展精准扶贫工作专项监督的报告》。

7月22日，召开第五十七次主任会议。会议传达学习习近平主持十九届中共中央政治局第二十一次集体学习时的会议精神：贯彻落实好新时代党的组织路线，不断把党建设得更加坚强有力。市纪监委《关于4起违反中央八项规定精神典型问题的通报》《关于做好江门高新区（江海区）2020年上半年国民经济和社会发展计划执行情况、财政预算执行情况和2019年度本级财政预算执行及其他财政收支审计情况调研的方案》《关于开展对区政府落实便民措施情况的调研报告》《关于开展对区政府贯彻落实〈中华人民共和国食品安全法〉实施情况执法检查的方案》《关于赴广西崇左市大新县视察区政府精准扶贫工作的方案》。

8月20日，召开第五十八次主任会议。会议学习《习近平谈治国理政》（第三卷）第二、四章。传达全国人大常委会法工委在江海基层立法联系点启动工作座谈会上有关领导的讲话精神。开展“以案为鉴”纪律教育学习。研究有关人事任免职案、个别代表的辞职请求、《关于江海区2019年度本级财政预算执行和其他财政收支情况审计工作报告》《关于江门高新区（江海区）2020年上半年财政预算执行情况》《关于江海区2020年上半年国民经济和社会发展计划执行情况报告》《关于开展2019年国有资产管理情况专题调研的工作方案》《关于组织部分区人大代表培训方案》《关于开展高新区（江海区）推进人才强区工作情况的调研方案》《关于开展对区政府贯彻落实〈中华人民共和国食品安全法〉实施情况执法检查报告》。

8月28日，召开第五十九次主任会议。会议专题研究《关于高新区（江海区）2020年财政预算调整方案（第二次）的报告》《关于全国人大法工委基层立法联系点启动工作情况报告》。

10月21日，召开第六十一次主任会议。会议传达学习《习近平谈治国理政》（第三卷）第八、九章和深圳经济特区建立40周年庆祝大会上习近平的重要讲话精神，研究有关代表辞职、人事任免事宜。通报江门市纪委2020年第十一期《工作通报》关于3起违反中央八项规定精神典型问题、江门市纪委2020年第十二期《工作通报》关于3起形式主义、官僚主义典型问题、研究市人大代表有关“金点子”建议、《关于江海区扫黑除恶工作的调研报告》《关于江门高新区（江海区）2019年财政决算报告草案的初审意见》《关于开展2019年国有资产管理情况专题调研的报告》《关于江海区落实便民措施情况专题情况调研报告》《关于高新区（江海区）推进人才强区工作情况调研的报告》《关于开展对区政府贯彻落实〈全国人民代表大会常务委员会关于全面禁止非法野生动物交易、革除滥食野生动物陋习、切实保障人民群众生命健康安全的决定〉专项调研方案》。

11月13日，召开第六十二次主任会议。会议研究江海区人大常委会全国人大法工委基层立法联系点的选址问题。

11月17日，召开第六十三次主任会议。会议传达学习《习近平谈治国理政》（第三卷）第十章。研究选联任工委有关补选一名市人大代表补选事宜、《关于江海区落实养老服务体系建设审议意见的情况报告》《关于聘请咨询专家的工作方案》《关于设立江海区人大常委立法联系单位的工作方案》。

【发挥代表作用主题活动】 指导街道先后组织省、市、区三级代表开展专题调研、视察、询问、执法检查、走访群众、约见国家机关负责人、向选民述职、接访群众等活动。如外海街道视察西江外滩—五邑路—横沥河—海伦湾与龙溪新城交界处道路—石鹤利社区垃圾分类点—金溪、南山水环境整治情况，现场了解外海街道近年来在“三清三拆三整治”中的环境整治效果。礼乐街道结合当前发展实际，组织代表视察南冲电排站—礼乐围堤整治—乡村绿廊—都市农业生态公园的建设情况。江南街道视察横坑村、明星村环境整治情况—蓬苑社区和名门一号小区生活垃圾分类点—江南辖区内的农贸市场。整个主题活动月期间，共组织专题调研10次、视察活动4次、网上代表接访61人次，联络站实地开展活动28次，代表进站201人次，约见国家机关负责人1次、代表向选民述职2次，参加主题活动的省、市、区三级人大代表189人次，收集群众意见建议120条，形成闭会期间的代表建议13件。

【规范性文件备案审查】 全年共收到区政府报送备案规范性文件4件，内容主要涉及企业管理、人才管理、金融、应对疫情支持企业复工复产等方面。将区政府报送备案的规范性文件发送给江门市地方立法研究院，委托该院对区政府报送文件的合法性进行审查并出具审查意见，同时组织法制委员会委员、法律专业代表小组代表对区政府报备的规范性文件进行认真的审查。从审查情况来看，区政府报送的规范性文件能够遵循法律、法规的规定，未发现与上位法相抵触之处，制定程序合法、规范，且符合江海区当前经济和社会发展的实际需要。

【法治工作监督】 10月，对江海区扫黑除恶专项斗争工作情况进行专题调研。调研组听取区委政法委、区公安分局等19个部门、街道的情况汇报，到区公安分局、高新派出所、区人民检察院扫黑除恶教育基地现场察看，通过汇报座谈会、实地察看等形式，深入了解江海区扫黑除恶专项斗争的开展情况。调研结束后撰写《关于扫黑除恶专项斗争工作情况的调研报告》。5月21日，组织法制委员会委员、法律专业代表小组代表到法院、检察院进行调研，听取两院上半年工作汇报，提出意见和建议；5月28日，组织代表参加区人民法院举办的“法治网课进校园，为学生成长保驾护航”主题活动；5月29日，组织代表参加区人民检察院举办的全国检察机关“六一”前夕检察开放日活动；6月11日，组织代表参加区人民检察院举办的“民有所呼、我有所应——群众信访件件有回复”新时代检察宣传周活动；6月30日，组织代表参加区人民检察院举办的物业服务合同纠纷生效裁判监督听证会活动；6月15日、7月22日、9月7日，组织代表参加区人民法院繁案精审示范庭活动；9月24日，组织代表参加区人民检察院举办的涉嫌职务侵占罪、诈骗罪听证会；11月12日，组织代表参加区人民检察院举办的涉嫌危险驾驶罪听证会活动；11月19日，组织代表参加法区人民院举办的企业实地走访调研，了解企业在改制上市中遇到的问题，并给予相关法律帮助。

【组建人大社会建设委员会】 年初召开的江海区第十届人民代表大会第六次会议上，经全体与会代表表决通过，江海区人大成立社会建设委员会并选举产生社会建设委员会主任委员、副主任委员和委员。

【社会工作监督】 4月下旬，区社会建设委员会对江海区养老服务体系建设情况进行专题调研，通过汇报座谈会、实地察看等形式，调研组深入了解江海区养老服务体系建设的情况，撰写《关于江海区养老服务工作情况的调研报告》；6月，参加区十届人大常委会第三十次会议，听取和审议区政府关于《江海区养老服务体系建设工作情况的报告》，向区政府发出《关于江海区养老服务体系建设工作情况报告的审议意见》，要求“区政府及有关部门要认真研究办理，六个月内将办理结果书面向区人大常委会报告”；11月，区政府根据审议意见提交《江海区关于落实养老服务体系建设审议意见的情况报告》。委员们参与区政府整改落实情况的审议工作，并提出“建议根据《广东省养老服务条例》《关于加快推进养老服务发展的若干措施》及江门市民政局《养老服务设施布局规划（2021—2026年）》的要求，对江海区养老服务体系‘十四五’规划的实施情况进行跟踪监督”的意见建议。

【调研和执法检查】 3月，配合市人大社建委开展基层社会管理创新专题调研，撰写《江门市江海区基层社会管理创新情况汇报》；5月，配合市人大常委会开展“应对新冠肺炎疫情影响促进稳定就业”专题调研，撰写《江门市江海区应对新冠肺炎疫情影响促进稳定就业工作情况汇报》；6月，配合省人大开展《广东省铁路安全管理条例》执法检查，组织有关部门到现场检查点进行实地检查；10月，配合市人大开展《江门市文明行为促进条例（草案）》初步审查调研；11月，配合市人大开展社工机构发展情况专题调研。

【预算草案审查监督】 组织审查组，到财政预算编制部门及相关区直部门开展专项审查，听取财政部门的汇报，约谈部分预算部门，听取和收集意见建议。集中财政经济委员会成员和财经咨询专家、财政局工作人员等组成两个审查小组，对2020年财政预算执行和2021年区直部门项目资金预算安排进行审查。针对有关情况约谈14个预算部门，在综合研究各方意见基础上，将审查情况向区财政部门反馈。审查《江门高新区(江海区)2019年预算执行情况和2020年预算草案的报告》《关于江海区2019年度本级财政预算执行和其他财政收支情况审计工作报告》。分别在6月、10月和12月三次审查区政府预算调整，对预算调整方案进行把关，对江门高新区（江海区）2020年上半年国民经济和社会发展计划执行情况和财政预算执行情况进行调研。向区政府提出意见建议。

【代表视察】 4月1日，组织代表前往儿童公园、江海云道开展视察活动，了解儿童公园建设情况、开园准备、疫情防控、安全设施配备等各方面问题；5月8日，组织百名省、市、区三级代表实地察看高新区（江海区）黑臭水体整治成效；10月19日，组织省人大代表现场视察广珠城际轻轨经过江海段发出的噪声情况。

【创新接访群众模式】 各街道将接访点由室内搬到室外，由预约接访改为主动接访。外海街道在城央绿廊西江外滩段搭起帐篷接待群众反映问题、咨询政策、提出意见建议。除此之外，代表们还继续在村头“摆摊”，定期召开“榕树头下的议事会”，收集群众意见。礼乐街道采取线上“云接待”和线下服务相结合的方式，开通官方微信号“礼乐街道人大办”。线上群众的问题集中转达给驻站代表，最终反映到相关部门集中解决。江南街道搭建起全市首个“代表联络站+代表联民议事岗”联络平台，代表定期去选区走访和定点进站接访，能当场回复的及时回复，不能当场解决的认真记录在册后报有关部门跟进解决。

【代表建议办理机制】 创新“动态征集、繁简分流、流程再造”的建议征集处理机制。利用代表联络站平台（包括云平台）、通过小组活动、代表接访、走访、调研等形式，全天候、全覆盖收集、听取群众的诉求和社情民意及群众普遍关心的社会热点难点问题，通过动态征集、繁简分流、建议办理流程再造，界定责任主体，属于街道职权范围内的由街道即时交办解决，街道职权范围外的，则提交到区政府办理。2020年，各街道工委共收集代表建议363条，其中351条及时由街道本部门解决并答复代表，有12条交由区政府相关部门落实。

【依法任免国家机关工作人员】 全年补选市人大代表1名，任免区人大常委会和“一府一委两院”工作人员50名，其中任职25名，免职25名。

【全国基层立法联系点】 7月17日，江海区人大常委会被正式确定为全国人大常委会法工委基层立法联系点，是目前广东省唯一的“国字号”基层立法联系点。8月18日，全国人大常委会法工委江海基层立法联系点启动工作座谈会在江门市江海区召开。

【法律法规草案征求工作】 全年完成12部法律法规草案的意见征求工作，呈报153条意见建议，7条被采纳。8月，对制止餐饮浪费行为专项立法开展调研活动，通过上门征求意见、社区论坛、召开座谈会、实地视察和人大政务网站、新媒体等线下、线上形式广泛征集社会各阶层、各群体的意见建议，归纳整理成26条意见建议，形成专题调研报告后呈送给全国人大和省人大，得到全国人大和省人大的充分肯定。该项工作被广东电视台和《南方日报》《羊城晚报》《江门日报》等省市多家主流媒体纷纷报道，两次登上“学习强国”平台。

【代表联络站工作】 2020年，原裕华墙纸代表联络站因代表变动和企业主变更已经撤销，重新定点选址，区、街道、经济联社三级共投入35万元，将原滘头办事处首层重新打造，按要求高标准建设一间“滘头经济联社人大代表联络站”。2020年，江海区有15间人大代表联络站，开通网上代表联络站4个，保持每10个代表有一间联络站的目标。按照《江海区人大代表联络站建设规范》要求，将13份上墙资料和登记造册资料进行统一规范，并打造联络站“五大功能平台”作用发挥机制，让代表联络站具有代表活动功能、代表联系功能、代表知情知政功能、代表监督功能、代表建议功能。2020年以来，代表在联络站开展活动102场，入站代表676人次，共收集群众反映建议意见275条，全部得到解决。

【代表活动月活动】 11月，区人大开展代表活动月活动，通过召开座谈会和代表视察等多种形式，一共收集意见建议20条，发函至区政府有关部门进行办理。

【江门市江海区人大常委会负责人名录】

主　任：余志坚

副主任：胡影儿（女）

黄卫明

陆润球

张成富

郑仕进

伍国胜

江门高新区管理委员会 江门市江海区人民政府

【工作会议】 1月8日，会议研究礼乐街道威东大草围地块相关配套设施建设事项。

1月11日，会议研究进一步理顺“光博汇”重整方案项目在建工程抵押债权等相关事宜。

1月21日，会议研究高新区公共码头建设有关事宜。

1月23日，会议对智能智造港、深圳康普盾科技股份有限公司、倍量金融设备制造、骏鼎达、江门市汇佳工业产品有限公司等项目和标准地落位、地块填土及施工进度情况进行督导。

2月24日，会议对智能智造港、深圳康普盾科技股份有限公司、倍量金融设备制造、骏鼎达等项目填土进度及施工情况进行督导。

3月12日，会议研究高新区公共码头建设有关事宜。

3月16日，召开高新区（江海区）2020年第一季度经济分析会。

3月19日，会议对近期的重点招商线索进行研究。

3月26日，会议研究江睦路现场管理问题。

3月27日，会议研究妥善解决胜利南路安置小区（银城小区、渔山小区）相关问题。

4月14日，会议研究礼乐纸厂片区征地拆迁工作问题。

4月22日，会议研究乡村绿廊（礼乐河西侧北头咀水闸至会港大道段、马鬃沙段）及都市农业生态公园项目建设工作。

5月3日，会议研究大气扬尘污染防治和环卫保洁工作。

5月11日，会议研究推进妥善解决胜利南路建设项目历史遗留问题。

5月12日，会议研究中电能源站项目天然气管线和蒸汽管线铺设工程管理问题。

5月18日，会议研究高新区（江海区）2020年1—4月经济分析。

5月18日，会议研究江门高新（岱建）输变电工程项目及配套道路建设工作。

5月25日，会议研究兑现外海、江南街道辖下各村留用地租金问题。

5月27日，会议研究江海区2020年“三旧”改造项目进展情况。

5月28日，会议研究金财云商项目建设有关问题。

5月29日，会议研究六一儿童节儿童公园A区开园有关事项。

6月2日，会议研究江海区河长制水质达标工作。

6月8日—9日，会议研究有关重大产业项目和“三旧”改造等工作。

6月10日，会议研究高新区（江海区）环卫一体化工作推进情况。

6月10日，会议研究220千伏岱建（高新）输变电工程和110千伏胜利输变电工程项目建设情况。

6月12日，会议研究江南街道“三旧”改造及相关项目工作。

6月15日，会议对通用集团、金羚集团、智能智造港、康普盾、倍量金融设备制造、骏鼎达等项目动工进度情况进行督导。

6月16日，会议研究高新区（江海区）2020年1—5月经济分析。

6月19日，会议研究环卫一体化工作推进情况。

6月30日，会议研究金瓯路西延线规划线位和中江高速扩建工程征地拆迁补偿标准等问题。

6月30日，会议研究江海区农村宅基地审批管理工作的职责、时限、过渡方式等问题。

7月1日，会议研究做好江门一中高考准备工作。

7月6日，会议对都市农业生态公园、江睦路（中江高速—云沁路）、利和兴智能装备制造基地项目和全球时代科技项目情况进行督导。

7月9日，会议研究全区中考考点增加设备问题。

7月14日，会议研究解决江门220千伏岱建（高新）输变电工程临时施工便道问题。

7月15日，会议研究落实市区公路事务中心管养道路的环境卫生保洁移交江海区相关工作。

7月29日，会议研究高新区（江海区）2020年上半年经济分析。

7月30日，会议研究部署抗疫特别国债（涉及区农业农村和水利部分）的使用进度、支付要求等问题。

8月7日，会议研究一行路（连海路—龙溪路）工程施工总承包合同相关问题。

8月7日，会议研究江海区房屋建筑和市政设施工程招标投标“评定分离”改革试点工作。

8月10日，会议研究景贤初中建设协调问题。

8月11日，会议研究江海区房屋建筑和市政设施工程招标投标“评定分离”改革问题。

8月12日，会议研究城轨江门东站移交、成立政府性融资担保公司、高新区43号地云沁路加油站、光泰水疗旧址承租改造的工作。

8月18日，会议研究区都市农业生态公园及碧道建设项目和乡村绿廊—礼乐河西岸（北头咀至会港大道）建设问题。

8月21日，会议研究江门市泰达房地产开发有限公司重整工作推进问题。

8月24日，会议研究高新区（江海区）2020年1—7月经济分析。

8月25日，会议研究励福实业（江门）贵金属有限公司、巴斯夫涂料（广东）有限公司暖企问题。

8月26日，会议研究华发幼儿园建设工作。

8月27日，会议研究国防教育公园建设工作推进问题。

9月2日，会议研究解决2020年高新区（江海区）城建项目存在问题。

9月2日，会议研究解决联检单位进驻场地功能化改造工程建设问题。

9月2日，会议研究江门高新区公共码头项目联检单位进驻场地租赁有关事宜。

9月16日，会议研究江海区都市农业生态公园项目建设问题。

9月23日，会议研究高新区（江海区）2020年1—8月经济分析。

10月13日，会议对华夏光彩智能全彩显示总部项目、麦克韦尔电子科技产业园项目、宝士年产350万台智能家电研发销售生产项目、江门康普盾科技有限公司5G基站电源配套设备和储能系统总部项目、江门骏鼎达新材料科技有限公司特种保护材料江门研发制造基地项目、倍量科技（江门）有限公司金融智能终端总部基地项目、5G数据通信与传输线缆智能制造总部基地项目进行督导。

10月15日，会议研究江海区都市农业生态公园项目建设问题。

10月22日，会议研究取消原光博汇项目招商条件问题。

10月24日，会议对五邑路扩建工程主线年底建成通车问题进行督导。

10月29日，会议研究高新区（江海区）2020年1—9月经济分析。

11月5日，会议研究江海区都市农业生态公园项目建设问题。

11月9日，会议研究江门高新区（江海区）2020年第四季度重点项目集中动工（投产）活动筹备工作情况。

11月26日，会议研究高新区（江海区）2020年1—10月经济分析。

【政务公开】 至年底，在江门高新区（江海区）政务信息网上发布通知公告共93条；规范性文件共46份，同步公布图片、视频、音频等多种形式的政策解读；在区办公室公开平台上发布信息共70条；在区政府电子公报上共选登发布文稿72份；通过新浪微博（江门江海政务）发布信息共142条，通过微信公众号（江海政务）发布信息共108条。组织区直各部门举办政务公开专项培训2场。网络监测、人工统计、第三方抽查等多种方式相结合，对全区44个部门频道和31个政府信息公开目录进行不定期监督抽查，并通过多种渠道及时通知政府各部门整改。与区委组织部对接，将政务公开工作纳入区各有关单位绩效考核一级指标，分值权重为4个百分点。按时完成江海区26个领域基层政务公开标准目录编制和发布工作。依法依规答复办理，政府信息依申请公开。

【金融风险防范化解】 建立处置非法集资领导小组、互联网金融整治专项工作领导小组，制订《江海区金融系统行业专项整治工作方案》等，有序开展“稳金融”。联合有关区直部门举办2场防范非法集资、金融知识进万家大型主题宣传活动，提高广大群众金融风险防范意识。

【金融行业发展】 2020年，高新区金融中心A座投入运营，入驻金融机构34家，其中，华润银行江门分行的落户，实现高新区（江海区）分行级别银行机构零的突破。工商银行江港澳联络处落户实现江门零的突破，有7家金融机构已签订意向协议，入驻机构包含银行、保险、证券、基金、创投以及配套服务等机构，B座建设进展顺利，主体结构即将封顶，招商同步开展，已储备一批意向进驻客户。

【中小企业服务扶持】 推进成立江门市第一家国有融资担保公司，构建政府性融资担保机构和银行业金融机构共同参与、合理分担风险的合作机制，降低担保服务门槛。推广宣传广东省中小企业融资平台，引导中小微企业积极利用平台发布融资需求，并鼓励各类金融机构依托该平台开发和提供金融产品和服务。鼓励企业积极开展信用评级，提高企业竞争力和知名度。2020年，辖区内经本地培育累计上市、挂牌企业9家，已首发国会企业1 家（奇德新材料），并储备意向进入多层次资本市场融资的企业10家。制订《关于减轻防疫物资生产企业融资成本补贴工作指引》，支持企业复工复产。采取事后奖补方式对5家符合条件的企业进行资金补贴，给予防疫补贴物资生产企业融资成本补贴共19万元。

【政银企合作】 联合市银保监分局、区中小企业服务中心、辖内有关金融机构共举办3场金融融资推介系列活动，向辖区内优质企业提供金融融资产品、服务咨询，破解民营企业融资难、融资贵、融资慢等难题。签订《江门高新技术产业开发区管理委员会江门市江海区人民政府江门农村商业银行股份有限公司战略合作框架协议》，为农村金融和乡村振兴建设、经济结构调整和产业升级、绿色经济发展、教育医疗等民生领域建设、招商引资项目、文化旅游建设等领域，提供金融服务。

【抗疫涉外工作】 建立完善抗疫涉外工作机制。成立防控境外新冠肺炎疫情输入专项工作组，形成外籍人员疫情防控工作信息通报渠道，实行防疫情输入闭环管理和健康观察。制订《江海区外事局驻集中隔离点工作方案》，成立江海区外事局驻集中隔离点工作小组，实时掌握并报告集中医学观察点被观察入境外籍人员失管、脱管、漏管等异常情况。配合市委外办前往江海区柏怡商务酒店和江门嘉谊酒店等集中隔离医学观察场所开展定期检查。针对4月初步排查到的1名非洲籍无症状人员核酸检测结果呈阳性后复查为阴性事件，及时进行全面摸排、群众解释、家属安抚、情况上报等工作。以江门市人民对外友好协会名义招募16名熟悉英语、日语、越南语等语种的疫情防控志愿者，分批、分点对其进行包括外事纪律、基本外事礼仪、工作安全等方面的岗前培训，颁发聘书和胸卡。受聘志愿者在3个街道的社区一线服务。做好外籍人士到华安排。初审企业资料并上交市外事局办理。全年共受理疫情期间外国人到华邀请函25批51人（已办好20批37人），涉及10家企业、13个国家，已接返18人。到江门荣信电路板有限公司、江门市宝士制冷电器有限公司等企业参观座谈，做好江海区企业APEC（亚太经合组织）商务卡办理和防疫期外籍师生返校工作检查。

【对外交流合作】 落实中央八项规定及因公出国管理工作相关规定，将因公出国（境）经费纳入专项预算管理，控制经费预算规模。2021年因公出访团组5个、20人次，出访比利时、德国、俄罗斯、阿联酋、新加坡等国家（地区）14个。重点对外宣传江海区投资环境，推介“侨梦苑”，深化与“一带一路”沿线国家合作，为江海区工业产品、大健康产业等方面投资项目开拓海外市场牵线搭桥。接待德国驻广州总领事馆总领事冯马丁一行参观巴斯夫涂料（广东）有限公司。保持与斯洛伐克共和国日利纳州爱西抽县的联系，按照双方签订的“加强友好交流备忘录”，开展多层次、多领域交流。

【来信、来访及网上信访】 全年，群众向江海区来信、来访及网上信访共578次。其中来信64次（含上级交办）、来访32次、网上信访482次。其中，群众到区集体上访9批、84人次；群众到市集体上访3批、46人次，分别为外海麻园商业街商户到市上访（2批、23人次）要求减免租金以及礼乐乐兴苑23名群众到市上访反映不动产证办证问题等。按信访类别分类，其中，城乡建设共134宗，占比23.2%；纪检监察类共108宗，占比18.7%；自然资源类和经济管理类各93宗，占比16.1%；其他各类合计150宗，占比26%。

【信访法律服务】 引进法律顾问为信访群众提供法律咨询和服务，法律顾问在参与日常接访工作方面，根据诉访分离的原则，辨别涉法涉诉的信访事项，引导来访人员通过诉讼、仲裁、行政复议等途径寻求解决方法；协助提供信访事项复查复核的法律服务。对信访局处理信访问题提供法律意见，多次在给信访人的法律文书中提供法律意见。2020年，2名驻点律师共参与接待来访群众26批、80多人次，参与办理（协调）复查复核事项4件，出具法律意见书3份，成功化解案件8宗。

【复查复核纠错和监督】 2020年以来共办理涉及信访复查事项6宗，其中申请复查4宗，咨询2宗。4宗申请复查事项中，受理3宗，不予受理1宗。共撤销、变更原办理意见或要求重新办理2宗。通过严格复查复核工作程序，及时出具复查意见书和送达并录入网上信访信息系统。

【访调对接】 在区信访局设立江海区“访调对接”工作室、街道设立信访调解工作室。召开工作部署和推进会议，整合人民调解员、村居律师、基层法律服务工作者等资源，推进人民调解参与信访矛盾化解工作。访调对接机制运行以来，受理群众来访85批、1000多人次，人民调解对接并成功化解矛盾纠纷67件。

【重点信访案件化解】 中央联席会议办公室2020年向江海区下达38宗重复信访事项。9月开始，为推动全区治理重复信访矛盾化解信访积案工作，印发《关于落实集中治理重复信访事项领导包案工作的通知》。2次召集各街道和区信访工作联席会议成员单位进行工作落实布置，办结并提交相关核查佐证材料，集中治理重复信访化解信访积案2020年提交办结16宗，超额完成2020年化解（办结）40%的目标任务。从6月开始，将突出问题和民生问题案件列为市、区领导包案案件，开展党政领导下访接访群众和包案处理信访问题。全年向区领导建议推送案件49宗，已化解23宗。6月，开展“百日攻坚”专项行动。印发《关于印发〈江海区化解信访积案“百日攻坚”专项行动工作方案〉的通知》，实行“案结事了，事心双解”和源头治理，部门协同、属地管理、条块结合，谁主管、谁负责原则，“三到位一处理”要求，依法及时就地解决群众问题。全区共有39个职能部门排查出案件301宗，其中已化解195宗，未化解106宗，化解率达65%。

【疫情期间群众接访】 受疫情影响，从6月开始，重启领导干部接访工作，安排区领导干部开展接访48人次，每月月中在江海政务网对下一月的接访安排进行公示。区信访局人民来访接访大厅按照防疫要求调整接访布置，张贴防疫提示，配备防疫物资，科学、合理、安全应对群众到接访大厅上访。制定疫情期间接访工作应急预案，规范全区疫情期间接访工作流程，推行网上信访，使疫情期间群众反映诉求渠道畅通。2020年，江海区涉疫案件1宗，为外海麻园商业街商户因疫情要求减免租金案件。

【矛盾排查和风险分析】 全区各街道各部门开展疫情期间群众矛盾排查，将信息排查工作下沉到村（社区）一级，认真梳理汇总群众诉求反映。对未有效处理的矛盾纠纷认真分析研究，及时发现苗头性问题，建立登记台账并向区信访局和区委政法委上报，争取工作主动。针对当前突出信访问题，进行分析研判是否有失控、越级上访等隐患；对排查出来的矛盾纠纷和重大信访情况进行研究分析，并向区信访工作联席会议提交工作建议和意见。2020年，已开展3次排查分析工作，共排查矛盾纠纷8宗，涉及农村农业、城乡建设（物业管理）、避邻项目、劳资纠纷等领域；分析研判矛盾纠纷11宗，向区信访工作联席会议提交意见4条。

【采购管理】 全年，政府采购项目预算金额4632.15万元，实际金额4511.25万元，节约120.9万元，节约率2.61%。采购次数232次（其中含网询及购买服务179次）。其中，采购重点项目包括：江门高新产业新城PPP（公私合营）项目咨询服务项目、珠西先进产业优秀人才创业创新园二期建设场地租赁项目、江门幼高专第一附属幼儿园装修工程项目。

【江门高新区管理委员会负责人名录】

主　　任：彭章瑞
常务副主任：劳茂昌
副　主　任：陈焕溪
　　　　　岑明俸（4月起）
　　　　　庞晋山（6月起）

【江门市江海区人民政府负责人名录】

区　长：劳茂昌
副区长：陈　诚
　　　　王作青（女）
　　　　梁中杰
　　　　丑继明
　　　　区　用
　　　　曾国华
　　　　庞晋山（6月止）

政协江门市江海区委员会

【四届五次会议】 1月14—16日召开中国人民政治协商会议第四届江门市江海区委员会第五次全体会议。会议听取和审议政协第四届江门市江海区委员会常务委员会工作报告、提案工作报告，列席江海区十届人大六次会议，听取并讨论江海区人民政府工作报告及有关报告，表彰区政协2019年度优秀提案和办理提案先进单位，审议通过区政协提案审查委员会关于政协第四届江门市江海区委员会第五次会议期间提案审查情况的报告（书面），审议通过政协第四届江门市江海区委员会第五次会议决议。

【常委会会议】 1月16日召开四届十四次常委会会议。会议听取各组讨论情况汇报；确定增补区政协副主席、常委候选人名单；通过《选举办法（草案）》；确定总监票员、监票员建议名单；审议通过区政协四届五次会议期间提案审查情况的报告；审议区政协四届五次会议决议（草案）。

5月13日召开四届十五次常委会会议。会议学习习近平总书记关于统筹推进疫情防控和经济社会发展工作主要讲话精神及中央经济工作会议精神；传达学习贯彻区委政协工作会议精神；视察区有关城市建设及民生工程建设情况；围绕推进2020年高新区（江海区）经济社会发展重点工作重点项目建言献策；其他。

8月31日召开四届十六次常委会会议。会议传达学习贯彻习近平总书记在企业家座谈会上的重要讲话精神；部署学习《习近平谈治国理政》（第三卷）；听取2020年上半年经济社会发展情况通报；围绕2020年上半年经济社会发展情况发表意见建议；听取2020年“一号提案”办理情况；听取2019年“一号提案”督办意见落实情况；对办理情况和落实情况发表意见建议。

【主席会议】 3月20日，召开区政协四届三十次主席会议。会议传达学习贯彻习近平总书记在决战决胜脱贫攻坚座谈会上的重要讲话精神和全省决战决胜脱贫攻坚座谈会议精神；学习贯彻《中共广东省委关于新时代加强和改进人民政协工作的实施意见》精神；审议《区政协2020年工作计划》；审议区政协2020年“一号提案”和“重点提案”。

5月6日，召开区政协四届三十一次主席会议。会议传达学习贯彻习近平总书记在4月8日中共中央政治局常委会会议上的重要讲话精神；传达贯彻区委政协工作会议精神；传达学习贯彻全市机关党的建设工作会议精神，部署区政协党建工作；传达学习贯彻区委舆论宣传与意识形态工作会议精神，部署区政协宣传与意识形态工作；审议《2020年度江海区政协主席会议学法计划》；研究审议《区政协2020年度协商计划》和《区政协2020年度民主监督计划》；审议《关于加快高新区（江海区）医疗基础建设的调研报告》；研究审议区政协四届十五次常委会会议议程。

5月18日，召开区政协四届三十二次主席会议。会议传达学习贯彻习近平总书记在4月29日中共中央政治局常委会会议上的重要讲话精神；研究审议《区政协2020年度协商计划》和《区政协2020年度民主监督计划》。

8月5日，召开区政协四届三十三次主席会议。会议传达学习贯彻习近平总书记在企业家座谈会上的重要讲话精神；传达贯彻市委《关于贯彻省委〈关于建立健全坚决落实“两个维护”十项制度机制的意见〉的工作方案》；部署学习《习近平谈治国理政》（第三卷）工作；总结上半年舆论宣传和意识形态工作，部署下半年工作；研究区政协四届十六次常委会会议议程；布置区政协委员履职能力提升培训班筹备工作；研究召开民营企业家座谈会有关事宜；各分管副主席报告上半年分管工作开展情况及下半年工作计划。

【调研报告】 为积极推进江海区的医疗基础建设工作，区政协开展“加快高新区（江海区）医疗基础建设”专题调研，并撰写《关于加快高新区（江海区）医疗基础建设的调研报告》。

【提案督查督办】 2020年提案工作基本情况：共提交提案53件，立案49件，占收案总数的92.45%。经过承办单位的认真办理，49件提案均已办复。其中，已经解决或采纳的40件，占81.63%；列入计划拟解决的6件，占12.25%；留作参考的3件，占6.12%。从委员反馈意见情况看，满意和基本满意率达100%。

【队伍建设】 举办区政协委员履职能力提升培训班，开展《习近平谈治国理政》（第三卷）和《中华人民共和国民法典》专题学习辅导，实现委员履职培训全覆盖。选拔一批在行业中有代表性的女性委员、常委，女性委员比例达到21.83%，女性常委比例达到18.52%。将政协委员按界别纳入各专委会中。组建江海区政协提案工作研究会，组织政协委员和研究会成员赴江西省弋阳、上饶考察学习。

【民主监督】 制订《2020年度民主监督计划》，由各专委会牵头，针对下沙二期征地拆迁项目、小区物业管理等民生热点问题开展民主监督；围绕企业复工复产存在的困难问题，组织委员下企业、下基层，问计于民，广泛收集企业的诉求和建议，形成专项报告呈报区委；以“一号提案”回头看形式对加快社区治理工作开展民主监督；开展禁毒专项调研，听取法院、检察院工作通报，履行民主监督职能。

【联谊交流活动】 营造多党合作良好氛围，对各民主党派和无党派人士进行走访联谊，听取民主党派、工商联意见建议，重视民主党派、工商联集体提案、大会发言和社情民意信息成果转化，联合党派团体共同承办重点协商议题，召开区委区政府港澳委员座谈会，组织港澳委员参加“一号提案”、重点项目调研视察等活动，配合统战部门开展港澳社区乡情调查工作。

【委员工作室】 11月19日，江海区政协外海联络组委员工作室举行揭牌仪式。为全区首个政协委员工作室，可进一步创新服务形式，拓宽委员履行平台。利用工作室做好沟通工作，发挥政协联系党委政府和广大群众的桥梁纽带作用。

【专题协商】 围绕经济社会发展，开展7项专题协商，联合市政协开展“加强湿地保护，改善生态环境”专题协商。区政协四届五次会议期间，委员们围绕“一府两院”工作报告，立案提案49件，一批协商成果得到采纳和落实；围绕江海区经济社会运行、“双重”工作开展常委会专题协商。

【对外联合考察】 承办市政协主席会议，联合市政协开展“加强湿地保护，改善生态环境”专题协商和“普惠性幼儿园建设”“加强城市社区治理建设”“加强侨务阵地建设”等调研活动。配合做好福建省政协、海南省政协等单位到江海区开展考察活动。

【政协江门市江海区委员会负责人名录】

主　席：何　腾
副主席：吴　刚
　　　　周　明（8月止）
　　　　黄伟权
　　　　吴　旭（6月止）
　　　　黄少芳（女）
　　　　袁美兰（女，1月止）

中共江门市江海区纪律检查委员会·江门市江海区监察委员会

【全体会议】 4月21日召开中共江门高新区纪工委2020年工作会议暨中共江门市江海区九届纪委五次全体会议。会议以电视电话形式召开，全会审议通过区纪委常委会《一以贯之坚定不移全面从严治党为高新江海全面建成小康社会提供坚强保障》工作报告，听取区府办、区经促局、区财政局、区人社局和区自然资源局5个单位党组织述责述廉，并进行评议。

【专题会议】 5月11日召开全区纪检监察干部

警示教育会议，专题传达学习全市纪检监察干部监督工作会议有关精神，以3起严重违纪违法案件为反面典型开展警示教育。8月20日召开反腐败协调小组工作会议，传达市委反腐败协调小组工作会议精神，总结前一阶段工作情况，研究部署下一阶段工作任务。8月20日召开党风廉政建设领导小组工作会议。

【信访举报受理】 2020年共受理信访举报197件。其中，收到涉及防疫工作信访举报5件，落实江门市纪检监察机关整治信访举报工作中形式主义、官僚主义问题的措施要求，开展纪检监察信访举报处理工作中形式主义官僚主义问题专项整治工作。收到省巡视组转办信访件15件，完成转办信访件核查任务，立案查处1件1人，对在此轮巡视中反映的用人问题、征地问题、工程分包问题，督促有关部门做好整改。

【纪律教育学习月活动】 组织全区党员领导干部参加党章党规党纪教育培训班，撰写全区查处的违纪违法案例剖析材料，列入市纪委编印的警示教育读本，并第一时间将警示教育读本、省纪委监委摄制的3部警示教育片等学习素材发到各单位。加强全区廉政法治教育基地建设，新增一批全区2019年查处的典型案例，目前1000多人次接受教育。依托“江门高新”微信公众号平台开设“法纪知识网上问答”专栏，围绕新修订的《中国共产党纪律处分条例》《中华人民共和国监察法》《公职人员政务处分法》《中华人民共和国民法典》等党纪法规，组织全区机关、事业单位在职党员干部、各村（社区）“两委”干部4000多人参加法纪知识网上问答活动。创建“好家风”学习专栏，从学习强国平台、江门廉政网上转发，更新11篇革命先辈的家风故事，并通过政务网、微信推送到各单位进行学习；组织党员干部和全体师生观看革命历史题材话剧《铁骨丹心林基路》；摄制作风建设专题片《新时代新作风新形象——江门高新区（江海区）全面提升服务群众水平》，并联合区委宣传部制作一批以“我们的小康生活”为题的正能量微视频。

【警示教育】 在重大节假日前，在区纪委政务信息网站转发16批上级典型案例的通报，并联合区委宣传部在“江门高新”微信公众号上转发。向派驻纪检监察组和各街道纪工委发送纠治“四风”的工作提醒，向全区3467名党员干部发送廉洁过节的提醒短信，营造风清气正的节日氛围。组织开展整治违规收送红包礼金专项行动，坚决查处一批违规收受红包礼金的党员干部。发放江门市纪委监委编印的警示教育读本《江门市2021年村（社区）“两委”换届工作镜鉴》600册。

【党风廉政建设宣传】 对区纪委政务网站进行优化改版，2020年累计发布信息181条，其中自行采编信息51条。累计向省纪委报送信息28篇、市纪委宣传部报送信息34篇，其中被学习强国采用3篇、省纪委《党风》杂志采用2篇、南粤清风网采用1篇、市纪委网站采用9篇，在《江门日报》发表信息8篇，在各类政务微信公众号发表信息25篇（江门先锋1篇、江门高新13篇、江门高新先锋11篇）。

【涉黑涉恶案件查处】 落实协同办案机制，坚持深挖扩线，通过“逐案过筛”“旧案翻查”“否案重查”等方式，查处一批涉黑涉恶“保护伞”。2020年期间，区纪委对因为涉黑涉恶腐败、“保护伞”以及工作方面失职失责立案16人，处分11人。针对重点行业、重点领域存在的问题，发出监察建议书7份，会同区扫黑办开展专项督导1次，每周向区扫黑办和市纪委报送惩腐打伞工作信息和数据，2020年累计报送简报49期，经验类材料3篇；11月，由新华社、中央广播电视总台、中国新闻社、人民公安报社组成的中央媒体团到全区深入采访“惩腐打伞”经验做法，重点关注了解陈某某专案以打伞促扫黑的经验做法，以及礼乐乌纱村如何通过打治结合，以案促治的先进经验。

【反腐工作】 推进反腐败国际追逃追赃工作，成功劝返1名潜逃境外3年的调查对象主动投案自首，追回违法款人民币120万元，受到省、市纪委监委领导表扬。

【党内谈话制度】 完善党内谈话工作指引，对日常监督发现的苗头性、倾向性问题，及时通过谈话督促整改，2020年以来，全区共开展提醒谈话129人次，其中涉及处级干部4人次、科级干部40人次；开展警诫谈话27人次，涉及处级干部3人次、科级干部6人次。

【“一把手”监督】 向4名新任党组织“一把手”发放提醒函，根据日常监督发现的情况，8月对2名落实主体责任不力的“一把手”进行约谈提醒，9月对纪律教育学习活动组织不力的2个单位“一把手”进行约谈。组织5个区直单位党组书记向区纪委全会述责述廉，现场接受评议，建立完善460多名科级干部的廉政档案，收集干部的廉政信息，掌握干部的廉政动态，完善廉政档案的管理使用办法，规范借阅程序，为审查调查和干部廉政审核调阅廉政档案129人次。

【巡察工作】 2020年，区委巡察组对区司法局、区残联、外海街道七西村、直冲村、东宁村、中东村、东南村、四大社区、墟镇社区、沙津横社区、彩虹社区、礼乐街道雄乡村、雄光村、东红村、东仁村、敬和村、向前村、向东村、丰盛村和滘头股份经济联合社进行第八轮常规巡察；对区民政局和礼乐街道镇龙村进行第一轮巡察“回头看”；对区财政局、区退役军人事务局、区应急管理局、区审计局、区国有资产监督管理局、区政务服务数据管理局、区残联、礼乐街道党工委进行第九轮常规巡察；对区府办、区发改局、区经促局、区自然资源局、区住建局、区农业农村和水利局、外海街道、礼乐街道、江南街道进行区重大项目集中动工开工（投产）活动机动巡察；对区委办、区纪委监委、区委组织部、区委宣传部、区人大常委会机关、区政协机关、区府办、区发改局、区经促局、区司法局、区城市管理和综合执法局、区妇联和各街道进行净化政治生态机动巡察；对外海街道七西村、石鹤利社区；礼乐街道雄乡村、新华村、江南街道竹苑社区进行“两委”换届机动巡察；对区自然资源局、区住房和城乡建设局、区城管局和各街道进行违法建设和违法占地问题机动巡察。发现问题1200多个、移交线索7条。

群众团体

江海区总工会

【组织建设】　全区，领取工会法人证的非公企业492家、工联会67家，合计559家。推进基层工会组织和工会会员实名制管理，目前有2.7万名会员在智慧工会进行了线上激活。

【劳动争议义务调解员培训】　6月22—23日，联合区人社局、区工商联在江艺实业有限公司会议室举办互联网电商新媒体平台培训班。此次培训对象主要是各企业负责相关工作的有关人员，两期培训班共有学员100多人。培训目的主要是使学员了解抖音商机与运营模式；通过现场演练与实操了解如何“直播带货”，助力企业实现线上、线下平台多渠道进行运营销售。9月4日，联合区人社局在高新区产业加速园党群服务中心举办劳动纠纷处理技巧培训班，来自各街道、各企业100人参加此次培训。11月6日，联合区人社局在江门人力资源服务产业园举办构建和谐劳动关系暨职业技能提升补贴申领业务培训班，围绕构建和谐劳动关系的意义、影响劳动关系的因素、企业在构建和谐劳动关系中如何发挥主体作用、江门市以工代训补贴申领办事指南等内容作详细讲解，参加人数100人。

【协助企业复产】　联合区人社局，收集区内企业外省籍务工人员信息，对接汽运公司确定车辆及路线，共安排6车次大巴前往广西崇左、靖西、钦州、博白、百色、玉林、梧州等地开展“点对点”劳务对接活动，共接回职工近千名。联系广悦电化以及恒健制药公司为企业工会供应消毒酒精和消毒水。

【平安返岗车费补贴】　有1200名符合申报条件的职工获得200元的补贴。对尚未建立工会的中小微企业退还建会筹备金。全区近700家企业符合返还和退费条件，返还和退费合计293万元。

【“五小”创新活动和合理化建议评选】2020年，共收到来自江门崇达电路技术有限公司、江门市安诺特炊具制造有限公司等十多家企业工会交来的将近30项“五小”创新活动和合理化建议，经过评选，最终得出“五小”创新活动和合理化建议各10个优胜奖项目，并推荐到江门市总工会参评。

【第一届建筑工匠技能竞赛】　9月25日，联合区住建局以“建设质量强国，决胜全面小康”为主题举办江海区第一届建筑工匠技能竞赛，激励建筑行业职工学技术、钻业务，推动企业建立健全技术工人培养、评价、选拔等机制，促进建筑行业交流。

【劳模精神宣传】　先后到江门市长优实业有限公司、江门景丰汽车部件有限公司等10家企业开展劳模故事进园区、进企业（车间、班组）的宣讲活动，加强劳模精神、劳动精神、工匠精神的宣传，引导动员广大职工群众立足本职、建功立业。

【“夏送清凉”活动】　7月1日，联同市人大带上清凉饮料和慰问金到江门市国省道PPP项目五邑路建设工地现场，探望在酷热天气中工作的一线农民工。2020年，区总工会慰问将近20家企业工会，金额约10万元。

【帮扶困难职工】　3月10日，印发《关于做好2020 年困难职工调查摸底的通知》。3月24

日，召开江海区城市困难职工解困脱困调查摸底培训会议，开展2020年困难职工调查摸底工作业务培训。2020年，区总工会总共收到123名职工的困难帮扶申请资料，审核通过符合要求的有34人，其中符合全国级标准2人、市级标准32人。向34名困难职工划拨包含生活救助、助学救助、医疗救助共224382元帮扶资金。9月29日，开展“扶贫济困履使命·脱贫攻坚奔小康”主题党日中秋慰问困难职工活动。为30多名帮扶对象发放慰问金以及月饼，油、面等节日慰问品共37200元。

共青团江门市江海区委员会

【中学团校阵地建设】 11月2日，江门市首个“青马学堂”在江海区五邑大学第一附属中学（江海区外海中学)揭牌。“青马学堂”是由团江海区委、区教育局共同打造的首个面向中学生学习传播马克思主义理论的特色阵地。

【青少年活动中心】 江海区青少年活动中心总投资6000万元，建筑面积5000平方米，是江海区规模最大的综合性、示范性青少年活动阵地。中心分为动、静两大区域，开设10大类公益课程共104个，编排一动一静的课程，满足辖区内4—12岁青少年的基本兴趣爱好需求。

【特殊青少年群体服务】 高新区（江海区）“青春护航·伴你同行”青少年服务项目全年共跟进24名特定青少年服务对象，其中社区矫正及安置帮教青少年13人、附条件不起诉未成年人6人、在校问题青少年4人，12355热线转介青少年个案1个，目前9名对象已经结案，15名对象跟进中。围绕“预防青少年犯罪”“关注青少年心理健康”“青少年毒品预防教育”三大主题开展8场活动，共服务青少年1050人次。

【青少年宫青年服务】 区青少年宫以公益为核心理念，开设包括思想教育、文化学习、艺术培训、体育健身等30多门课程，平均每个周末服务辖区青少年300多人次。

【志愿服务】 组建区人民医院青年突击队等5支工作力量，开展体温检测、秩序维持、“逆行者支援行动”等志愿服务工作，及时调配青年志愿者参与生产防疫物资，累计发动志愿者5000多人次，服务时长达2万多小时。深化“以奖代补”的考核激励机制鼓励62个社区、村志愿服务站和220支基层服务队主动作为，全区开展爱老助残、青少年义教等多元化服务，累计开展近5000场。深化文明城市建设行动，对全区5个学雷锋志愿服务站亭进行升级改造，新增釜山公园、儿童公园2个学雷锋志愿服务站亭，对全区30个基层志愿服务站进行标准化提升，在全区21个主要交通路口开展12小时文明交通劝导志愿服务，全年开展超过2500场活动，服务时数达18.4万小时。

江海区妇女联合会

【宣传教育】 通过妇联微信公众号、微信工作群等新媒体，及时准确发布党的路线方针、防疫健康知识、心理辅导知识和就业培训课堂等宣传信息。全年，发布和转载信息共417条。通过讲好巾帼抗疫故事、歌舞展演等方式开展“巾帼心向党奋进新时代”系列宣传教育实践活动8场，结合“11·25”国际反家暴日、“12·1”世界防艾日、“12·4”宪法宣传日等重要时间节点，在社区、商业区、城乡接合部等人口密集的地方，开展各类法治宣传活动100多场。

【巾帼女性创业创新基地】 联手启迪之星（江门），通过“给优惠、重培育、搭平台、树品牌、强管理、助成长”的方式，为13个入孵巾帼项目开展培育扶持、创业孵化，利用新媒体平台举办各类培训课等线上直播活动共7场次，为巾帼创业项目免租一个月和提供云培训、云服务。举办巾帼创业创新工作座谈交流会、巾帼俱乐部——“画”中有话亲子心理绘画沙龙等多场分享活动，组织女创客代表和女企业家代表前往潮汕地区开展“江海区铿锵玫瑰计划——湾区巾帼特区创业行”学习交流活动。

【妇女创业就业】 推进小额贴息贷款工作，帮扶妇女创业发展，联合农业银行和江门农商银行协助9名妇女办理小额担保贷款90万元。实施“南粤家政”工程，联合市巾帼职业培训学校分别在礼乐向东村、江南新中社区、外海永康社区举办“妇婴护理”“保育员”培训班，为120名有意愿从事家政服务的女性劳动者提供就业技能培训，组织和发动创业女性参与市妇联开展的“把爱带回家——江门市助力消费扶贫推动妇女创业就业公益行动”，组织5家企业14个产品进驻“江门市巾帼助农专区”和“粤姐姐助农专区”平台。

【妇女维权】 推进反家暴联动机制，开展维权妇女法律咨询、个案服务工作，畅通信访渠道。全年，共接妇女来电来信来访285宗。联合区人民检察院制定出台《关于建立共同推动保护妇女儿童权益工作合作机制的若干意见》；联合区人民法院制定出台《家事纠纷诉调对接工作规范》。组织线上线下法律法规知识学习和宣传活动146场。

【保护女童人身权益】 出台《江门高新区（江海区）保护女童人身权益三年行动联动机制的实施意见》，联动全区各职能单位和社会组织，成立全省首个护苗基金，指导各街道妇联、基层妇联组建护苗小分队和开展重点女童基本信息摸查工作，重点是对贫困、残疾、留守、流动、单亲、失学辍学儿童、监护缺失儿童、矛盾多的家庭的女童进行摸查和核对，并建立名册台账，共摸查409户重点家庭、146名重点女童和35264名留守流动儿童，建立基层妇联执委联系“两类”女童制度，对27名“两类”女童进行一对一结对帮扶，派发爱心联系卡并落实每月2次定期走访。联合区公安分局制定出台《关于建立“关爱女童护苗成长”保护女童人身权益三年行动联防联动合作机制的若干意见》。联合区人民检察院、区公安分局建立江海区未成年人“一站式”取证中心，与区教育局和区公安分局共同制定并签署《关于建立“关爱女童护苗成长”保护女童人身权益三年行动进校园合作框架协议》，启动“关爱女童护苗成长”进校园试点工作，选取十一中和滘头小学作为首批试点学校。

【维权志愿队伍建设】 推进妇女维权志愿服务队、巾帼志愿服务队、婚姻家庭纠纷调解员队伍3支专门志愿队伍建设，至年底有3个律师事务所共30多名专业律师加入妇女维权志愿服务队，定期到区维权站开展志愿接访和免费法律咨询，为来访妇女群众提供专业的法律服务。有80名志愿者的巾帼志愿服务队积极参与巾帼义工活动和法律宣传活动，成为城市创文、普法宣传的好帮手和践行者。69名婚姻家庭纠纷调解员遍布全区62个村（社区），及时、有效地化解婚姻家庭矛盾。

【最美家庭活动】 为传承弘扬好家教、好家风常态化开展寻找“最美家庭”活动，评选出江海区10户“十大最美家庭”和7户“优秀最美家庭”；冯静家庭被评为全国“五好家庭”；蔡金容家庭、何树榕家庭被评为广东百户“最美家庭”；梁英杰家庭、黄雯珊家庭、余年旺家庭被评为江门市“优秀最美家庭”。联合区委宣传部、区文明办举办走进村（社区）“传‘最美家庭’心声，结文明硕果”分享活动10场，传播“最美家庭”先进事迹。

【家庭文明建设】 依托辖区内优秀传统文化和家风资源优势，重点指导礼乐新华村、外海金溪社区打造2个市级建设示范点。推进美丽家园建设，广泛开展文明餐桌、公筷公勺、垃圾分类等活动；结合“乡村振兴”巾帼行动，培育外海石鹤利社区、礼乐英南村、江南富横社区3个村（社区）创建“美丽家园”。联合区总工会、团委等单位成功举办“缘梦江海拥抱幸福”交友活动。

【家庭教育】 落实区家庭教育五年规划实施方案。继续开展创建省、市级“妇女儿童之家”示范点工作，外海麻三村“妇女之家”、江南建联社区“妇女之家”、晨光社会工作综合服务中心“妇女之家”被评为省级“妇女之家”示范点；江南正南社区“妇女儿童之家”、礼乐乌纱村“妇女儿童之家”、晨光社会工作综合服务中心“妇女儿童之家”被评为市级“妇女儿童之家” 示范点。举办各级各类家庭教育讲座、报告会、亲子活动等60多场次，向广大家庭传播先进家教理念。启动家庭教育微公益项目（第二期）创投活动，评选出9个村（社区）承办家庭教育微课堂，鼓励和带动各级妇联积极开展形式多样的家庭教育活动。“六一”期间，举办“看见幸福‘阅’出梦想”江海区迎“六一”亲子阅读活动4场和“书香飘万家，文明伴我成长”漂流书包活动3批，惠及儿童245人次。

【关心帮扶】 结合春节、母亲节、“六一”、中秋等重大节日，全年走访慰问74名困难妇女和41名困难儿童，帮扶金额16万多元。联合中国人寿江门分公司为江海区93名低保妇女赠送妇女“两癌”（乳腺癌、宫颈癌）保险保单，捐赠保障金额232.5万元；联手市妇幼保健院、区卫健局开展免费“两癌”检查1.5万例。发挥巾帼基金的作用，全年发放资金8.9万帮扶救助一批困难妇女及儿童。裕景基金为礼乐武东小学11名困境学生发放帮扶资金0.6万元；为结对帮扶的广西大新县40名特困家庭、特困单亲家庭妇女、儿童发放帮扶资金共3.5万元。举办“爱心帮扶，筑梦启航”奇绩爱心帮扶基金发放仪式，对江海区重症妇女和家庭困难的学生以及奇绩困难员工共35人发放帮扶资金4.8万元。联合区慈善会建立全省首个区级护苗救助基金，筹集慈善爱心资金18万元，为经济困难的受害女童提供救助和服务。

江海区科学技术协会

【工作交流】 8月28日，台山市科学技术协会副主席李星火带领各镇街经促局局长一行12人到江海区银泉社区科普e站、长廊生态园科普教育基地、礼乐街道灾害科普体验馆调研指导，市科协领导提出建设性的指导建议。9月18日，广东省科协在江门举办全省科普信息化推广示范交流会，江海区科协组织100多人到江海区社区e站（银泉社区）和基地e站（长廊生态园）参观交流。

【科普活动】 8月23日，在长廊生态园联合江门市科学技术协会共同组织主题为“拥抱自然·巧手造物”科普手工制作活动，体验传统中国民俗，学习非遗文化。8月28日，由江门市科学技术协会、江海区科学技术协会主办，江海区宏耀农业科技有限公司承办的《现代化农业经营与管理之休闲旅游》专题科普宣讲活动在秾稼生态园举行，向学员全方位科普现代化农业发展的成果，倡导更科学的经营与管理方式。各街道、各社区、各村科普人，葡萄种植大户，火龙果种植户等66人参加。

江海区归国华侨联合会

【侨务宣传】 以《江海侨刊》以及江门侨梦苑微信公众号等新媒体平台，广泛宣传江海区的经济文化发展和引资引智政策等。2020年，出版《江海侨刊》2期，在江门侨梦苑微信公众号、网站、侨宝App等平台发布信息200条。

【联谊活动】 1月16日，举办江海区2020年迎新春归侨座谈会顺利举办。区内70多名归侨参加。不定期组织领导干部入户探访区内的归侨侨眷，密切与侨界群众的联系。到区内侨资企业，进行走访慰问，召开侨资企业座谈会，密切统战部门与侨商的联系。

【抗疫工作】 抽调干部分别到物质保障组和企业复工复产组确保区内企业，特别是侨资企业安全平稳复工复产。开通24小时电话咨询专线，为各位侨界友人提供贴心服务，高效解答疑问，服务626人次。配合区防控境外新冠肺炎疫情输入专项工作组开展从香港入境从事重要公务、经贸、科研、技术合作等活动人员免于集中及居家医学观察申请工作，负责向辖区企业做好政策解释、收集企业申请资料、后续跟踪服务和接转工作。采购“连花清瘟胶囊”和“抗病毒颗粒”等药品赠寄给江门五邑青年联合总会、智利华人企业联合会。

江海区工商业联合会

【获授荣誉】 区工商联以及一批商协会和企业被通报表扬。其中，区光电行业协会被省工商联（总商会）评为2020年广东省工商联系统“四好”商会。江门市优美科长信新材料有限公司、江门市今朝日用品有限公司、广东奇德新材料股份有限公司、江海区青年企业家商会被市工商联授予“抗疫积极贡献奖”，区工商联、江门市裕景食品有限公司、江门市江艺实业有限公司、江门市照明电器行业协会、外海商会、江门国家高新区光电行业协会被市工商联授予“抗疫优秀组织奖”。

【对外交流与合作】 协助企业打造“五邑手信”名片，鼓励会员企业将“五邑手信”带出国门，推动境外经贸合作。7月24日，邀请广州市天河区兴华街道商会到江海区参观交流，并与礼乐商会签署友好商会合作协议。12月26日，湖北省京山市委副书记、代市长张勇带领政企考察团一行到访江海区京山籍企业家投资项目——华宇工业园进行两地政企座谈交流。

【扶贫工作】 落实“百企扶百村”精准扶贫

工作部署。发动40家会员企业自愿与村庄结对。联同各商协会会长和企业家两次到挂点帮扶的恩平市牛江镇走访对口村以及慰问贫困户，走访对口的四个村委会，并发动爱心企业家筹集约3万元为贫困户翻新和修缮房屋。发动全体会员企业与大新县27条村进行结对帮扶，向大新县贫困地区先后捐赠250盏太阳能路灯和5万只医用口罩。

【助企抗疫】 推动会员企业积极转产抗疫应急物资，积极帮助企业找场地办证照领认证，共协助6家会员企业转产口罩。大力采购口罩，通过各街道、商协会发放应急口罩超过100万只，惠及企业超3000家次。区工商联会员企业及企业家、属下行业协会累计向各级机构捐款捐物超过300万元。

【走进高新企业系列活动】 2月20日，区工商联与区税务局召开专题研讨会，解决困扰指定采购企业的税收和发票难题。4月21日，携手税务局通过“云视频”会议开展“减税费优服务，助复产促发展”的税收共治专题宣讲会。8月27日，组织区内企业家参加市委统战部等部门联合举办的“同心暖企促发展”民营企业家培训活动。10月28日，联合区人民检察院举办“服务‘六稳’‘六保’，护航民企发展”检察活动开放日活动。10月30日，承办科协学术活动月开幕式和“5G已来、江门机会”专题论坛，帮助企业准确把握各级政府扶持政策。

【“优惠政策话你知”活动】 全力协助企业复工复产，启动“优惠政策话你知暖企行动”。重点收集、梳理和宣传复工复产、企业用工、金融纾困、减税降费、租金减免、合同履行等方面政策措施并制作5500张精美的宣传单张通过区综合服务中心对外服务窗口将宣传资料发放到办事企业。重点走访区内各商会和行业协会，宣传有关优惠政策，收集企业的意见建议，协助有关职能部门打通政策落地“最后一千米”，积极引导、协助企业申报和享受有关优惠政策。

【基层商会协会建设】 利用工商联的网站、微信公众号以及组织领导轮值日活动、举办座谈会、政策宣讲会等组织商（协）会和企业积极宣传党的思想路线、方针政策和重要会议精神，定期召开商（协）会秘书处会议，了解商（协）会动态，指导开展会员服务、非公党建、疫情防控和复工复产等工作，规范商（协）会运作。江海区工商联（总商会）联络处在粤湾云谷揭牌成立，解决商会活动场地问题，丰富商（协）会活动。区光电协会成功获评2020年广东省工商联系统“四好”商会。

【专项调研】 组织开展覆盖江海区全部11个商协会的专题调研，详细了解会员企业基本情况、发展经历、会员服务、党建活动、抗击疫情以及复工复产工作等情况，收集企业经营状况第一手资料撰写《江海区工商联关于加强商协会建设的调研报告》。

江海区文学艺术界联合会

【文化活动】 全年组织各类艺术作品展览及文化艺术专题讲座活动数十场，包括江海区2020年迎春文艺沙龙演出、江海区第九届文化艺术节开幕式暨2020年江海区青少年课本剧文化节总决赛等。江海区原创舞蹈《炫舞少年》《野狼》参加江海区2020年迎春文艺沙龙演出；《欢天喜地过大年》《粤味飘香传天下》参加江门市春节联欢晚会演出；《舞韵芳华》参加江门金融系统暨党建大联建机制启动仪式演出；《鼠到福来》参加2020年江门市少儿春晚演出；《醒狮耀岭南》参加江门电视台2020贺国庆·庆中秋文艺会演、江海区第九届文化艺术节开幕式暨2020年江海区青少年课本剧文化节总决赛演出。

【协会活动】 区作协开通微信公众号“江海文学”并运营，承接“侨都记忆”广播剧创作工作。区书法协会组织开展2020年“使命在肩、文化惠民”免费写春联送祝福系列活动；举办“众志成城、共克时艰”江海区青少年书法、美术作品网络展；庆祝中国共产党成立99周年江海区书法比赛；2020年书法公益培训班；第十五届文昌杯江海区青少年书画比赛；第十五届文昌杯江海区青少年书画作品展；江海区首届成人公益篆刻培训班和“江海扬帆、圆梦小康”江海区迎春书法美术作品展。文艺家协会组织参与江海区公共文体服务新模式“文体超市”各项文艺服务项目。

江海区残疾人联合会

【康复服务】 至年底，全区共有持证残疾人3039名，其中有康复需求的残疾人1408人，已服务1373人，精准康复服务率达98%；有辅助器具适配需求的18人，已适配18人，辅具适配率达100%；开展家庭医生签约服务，针对不同类别的残疾人制订不同的服务包，上门提供建立健康档案、健康体检和精准康复治疗等服务，与2789名残疾人签订家庭医生服务协议，签约率达92%。委托专业社工机构开展“点餐式”居家托养服务项目，以全区低保残疾人家庭，一户多残家庭，生活不能自理的智力、精神和重度残疾人家庭及处于教育阶段的特殊儿童为服务对象，兜底满足残疾人的康复需求。全年共为940名困难残疾人提供各类康复托养服务，使残疾人恢复或补偿功能、提高生存质量、增强社会参与能力。重点加强0—6岁残疾儿童康复救助工作，为35名0—6岁残疾儿童提供康复服务。

【就业创业服务】 全区年审321家用人单位按比例就业残疾人982人；4H就业服务项目开展职业评估252人，成功推荐28名残疾人到企业就业；66名残疾人实现居家就业，改变居家重度残疾人零收入的状态；扶持13户困难残疾人家庭发展生产及自主创业；协助4家符合条件的盲人按摩机构申领“稳就业专项补贴”2.8万元；15户残疾人个体工商户和就业困难残疾人领取“稳就业补贴”7.5万元；就业年龄段城乡残疾人新增就业33人；高校应届残疾人毕业生3人，就业率达100%；成立辖区内首个以“农疗”定位的残疾人辅助性就业机构——江海区残疾人农疗基地（一耕农场），采用“残疾人+农疗技师+社会大众+社工”的服务模式，成功提供5个残疾人辅助性就业岗位。

【托养服务】 推进托养机构建设。全区有社区康园中心6间，其中5间被评为市星级康园中心，街道建设覆盖率达100%。通过政府购买服务方式，引入专业社工组织进驻，为精神、智力和重度肢体残疾人提供日间照料、康复功能训练、康乐文体、技能训练、辅助就业“五位一体”的服务。全年共为102名残疾人提供康复护理、生活照料、情感调适等居家托养服务。疫情期间，康园中心“停园不停服务”，开展学员健康信息的收集与检测、疫情防控教育、协助解决特殊困难等疫情防控工作。

【社会保障】 2020年，困难残疾人生活津贴标准提高至每人每月175元，重度残疾人护理补贴标准提高至每人每月235元，分别比2019年标准提高6.06%和6.82%，并从2020年10月1日起扩大困难残疾人生活补贴范围，将低收入家庭残疾人纳入困难残疾人生活补贴范围，扩大保障覆盖范围。截至2020年12月底，“两项补贴”发放2419人次，补贴金额达611万元。全区纳入最低生活保障范围的残疾人有143人（户）。“建档立卡”残疾人家庭有68户85人，全部于2019年实现脱贫。投入25.4万元，为全区持证残疾人购买补充医疗商业保险，实现残疾人得实惠、政府减压力的双赢局面。

【扶贫慰问】 利用助残日、春节、中秋等节假日契机，对困难残疾人家庭、社区康园中心学员、机构托养人员、残疾孤儿、残疾人专门协会成员以及基层残疾人专职委员等对象开展上门走访慰问活动，全年共慰问全区贫困残疾人及残疾人工作者890人次，共投入慰问经费24万元。联合广西大新县残联举办粤桂扶贫协作残疾人电子商务培训班，助力20名大新县就业年龄段持证残疾人提高电子商务技能；实地开展粤桂扶贫协作活动，走访慰问30户贫困残疾人家庭，联合企业举办专场招聘会，为大新县残疾人提供更多的就业渠道。

【文化活动】 通过五个残疾人专门协会、街道残联以及助残社工机构，定期组织残疾人开展主题鲜明、健康向上、形式多样的群众性文化活动，组织120多名残疾人参加文化进家园“五个一”（读一本书、看一次电影、游一次园、参观一次展览、参加一次文化活动）活动，依托残疾人体育健身示范点的阵地，以点带面在各街道有序开展各项残疾人体育健身活动。

【助残新平台建设】 5月20日，江海区首个残疾人公益服务平台——江海区一元超市正式揭牌成立，该平台融合公益超市、残疾人专门协会和残疾人多功能活动等各项服务，除可以兑换以及购买物品外，还开展一系列的岗位培训及辅助性就业服务，为辖区居民以及残疾人搭建一个双向交流平台。全年，该平台服务残疾人119人次，对接社会各界资源50多家，授受捐赠物品1171件。

法治·军事

政法与综治

【维稳安保】 落实有关维稳工作任务，完成全国“两会”、经济特区建立40周年庆祝活动等19个特防期安保维稳工作。

【领域专项治理】 开展维护社会稳定的8个专项行动，开展防范重大风险专项行动。建立涉疫情维稳工作专班。开通涉疫情维稳热线电话并向社会公示，全面开展涉疫情矛盾纠纷排查化解工作。开展维稳积案化解“百日攻坚”行动、村（社区）两委换届选举社会稳定工作。

【扫黑除恶“六清”行动】 开展“六清”行动（线索清仓、逃犯清零、案件清结、伞网清除、黑财清底、行业清源），中央督导组交办线索5条，省交办线索7条，市交办线索63条全部办结，按时保质完成上级交办的所有线索。抓好前期案件办理，依法审结“4·29”强迫交易案、“8·2”黑社会性质专案及“7·4”套路贷等案件，按时间节点实现“案件清结”。全年全区立涉黑涉恶刑事案件54宗，破16宗，刑拘犯罪嫌疑人59人，逮捕18人，投案自首5人。侦查取证与追逃缉捕同步进行，开展“铁网6”等追逃行动，全年，全区抓捕9名涉黑涉恶在逃人员，配合外省市公安机关抓捕2名在逃人员，确保“逃犯清零”。全年，全区新增涉黑涉恶腐败和“保护伞”问题线索19条，新增立案20件，查封、冻结、扣押涉黑涉恶资产3038.54万元，判处罚没资金3187.35万元。

【市域社会治理现代化试点】 成立区市域社会治理现代化工作领导小组，选定推进全区第一批8个创新试点项目：全国人大常委会基层立法联系点、两个“一站式”法院建设、江海检察行政执法监督联动机制、江海区全国农村社区治理实验区工作、江海区保护女童人身权益工作、江海区外海街道“平安金溪”社区建设、全国乡村治理示范村（礼乐街道英南村）、江南街道江翠社区“1+2+N”社会治理模式。

【公共安全智能化建设】 推进“雪亮工程”建设，加强全区范围内城乡公共安全视频监控建设与联网，推进江海区“社会公共安全视频”项目和出租屋“门禁+视频”项目建设工作。公共安全视频监控系统进入全面施工阶段。出租屋“门禁+视频”项目完成招投标工作，加强流动人员动态管理。在江南街道永明社区（明星村）建设智感围村系统，以智能化建设提升基层社会治理活力和效率。

【全科网格建设】 建立全科网格服务管理工作联席会议制度，建成1个区级社会治理综合指挥中心和3个街道社会治理综合指挥中心，以“综治中心+网格化+信息化”运作和数据落实区、街道、村居三级视频联网对接。以综治大数据为支撑，以村（居）为基础全区划分62个网格，统筹整合各方面资源，成功搭建信息收集、筛选、分析、研判、处置为一体的区社会治理综合指挥体系。

【挂牌地区整改】 江海区被挂牌地区江南街道已于11月完成整改验收并顺利摘牌。全年江南街道有效警情同比下降4.02%；八类严重刑事案件发案同比下降42.86%。

【两法衔接】 调整成员单位名单，明确责任主体。健全联席会议制度，通报信息共享平台运行情况、执法信息等“两法衔接”工作情况。建立互助协助制度，信息共享、案件备案、监督检查、提前介入等制度工作逐渐常态化。利用共享平台，合力整治违法犯罪活动。全年全区行政执法机关在信息共享平台录入案件16件，通过信息共享平台移送涉嫌刑事犯罪案件12件，公安机关立案12件，检察机关批准逮捕1件、起诉9件。

【法学会工作】 2020年，区法学会录入会员单位2个，录入个人会员20名，全区现有法学会会员195人。发挥“法治智库”作用，围绕涉及社会稳定的多个课题，如天鹅湾小区停车位规划问题、海逸华庭小区学位问题、江海碧桂园小区物业管理问题等领域法律制订相对滞后而产生的社会管理问题，进行多层次、多角度的探讨分析，给出多项具有可行性和可操作性的建议，完善中立法律服务站工作机制，2020年接待并解答群众涉及民事、刑事、行政诉讼方面的法律咨询1844人次，积极组织开展“以法兴企”文化沙龙活动，对辖区内企业知识产权专员进行培训，帮助江海区企业解决经营发展中遇到的法律问题，组织“百名法学家百场报告会”和法律志愿者普法基层行活动，举办法律服务19场次，发放普法资料13000册，普法受众5000人次。11月，江海区法学会被广东省人力资源和社会保障厅、广东省法学会授予广东省2014—2020年度全省法学会系统先进集体。

【平安建设】 做好疫情防控“三人小组”工作，出台《高新区（江海区）“网格化”疫情防控实施办法》，全区建立71个“三人小组”和网格446个，网格员1453人投入疫情防控工作。建设社会心理服务体系，实现区、镇（街）、村（居）三级社会心理服务场所全覆盖，建成1个区级社会心理服务中心、3个街道心理服务站、62个村（社区）心理服务室，同时落实社会心理服务体系建设项目专项资金18万元，做好基层服务平台的人财物保障。全年落实发放严重精神障碍患者监护人、协助监护人监护补助经费271万元，确保监护责任保险全覆盖。推动扫黑除恶（平安建设）网格员入户宣传暨万人测评活动，组织千名网格员和志愿者对辖区内超过3万户居民开展入户宣传和万人测评活动，入户和测评人数超过江海区总人口数的10%，全区发放各类宣传资料3万份，入户走访居民和商铺2万户。

公　安

□治安

【警情案件】 开展“坚持政治建警全面从严治警”教育整顿。年内，全区接报刑事警情1980起、治安警情2028起，立刑事案件1983宗，破案434宗。

【疫情防控】 全区公安机关启动最高等级勤务，全力做好联合检疫检验、医院和隔离酒店等重点场所安全保卫、涉疫重点人员数据核查反馈、“三人小组”社区管理、整治涉疫情违法犯罪、复工复产等疫情防控工作，对7名确诊病例和1名初筛阳性外籍入境人员开展流行病学调查，检查车辆193249辆、439114人次，核查反馈涉疫重点人员6119人、入境人员613人，对373批次、14162名发热人员落实健康管控措施，破获涉疫情违法犯罪13宗。

【扫黑除恶专项斗争】 立涉恶案件47宗、破案15宗，刑拘47人、逮捕14人，查封冻结扣押涉案资产2836.54万元，破获“7·4”套路贷恶势力犯罪集团、境外敲诈勒索团伙等1个恶势力犯罪集团和8个涉恶犯罪团伙，“8·2”涉黑专案终审判决。

【“飓风2020”专项整治行动】 在全市首次利用“Y库”新技术手段成功侦破“2008·3·8”故意杀人案，公安部将该案侦破的成功经验在全国公安系统进行通报推广；全区现行命案发案4宗破4宗，破案率100%；“护苗”专项行动案件发5宗破5宗，破案率100%；成功破获以张某林为首的特大电信网络诈骗团伙，破获系列案件10宗。

【经济犯罪侦查】 开展“飓风2020护航金融利剑”“飓风2020涉食药环”“飓风2020涉野生动物”“排雷行动”“蓝剑行动”等专项行动。立经济犯罪案件31宗、破案13宗，刑事拘留犯罪嫌疑人21人、逮捕11人。破获一宗涉案金额200余万元的非法经营烟草专卖品大要案件，破获非法制售烟草专卖品窝点3个，缉捕境外在逃经济犯罪嫌疑人1人。

【社会面巡逻防控】 落实“屯警街面、动中备勤、武装处突”要求，坚持显性用警，最大限度地把警力投放到社会面，强化社会面巡逻防控，提高“见警率”和“管事率”，严密防范和严厉整治各类街面违法犯罪。出动巡逻设卡警力18868人次，盘查可疑人员36162人，抓获各类违法犯罪嫌疑人61名。

【智慧新警务建设】 推进全区公共安全视频监控系统监控点建设，完成前端建设573个，其中智能感知前端256个。推进新建、在建、改造道路及场馆等公共场所与建设公共安全设施同步规划设计、同步建设施工、同步投入使用“三同步”机制，全区“三同步”建设视频监控点101个，新增监控设备140个，其中人脸感知前端23个、微型卡口4套。

【派出所“强基工程”建设】 投入建设经费1200万元，对全区8个派出所办公、执法办案场所进行全面修缮改造。滘头派出所完成建设任务搬迁新址办公，分局办案中心和滘头派出所、文昌沙派出所完成办案中心智能化标准建设升级改造。

【出入境管理】 受理各类出入境证件6164件，报备国家工作人员214人，协查人员办证情况及出入境记录1769人，查获越南籍“三非”外国人33人，破获妨害国边境案件1宗，逮捕3人；办理非法聘雇外国人案件5宗，惩处5名雇主；遣送“三非”及各类违法犯罪外国人6批78人次。

【人口管理】 2020年，江海区登记常住人口180498人，有效流动人员69763人，出租屋7307间。办理群众户口审批3443份、群众户口项目变更登记申请292份，发放户口簿3722本，第二代身份证15215张（其中异地身份证5626张）、临时身份证3712张、居住证18335张;查询人口信息共55666条。

【消防安全责任制】 定期研究辖区各街道消防安全突出隐患，落实属地消防工作，配齐配强消防监管人员，各村居、社区组织网格员开展消防安全巡查工作，年内累计向教育、卫健、民政、住建、文化、住建等部门发出提醒警示函14份，联合住建、民政、卫健、教育、文广新等部门开展联合检查24次，会同各部门先后对消防重点单位、电动车企业、群租房、娱乐场所、物业管理单位、大型商业综合体、易燃易爆等场所负责人进行消防安全约谈，督促各企业单位向社会公开消防安全承诺，倒逼企业单位落实主体责任；督促街道、村居开展网格化消防安全巡查，巡查单位13655家，督促整改隐患13421处。

【火灾隐患排查治理】 在出租屋消防安全治理工作方面，出台《江海区出租屋整治十二条标准》，逐栋排查，逐栋验收，排查整治2943栋，达标率95%。全面落实“双随机、一公开”消防监管，抽查单位742家，发现隐患570处，临时查封单位19家，处罚单位13家，重大火灾隐患挂牌督办3家。联合交警大队执法9次，发出违法停放车辆通知书108份，全区38个物业小区、61家重点单位、各街道老旧小区88条道路均已完成消防车道划线工作；发动基层网格员检查各类场所，清理违规住人365个，整改电线线路98处，安装智能漏电开关519个；排查整治老旧小区11个、工业园区21个，拆除违章建筑14处，拆除泡沫顶棚2万余平方米。

【队站建设】 全年，江海区投入4200万元用于消防队站建设。礼乐一级站已开始施工，队站所需车辆、装备、办公家具、网络、监控等设施经费也在积极准备。礼乐和外海模块化消防站已建成并投入使用，截至2020年，辖区3个街道共有4支专职消防队建成执勤，62个村居微型站完成升级改造，全区应急救援能力得到较大提升。2020年，全区新增市政消火栓103个。

【消防安全智慧管理】 借助消防智慧平台开展远程消防安全指导工作，线上指导单位2853家，在13家消防重点单位推广使用智慧消防设备，在各类场所完成安装智能烟感探测器2500个，发动16459家单位签订线上消防安全承诺。

【消防宣传】 利用消防宣传车等常态化深入辖区巡逻，车载屏幕滚动播放消防公益广告和火灾事故案例短片。依托户外视频、楼宇广告、社会单位LED显示屏等播放消防安全标语，分时段播放消防安全常识、公益广告、火灾案例警示片。借助手机短信、微信广告等持续发布内容精准的消防安全常识和消防安全管理规范，引导社会单位关注消防安全。发动基层网格员、志愿者等深入辖区“三小”场所、出租屋、人员密集场所开展“敲门行动”，采用面对面、点对点宣传模式，发放消防宣传单张，解答群众提出的各类消防安全问题。

□交通

【大型活动期间道路交通安全保障】 在2020年春运、“五一”、中秋国庆和重阳节等各类大型活动期间，结合新型冠状病毒疫情要求，做好节假期和中小学开学道路交通安全保障工作，完成20多项大型活动道路交通安全保障工作，活动期间没有发生任何交通安全事故及交通拥堵情况。

【勤务机制改革】 对勤务模式进行研究和调整。选调部分民警协警组建大事故处理中队，负责处理交通事故、刑事案件及醉驾案件的办理，整合原大队指挥室人员，迅速响应事故警情处置。原一中队责任辖区改为江南片区和外海片区，负责日常勤务及专项行动。原二中队责任辖区定为礼乐片区，负责日常勤务、查缉酒驾等专项行动及其他机动任务，同时整合江海铁骑，开展铁骑队的勤务管理工作。对原有的指挥室的职能进行改革。分别设立指挥室和内勤室。指挥室配备6个视频监控录像，356个高点路口监控，与事故处理岗通力合作，全程跟进事故处理，解决处警低效、超时的问题。内勤室对大队和各中队的法律部文书和台账进行统一管理，规范事前、事中、事后的文书证据、案件资料的内部流转，提高处理效率。

【规范车辆停车秩序】 结合创文迎检和提升城市品质的专项工作要求，抽调精干警力，组织小分队单独或联合江海区城管等职能部门对辖区共享电动车进行清理。根据不同时段在占道违停现象较为严重的路段开展停车秩序管理整治，处理违停10560宗。向临街商铺、单位派发《规范江海区停车秩序的通知》宣传单张，从源头上加强对群众的宣传教育力度。

【重点车辆防控】 采取定点设卡与流动巡逻相结合整治举措，结合不同时段、不同路段，重点检查大客车、泥头车、危化品运输车、校车等重点车辆，认真检查驾驶员相关证件、营运车辆超员超载等安全隐患情况、驾驶员疲劳驾驶等严重交通违法行为，核查规范安装卫星定位记录仪情况，对存在安全隐患问题车辆，落实整改措施；对出现违法行为的及时通报给有关企业加强源头管理和整改反馈；对出现交通事故的，启动倒查问责制度。

【整治专项行动】 开展“逢五逢十行动”“周末酒驾行动”、泥头车整治、货运乱象整治和摩托车电动车专项整治等行动，集中整治酒驾、醉驾、毒驾等违法行为，重点加大对重点车辆、摩托车、电动车摩托车超员、驾乘人员不戴安全头盔、违反信号、逆向行驶、不按规定参加检验或不购买交强险、多次违法未处理、改装、两轮或三轮的超标电动车、汽油助力车违规上路行驶、农村地区货车、农用及拖拉机违法载人、超员等违法行为。通过上门走访或电话催促等方式，督促重点车辆所有人和重点驾驶人及时办理相关业务，消除安全隐患，并发函要求运输企业做好对重点车辆的管理和“清零清患”。查处道路交通违法行为17939宗，扣车数2360辆，查处机动车套牌、遮挡号牌835宗，查处酒驾433宗（其中醉驾40宗），清理僵尸车800多辆次。2020年江海区道路交通事故接处警发案总数为15822宗，其中一般程序交通事故造成30人死亡，92人受伤，经济损失539101元，同期对比分别下降3.23%，0%和37.98%。

【隐患排查】 在日常巡逻期间和重大节假日之前对辖区各重点路段、事故多发路段和施工路段进行逐一排查梳理，针对道路交通安全隐患，及时向相关路权、职能单位发出隐患情况告知函，积极争取路权单位和地方部门的支持，协调相关部门完善各项交通设施。消除道路安全隐患。与住建、公路部门和各街道办联合行动对辖区道路安全黑点进行排查，对五邑路新民桥施工重点督办路段整改方案进行研讨，确定整改方案。针对外海街道作为道路交通事故多发镇街进行挂牌的情况，联合外海街道，对其存在事故多发的路段提出整改，确保其能顺利摘牌。

【行人和非机动车违法行为管控】 在辖区16个重点岗位和其他重要路段路口，通过处罚和现场教育相结合的方式专项整治行人非机动车闯红灯、非机动车不佩戴安全头盔、过马路不下车推行等违法行为，提升群众交通安全意识。

【车位施划工作】 按照“能划尽划，应划尽划”原则，指导街道、消防等部门开展停车泊位和消防通道施划工作，在合理范围内尽可能多地施划停车位，通过施划消防通道有效缓解停车压力，进一步规范老旧社区、背街小巷、市场周边等车辆乱停放现象严重的区域的行车和停车秩序。辖区新增车位8689个（其中小车位2195，摩托车位6494个），翻新车位12818个（其中小车位5616个，摩托车位7202个）。

【清理路面“僵尸车”】 组织警力在辖区各路段开展无牌假牌套牌车辆、报废车辆和僵尸车的拖移清理工作，清理僵尸车126 辆次。

【交通安全宣教】 运用微信、微博平台及时发布安全出行提示信息，使群众明白交通安全的重要性，以第三方测评开展满意度调查，将市民的热点关注聚焦到交通安全管理上。开展网上直播的方式，对校车检查、酒驾现场处置等在头条、蓝鲸FM等平台进行直播。发挥交管站、劝导站的事故预防作用，统一制作劝导站标式标牌、对劝导员进行岗位培训，并更新农村交通宣传栏等，整改标志标线63个。进入江海区各厂企，进校园等开展大型宣传活动6次，开展互联网平台直播15次，开展“五进”宣传386次，派发宣传资料8500多份，发送微信700余条，播放宣传公益广告40次，组织挂图巡展29次。

检　察

【服务经济检察政策】 落实服务民营经济的检察政策。依法保护民营企业及其企业家和职工合法权益，办理拒不支付劳动报酬案1件2人，共为6名企业职工追回工资6万余元；注重保护企业知识产权，办理侵犯知识产权案1件3人；对符合条件的3名涉企嫌疑人建议变更强制措施。

【公益诉讼监察】 依法提起首宗行政公益诉讼，督促完成基本农田历史遗留猪舍、仓库拆除、复垦，在全市首次通过法治手段解决基本农田历史遗留问题。落实食品药品领域“四个最严”要求（最严谨的标准、最严格的监管、最严厉的处罚、最严肃的问责），联合区市场监督管理局开展凉茶店专项监督检查，依法整治7家个体商户在凉茶中非法添加西药的犯罪行为，切实保障辖区群众的食品药品安全。发出公益诉讼诉前检察建议6份，督促相关部门对22家无照经营餐饮店和腊味行业亚硝酸盐超标问题进行整治。依法对三名非法猎捕、收购珍稀濒危野生动物的罪犯，追究生态赔偿金7.2万元。发出33份检察建议督促依法查处非法排污企业，切实提升水环境质量。全年公益诉讼检察业务考核全市排名第一。

【扫黑除恶专项斗争】 全年依法批捕涉黑涉恶案件3件、5人，起诉3件、14人。提前介入引导侦查，成功办理全区首宗黑社会性质组织犯罪“802”专案，以陈某某为首的8名被告人分别被判处25年至5年不等的有期徒刑，严厉整治涉黑犯罪，产生良好的社会反响。对办理该案中发现的行业治理问题制发检察建议2份，均已督促整改到位，有效推进社会综合治理。加强正面宣传和舆论引导，召开新闻发布会通报扫黑除恶专项斗争工作情况。继续利用高新区（江海区）扫黑除恶教育基地，为42个单位讲解42场次，1229人次参观接受教育。

【涉检涉诉信访】 第三检察部召开案件公开听证会提升检察监督公信力，做好全国“两会”、深圳经济特区成立40周年等敏感节点检察环节矛盾解决工作，始终保持信访事件“零发生”。受理控告申诉案件126件，群众来信回复率100%。

【刑事执行检察监督】 落实“在办案中监督，在监督中办案”理念，发挥侦查监督工作室作用。全年监督立案7件、撤案20件，发出纠正违法通知书4份、检察建议书7份，纠正漏捕

11人、漏诉7人、漏罪5人。做好提前介入，引导补充侦查工作，全年“案件比”排名全市第1，全省第4。推进刑事裁判涉财产部分执行监督工作，纠正财产刑执行不当56人次。强化监外执行监督，书面纠正监外执行不当16人次。

【民事检察监督】 强化对民事生效裁判、民事审判活动和民事执行活动的监督，提请民事抗诉9件，发出再审检察建议2份，同比增长266%。发出民事审判程序违法监督、民事执行监督、社会治理类检察建议15件，均获法院采纳，审违监督、执行监督数均居全市前列。以出庭“支持起诉”方式助力精准扶贫户追偿交通肇事损失，案例被省检察院列为成功案例。

【行政检察监督】 深化行政执法案卷评查工作，全年联合区司法局对14个行政机关、160件行政执法案卷进行抽查，及时对评查发现的问题进行通报，有效促进严格规范文明执法。加强对行政行为合法性、合理性的调查核实，发出行政生效裁判监督、行政审判程序监督、行政裁判执行监督、行政非诉执行监督检察建议22份，发出督促行政机关依法履职检察建议6份。

【司法救助】 联合区扶贫办建立协作机制，开展司法救助工作，将国家司法救助融入脱贫攻坚，全年办理司法救助案件3件6人，发放救助金12.78万元。

【未成年人检察工作】 监督落实高检院关于防治校园性侵的“一号检察建议”，制作防性侵微动漫《看不见的魔爪》，举办第四届“‘江海检杯’青少年法治知识竞赛”。成立未成年人“一站式”取证中心，与区妇联建立共同保护妇女儿童权益工作合作机制。

【社会舆论宣传引导】 做好“两微一端”、检察门户网站管理工作，充分利用“江海检察”公众号宣传江海检察工作成效和文化建设，扩大检察机关影响力，编发公众号文章194篇，同比上升70%。制作民法典、预防青少年犯罪等宣传小册子3份，专门制作宣传检察职能的《人大代表联络专报》和《政协委员联络专报》2期。拍摄《高空抛物你想跑！〈民法典〉对你说不！》等宣传短片5部，公益诉讼组查办的“凉茶”添加西药专项行动，得到广东电视台的采访报道，经《江门日报》、江门发布等微信公众号发布后阅读量高达10万次。

法　院

【刑事审判】 区人民法院刑事审判工作呈现收案数下降、结案率稳步提升的态势，全年受理刑事案件204件，办结202件。加大对涉群众切身利益领域犯罪的惩治力度，妥善审理信息网络犯罪活动等新类型犯罪，依法严惩涉濒危野生动物、生态环境、有毒有害食品等犯罪13件、26人。与公安、检察院密切配合，积极落实适用认罪认罚从宽制度，超过八成的刑事案件适用认罪认罚程序审结。全面落实“三项规程”，组织庭前会议15次，在庭前处理可能导致庭审中断的程序性事项。积极开展刑事案件律师辩护全覆盖工作，全年指派辩护律师223人次，保障被告人的辩护权利。

【民商事审判】 坚持以民事简易程序改革推动“分调裁审”机制，由诉前调解法官担任程序分流员，根据诉前确认的案情综合确定案件适用程序。全年适用民事简易程序审结的案件3013件，占民事结案总数八成以上。推进简案快审模块化改革，简易案件全部采用庭审录音录像方式代替书记员当庭记录。

【行政案件集中管辖】 全年受理行政案件2033件（含非诉审查案件974件），审结2004件，调撤率达12.5%。探索行政案件繁简分流改革路径，对工伤认定、行政补偿、行政赔偿等案件建立诉前调解机制，率先在全市范围内诉前成功调解一起涉工伤认定的行政争议案。以“诉中协调+示范诉讼+判后协调”模式成功处理一批涉案人数众多的住房公积金补缴行政诉讼案。推动行政首长出庭应诉，行政机关负责人出庭应诉率为77.75%。行政庭干警先后到市人社局及各区行政机关开展法律培训6场次。

【执行工作】 出台《关于进一步完善执行联动机制切实解决执行难问题的实施意见》，整合多方资源，综合运用各类手段共同解决执行难问题。全年受理执行案件4003件，办结3903件，结案率达97.5%，执行到位金额为5.87亿元。开展“六稳”“六保”专项执行行动5次，柔性执结系列涉疫欠薪案6件，帮助受疫情影响的餐饮企业渡过难关。探索网络直播看样方式，为竞买人提供便利的看样途径，提高申请人受偿率，全年司法网络拍卖财产446件，成交率为77.38%，成交额9689.77万元，溢价率为31.24%。引导社会各界培育诚信意识，不定期在微信公众号等平台曝光“失信黑名单”145人。全年限制高消费1834人，其中390名被执行人经限制高消费后出现并主动履行义务。全年共执结涉民生案件543件，执行到位标的额为827.41万元。与区妇联合作，推进江海区保护妇女儿童权益及反家暴工作，研究出台关于失职父母强制亲职教育有关规定，加大国家司法救助力度，为17名生活确有困难的案件当事人发放司法救助金9.8万元。

【涉黑案件审理】 在全市法院中率先完成涉黑恶案件审理清零的任务，实现涉黑恶案件结案率、上诉维持率、司法建议反馈率三个100%，累计审结涉黑恶案件18件65人，判处财产刑金额3403.66万元，开展涉黑恶刑事财产刑执行“雷霆行动”，涉黑恶财产刑入库3322.36万元，到位率达97.61%，均居全市法院第一。

【行政巡回审判庭】 通过广州知识产权法院江门诉讼服务处，延伸知识产权司法审判职能，以“诉讼服务处+巡回法庭”的模式开展审判、调解、立案、法治宣传等工作。10月26日，广州知识产权法院韦晓云法官审判团队在江门诉讼服务处公开审理原告李超诉被告开平市水口镇格美五金制品厂，原告李超诉被告开平市虹琳卫浴科技有限公司、开平市宁博卫浴科技有限公司侵害外观设计专利权纠纷两案。

【家事审批三合一改革】 开展家事调查工作。聘请6名工作人员为首批家事调查员，根据法院的委托对家事案件进行委托调查、收集信息并形成“家事调查报告”提交给法院审查，作为法院的裁判参考。自参与开展家事调查以来，公证处人员共调查家事案件11件，出具家事调查报告9份，调查过程中成功调解离婚案件1件。设立少年家事审判法庭。对少年家事案件实行“三合一”（家事民事、行政纠纷、刑事案件）审判，推行婚姻冷静期、离婚证明书、家事调查、心理干预、判后回访等制度，努力修复家庭关系，维护未成年合法权益。划分家事审判专门区域，为家事审判案件量身定制圆桌审判庭，并独立设置心理咨询室、宣泄室、观察室、调解室、母婴室等功能室。

【疫情防控和司法服务保障】 成立涉疫情案件审理专班，加强对涉疫情案件的管理和统一裁判尺度，依法快速审结涉疫情刑事案件，全年办结各类涉疫情案件18件。运用智慧法院进行网上开庭、调解176次，电子送达2062次。加强涉疫情政策措施宣传解读，派出500多人次到社区、企业、高速路口参与一线抗疫。

【诉讼运行机制改革】 设立导诉台、在自助填表区放置诉讼文书模板，为当事人提供诉讼引导和参考。将立案指引、法律法规、廉政监督等内容通过普法宣传区的多媒体屏幕进行滚动播放，供当事人了解诉讼流程。设立邮政快递、保险公司、律师驻法院服务点、独立阅卷室；添置自助查询机，提供计算机及打印、复印设备，为当事人提供一站式的案卷查阅服务。设置专门的诉讼资料收转窗口，为提交材料的群众开通绿色通道。为全院各个审判团队设置一对一的“资料专柜”，便于法官与当事人之间的材料流转。

【普法宣传】 以“线上+线下”的方式全方位开展民法典普法宣传，组织宣讲团先后进社区、进村居解读民法典，利用微信公众号推送百天打卡民法典，落实普法责任制，组织资深法官到江门市第十一中学、麻园小学开展未成年人犯罪、毒品犯罪等宣传教育活动，邀请外海中学学生走进法庭开展“模拟法庭”活动，通过《人民法院报》、《南方日报》、长安网、“学习强国”客户端等平台发布普法宣传稿件200多篇次。结合重要节日点开展禁毒、宪法等专题普法，50多名干警参与法律“六进”工作，宣传普及超5000人次。

【智慧法院建设】 深化“一站式”诉讼网络化服务，全年网上立案率达99.69%，七成以上的法律文书实现网上送达，切实减轻当事人诉累。依托中国移动微法院实现跨域立案服务全覆盖，全年跨域立案1349件，已同全国44家法院开展跨域立案服务。与金融机构合作，建立个人执行案款“虚拟账号”，升级“一案一账号”案款管理系统14，简化执行退款流程，提高案款发放效率。

司法行政

【普法工作】 开展疫情防控法治宣传月及“疫情防控全民公益普法行动”活动。制订《关于在全区广泛开展民法典普法宣传活动的实施方案》，在全区范围内组织开展“进机关”“进单位”“进村居”“进学校”“进企业”“进军营”“进小区”“进景区”以及“进网络”的“法典九进”宣传活动。开展“法治护苗关爱成长”江海区校园普法系列活动，走进单位举办全区教育系统法治骨干暨法治副校长培训班，走进中小学校开展民法典教育精品课、宪法教育大课堂及卫生法治大讲堂等活动。落实“谁执法谁普法”工作责任制，组织完成履职报告评议活动，统筹全区各部门积极履行执法普法、服务普法职责。举办“12·4”国家宪法日暨宪法宣传周活动，举行启动仪式，指导协调相关职能部门面向不同群体开展宪法主题宣传活动。开展四项“法治文化创建”申报工作，打造法治围墙和法治长廊。2020年江海区5家企业获评广东省“法治文化建设示范企业”，英南村、新中社区获评广东省“民主法治示范村（社区）”。开展扫黑除恶专项斗争宣传工作，营造全民参与的浓厚氛围。对普法信息网进行全面升级改版，充分运用网络媒体，打造全方位多渠道普法宣传矩阵，提升普法实效。

【行政执法两平台应用】 推广应用行政执法

信息平台和行政执法监督网络平台，将部署上线应用江门市“两平台”作为江海区“互联网+监管”改革重要组成部分，推动江海区行政执法行为“全过程网上办理”和“执法在线智能化监督”。组织召开“两平台”专题培训，20家单位已完成执法队伍管理系统配置，上线使用率100%，累计办理执法案件499宗；行政检查累计办理执法案件400宗；行政处罚累计办理执法案件99宗；行政强制累计办理执法案件0宗。全区行政执法主体通过广东省行政执法信息公示平台录入三项“清单”60条，行政执法行为22584宗，其中行政检查819宗，行政处罚353宗，行政强制83宗，行政许可21322宗，行政征收7宗，行政征用0宗。落实亮证执法，组织开展2020年行政执法线上培训和行政执法考试，全区共149人考试，合格率94.63%。执法证办理总数158人。

【律师事务监管】 全区共有5家律师事务所，专职律师60人，2020年担任常年法律顾问209家，受理刑事辩护及代理264件，民事诉讼代理1029件，经济诉讼代理609件，行政诉讼代理34件。定期开展一村（社区）一法律顾问工作的日常检查督导，全区62个村（社区）的法律顾问考核继续保持100%合格率。

【公证机构合作制试点改革】 推进公证机构合作制试点改革衔接事宜，江海公证处顺利整体转制，成为全省首家参与合作制试点改革的县（区）级公证处和江门唯一的合作制公证机构，广东省江门市五邑公证处以评估价全盘承接原江海公证处净资产，相关款项交纳区财政。并有序完成公证业务、公证档案、机构注销等转制衔接工作。

【基层调解服务】 下发《江海区司法局关于疫情防控期间人民调解工作指引》，坚持矛盾纠纷日报告工作制度。对有矛盾纠纷隐患的区域、领域摸清底数。印发《新冠疫情下企业用工合规指引》《聚焦疫情期间企业必须关注的12个问题》《企业应对新型冠状病毒感染肺炎疫情防控法律手册》《疫情宣传普法资料》等法治资料。对涉企涉疫情引发的劳资纠纷、租赁纠纷等矛盾纠纷开展重点排查。推动行业性、专业性人民调解组织、个人品牌调解室等各类调解组织参与企业矛盾纠纷排查调处工作，及时发现和准确掌握风险隐患苗头，受理并调解涉企矛盾纠纷。2020年，江海区共发生人民调解案件557件，调解成功557件，调解成功率100%。礼乐司法所所长陈长根被司法部授予“全国模范人民调解员”称号。

【政府规范性文件管理】 加强对政府规范性文件和部门规范性文件进行审核、审查，推行规范性文件审核引入政府法律顾问参与，出具专业法律意见工作机制，为江海区规范性文件工作把关；开展优化营商环境文件专项清理工作，进一步优化法治化营商环境。报请政府审议《2020年度区政府规范性文件制定计划》，对3份政府规范性文件、6份部门规范性文件进行合法性审查；先后审核并向高新区（江海区）联席会议提请审议2份政府规范性文件。对全区涉及营商环境以及涉及民法典的行政规范性文件进行专项清理。经过清理，均无违反《中华人民共和国优化营商环境条例》《中华人民共和国民法典》相关规定和精神。

【街道综合行政执法】 推进街道综合行政执法体制改革，制订实施《关于推进江海区街道综合行政执法工作实施方案》。区政府公告实施街道综合行政执法，将731项行政执法职权分两批下放街道办事处行使。

【社区矫正】 1月6日，成立江海区社区矫正委员会，与区人民法院、区司法局联合印发《关于全面开展人民法院与司法行政机关社区矫正信息化联网实施方案》，开展信息化联网工作，加强部门协同，实现工作提效减负。与区委政法委联合印发《关于将社区矫正对象纳入综治网格化管理实施方案》，将社区矫正对象纳入综治网格化管理工作。与江海区同善社会工作综合服务中心签订《高新区（江海区）“青春护航伴你同行”青少年服务项目》，对未成年、青少年特殊群体开展社工个案服务。

【安置帮教】 成立江海区司法局应急工作领导小组和防进京工作专班，制订《关于刑满释放人员和解矫对象疫情防控管理措施与应急预案》，安排专人通过网格员走访、电话、微信等方式，精准把控安置帮教对象行为动向和身体状况，严防其脱管、失控。为防止服刑人员家属担心亲人的身体状况，导致情绪失控引发社会不稳定，开展远程会见工作，开展远程会见60次。落实帮教措施，确保刑满释放人员从监狱到地方“无缝对接”，顺利接回一名江海籍“三无”刑释人员李某江，并对其进行妥善安置。连同江海区礼乐街道、江门市鼎峰照明电子科技有限公司在礼乐、外海街道建立“两类人员”新的安置帮教基地。

【公共法律服务站建设】 打造区、街道、村（居）三级公共法律服务平台，健全完善便民服务机制对3个街道公共法律服务工作站和62个村(社区)的公共法律服务工作室统一规范建设。设立开放式的服务厅，并设置咨询接待窗口；服务区域悬挂市域范围法律服务导引指示栏，设置法制宣传资料柜，有条件允许的配置电子显示屏和公共法律服务触摸查询一体机；62个村(社区)配备法律顾问助理，协助开展村（社区）公共法律服务工作室日常工作。16个村（社区）按照要求创建示范性公共法律服务工作室，村居法律顾问进驻广东法律服务网实体平台综合服务系统、广东法律服务网，使在线法律服务与实体法律服务相结合。

【法律援助】 强化驻法院法律援助工作站律师值班管理，建立定期检查机制，加强与法院沟通及时了解值班情况；做好认罪认罚案件指派工作，充分保障犯罪嫌疑人、被告人依法享有诉讼权利和被害人的合法权益。2020年，江海区驻法院法律援助工作站律师值班45人次，提供法律咨询200多人，办理认罪认罚案件358件，办理刑事全覆盖案件220件。

人民武装

【疫情防控】 2020年，区人武部给各街道发预先号令，给民兵预建党支部、专武干部和民兵预备役人员发倡议书，号召并组织专武干部和民兵积极下沉到防疫一线，支援地方疫情防控，民兵累计出动250多人次，持续奋战40多天，参加地方定点排查工作。累计投入近4万元采购口罩、酒精、测温枪等防疫物资，严格落实省军区、军分区集中居住、分级分类管理等防控要求，确保本部人员、民兵预备役人员“零感染”。

【战备训练】 2月，区人武部修订完善应急维稳、抢险救灾、军警民联防、森林防火等10余种应急预案，制订本部年度军事训练计划。清明期间，应地方应急管理部门请求，组织无人机分队参加区森林防火空中巡逻备勤。根据军分区基地轮训计划，先后组织民兵参加防空分队、重要目标防护分队、伪装防护分队、网络情报分队、民兵应急分队等开展抗洪抢险、反恐维稳和森林灭火技能专攻精练；4月下旬，组织全市保交护路分队专攻精练，并整理完善相关训练资料和各类登记统计；6月和9月，先后组织两期基干民兵干部骨干轻武器实弹射击训练；9月，与地方应急管理部门联合组织水域洪涝灾害应急救援演练；10月，完成专武干部集训和应急连应急技能训练；年内加大现役干部军事训练力度。

【兵员征集】 2020年春节前，区人武部利用学生放假、人员返乡的机会，组织上站体检，对大学生进行视力矫正手术，发放大学生预定兵通知书；2月初，100%完成适龄青年兵役登记。受新冠肺炎疫情影响，从严控制聚集性活动，减少人员接触流动，主要采用“线上”方式组织对辖区的高校和3所高中进行全覆盖宣传发动。8月，省军区动员检查江海区征兵体检站建设和征兵体检情况，得到省军区工作组和军分区首长的高度赞扬，江海区圆满完成年度兵员征集任务。通过新兵跟踪教育和电话回访反馈，全体新兵思想稳定，身体状况良好，均能安心服役。10月7日，在南方职院大三毕业生离校实习前，到学校进行征兵政策宣讲。10月29日、30日，组织大学生开展2021年度预征体检。

【正规化建设】 2020年，区人武部协调政府采取交钥匙工程方式，累计投入150多万元进行硬件设施改造升级，武装部本级主要组织完成作战室翻新、高清视屏会议系统改造，民兵基地宿舍翻新、生活设施配备、青年民兵之家建设、民兵应急连装备仓库新建及应急器材配备，全楼卫生间翻修和营院绿植及围栏更换。2020年，给每个街道武装部下拨10万元经费，进行正规化建设改造，包括统一规范配发不锈钢储物架、应急物资牌匾、宣传标识、保密柜、对讲机、办公桌椅以及办公室墙面粉刷等，进一步提高基层武装部正规化建设水平。

【拥政爱民】 2020年，区人武部先后组织民兵参加疫情防控执勤、义务植树造林、无偿献血和创文创卫等活动。春节和“八一”期间出资5万元，慰问辖区困难退役军人；积极协调地方相关部门将礼乐街道东红村5户贫困户纳入低保，进行政策脱贫；先后投入10万元扶贫资金，为该村翻修便利店铺，给贫困户经营。

退役军人事务

【退役军人服务】 2020年，区退役军人事务局服务中心接待来访咨询147批次154人次，其中电话咨询28人。发出服务信息3600多条，发布招工招聘和上岗培训信息5200多条，成功推荐11名退役军人再就业。各街道来访接待咨询227批次234人次（外海64批次、礼乐13批次、江南154批次），反映咨询的内容主要集中在就业创业、兵龄认证、社保接续、政策咨询和优抚待遇落实等方面。区服务中心每月定期向市服务中心报送月度接待情况，及时更新服务对象的数据台账。

【优抚对象资金发放】 2020年，江海区向各类优抚对象发放优抚补助资金约724.23万元，下发通知由街道向参战参核退役人员支出基本养老保险和医疗保险金，对低收入群众发放价格临时补贴93.1万元，报销医疗费用55人、23.4万元，优抚政策兑现率100%。

【老兵志愿先锋队】 2020年，以组建退役老兵志愿队和老兵先锋队临时党支部为契机，组建区、街道、村（社区）三级退役军人志愿先锋队，发动全区退役军人参与义工服务，为社会、为群众做更多力所能及的事情。

【星级示范点创建】 2020年，江海区退役军人服务中心、外海街道、礼乐街道、江南街道服务站顺利通过审核验收，获命名为“广东省五星级退役军人服务中心（站）”，成为广东省第一批五星级退役军人服务中心（站）；同时，江海区也成为全市唯一实现区、街道两级100%实现五星级示范创建全覆盖的辖区。3个街道按照“一街一品牌”“一站一特色”，有独立办公场所、建设规范、服务优质的高标准进行打造，区、街道、村（社区）三级退役军人服务中心（站）开展“1+1+4+6”星级创建2年行动计划，即以建强1个主阵地、构建1个“服务圈”为目标，突出机构建设、场所建设等“4项建设”，完善走访慰问、台账管理等“6项机制”，实现全区66个退役军人服务中心（站）星级示范全覆盖。

【枫桥式退役军人服务示范点建设】 2020年，区退役军人事务局制订《江海区退役军人事务局“新时代枫桥式退役军人服务站”创建活动实施方案》，按照“试点先行，示范引领”原则，甄选礼乐街道、江南街道、外海街道退役军人服务站，外海街道金溪社区等10个基层服务站开展试点工作，推动“枫桥式退役军人服务站”全面建设。启动退役军人服务中心（站）季度“工作例会”制度，建立一周一排查、一月一统计、一季一汇报的集中排查工作机制，建立基层驻点联系和服务对象挂钩帮扶机制，将风险排查和矛盾纠纷化解融入常态化走访、定点设卡咨询、座谈慰问中。

【就业创业服务】 3月初，区退役军人事务局配合广东省退役军人事务厅开展的“戎归南粤网络招聘”活动，每月联系发动企业登录网站传招聘信息。4月24日，江海区举行退役军人就业合作协议签约暨教育培训中心揭牌仪式，江海区退役军人事务局与江海区业伟成机械厂等10家企事业单位签订退役军人就业合作协议，合作单位每年将提供一定数量的优质就业岗位招聘退役军人。江海区退役军人教育培训中心在广东南方职业学院挂牌成立，每年将对退役军人开展适应性培训、短期职业技能培训、学历提升、综合素质提升等教育培训项目。4月，联合区人社局举办江海区“南粤春暖”大型公益网络招聘会，登记企业数300余家，提供就业岗位超过2000个；7月初，与江海区人社局联合举办大型公益现场招聘会，共110多家企业参加，提供2568个不同类型的就业岗位。两场招聘会约80多名退役军人、军属与用人单位初步达成用工意向。

【褒扬纪念】 2020年，区退役军人事务局发动机关团体、中小学生和社会组织参加“致敬·2020清明祭英烈”网上祭扫活动，引导群众通过网上祭扫的方式祭奠英烈。完成礼乐烈士纪念碑升级改造，在保持纪念碑原貌基础上，对原有基础设施进行翻新修缮，添加爱国拥军长廊等设施。在礼乐人民会堂广场革命烈士纪念碑前举行江海区“9·30”烈士纪念日公祭活动，赴北京寻找并确定江海区烈士区耀带的安葬地并对烈士墓碑错别字进行修正。为江海区参加抗美援朝作战的龚德茂、陈耀胜2名老兵入户颁发“中国人民志愿军抗美援朝出国作战70周年”纪念章。

【司法救助协作机制】 2020年，建立区退役军人服务中心法律援助站，各街道同步设立退役军人法律援助站，村（社区）同步设立法律援助联系点，推出常态化驻点、预约式接访等服务方式，安排驻点律师走进基层、走近群众，把法治服务送到家门口，帮助退役军人及其他优抚对象运用法律排忧解难。全区三级法律拥军工作体系共受理法律咨询70多人次，协助退役军人化解法律纠纷2宗。到海警局开展“民法典进军营”专题讲座活动，讲解法律知识和提供法律服务。

【安置跟踪回访】 2020年，组织安置回访小组，对上一年度军队转业干部、随军家属安置情况进行回访，了解工作岗位落实、待遇保障、权益保障等情况，向军人军属传递党和政府关心关爱。

【双拥宣传】 2020年，双拥宣传借助各类宣传平台，发布工作动态、工作经验、工作成果、退役军人优秀案例、抗战老兵英勇事迹212次，其中微信平台97次，学习强国平台15次，报刊、电视台、电台25次，政府官方网站31次，新闻媒体平台34次，政府内部信息10次。

【慰问活动】 2020年，区领导班子带队走访慰问江门军分区、江门武警支队、江门海警部队、区人武部、大华山通信站等驻军单位，向官兵们送上慰问品及慰问金，支出慰问经费约36万元。开展帮扶解困系列活动，联合中国电信、工商银行、农业银行等社会力量，对困难退役军人和重点优抚对象开展走访慰问；区、街道、村（社区）实现三级联动，组成慰问组132个，上门慰问军烈属、伤残军人、孤老复员军人等优抚对象4100多人次，组织召开系列拥军优属座谈会。结合“最美退役军人”“最美双拥人物（集体）”评选活动，区、街道、各村（社区）分别召开伤残军人、困难退役军人、“最美逆行老兵”、二等功臣座谈会及退役士兵欢迎仪式约50场次，开展社会化拥军优属、2020年度“关爱功臣送医送药”等活动。

【军转干部管理】 2020年，对属地管辖的3名自主择业军转干部开展一次年审工作，对11名企业退休军转干部开展一次慰问谈话会，进一步了解江海区企业退休军转干部及自主择业军转干部的生活近况及思想动态。年内接收安置军转干部2名和随调家属1名。

经济

发展规划和体制改革

【主要经济指标】 全区地区生产总值实现249.03亿元，总量较2010年翻一番，增长3.5%，增速排名全市第一；五年（2016—2020年）年均增长7.5%，高于全国全省全市平均水平。固定资产投资实现191.3亿元，总量较2015年翻一番，增长12.1%，增速排名全市第一，全市唯一全年保持正增长；五年（2016—2020年）年均增长16.4%。重点项目投资完成率全年稳居全市第一。

【大湾区发展路线图】 制订《江门高新区（江海区）推进粤港澳大湾区建设实施方案》，从规划、交通、产业人才等方面搭建贯彻实施体系，开展“十四五”规划编制工作。梳理江海区“十三五”以来指标体系的完成情况、重点任务和重点工作的创新举措和亮点成绩，完成“十三五”实施总结评估工作；推进“十四五”规划基本思路和规划纲要编制，构建规划建议、规划纲要，专项规划、区域规划等“十四五”规划体系，其中珠江西岸产业金融综合改革示范区建议被省规划纲要采纳。加强顶层设计和问计于民相结合，开展“十四五”规划公众建言献策和“畅想‘十四五’、开启新篇章”征文活动。申报城乡融合发展省级试点并获省发展改革委批准。组织编制《江海区实施乡村振兴战略规划（2020—2022年）》；提出“强化高新区与新会睦洲、三江资源协同，切实提高产业承载力”的工作建议，深化构建江海版“三区并进”和“一区一城两廊六基地”等区域发展格局的思路。申报建设江门综合保税区，会同新会区配合做好江门综合保税区申报建设前期研究工作。

【优化投资项目审批流程】 修订江门高新区（江海区）政府投资管理方法，加大投资项目在线审批监管平台应用力度，全年办理投资项目立项230个，计划总投资285亿元，运用承诺制容缺制137个，对符合核准、备案条件的企业投资项目，统一实行网上办理。

【项目审批核准备案】 利用承诺制、容缺制审批，项目立项时间平均控制在3个工作日内，实行容缺审批。在政府投资项目立项阶段，规划选址意见书、用地预审与项目审批同步办理。节能审查实行承诺制，全区共有137个项目的相关审批采用承诺制管理，任务完成率100%。备案项目实现“零见面”审批。

【修订投资项目管理办法】 修订并由区政府印发《江门高新区（江海区）政府投资管理办法》，进一步规范政府投资行为，优化立项审批流程，加快项目前期工作。

【汇编高新区江海区投资优惠政策】 区发改局、区经济促进局、区科学技术局、区人力资源和社会保障局等有关单位，联合汇编适用于江海区的省、市、区有关企业投资优惠政策，进一步优化投资营商环境。优惠政策汇编主要包括46份政策文件中扶持力度较大的、有实质性内容的政策措施176条，涵盖鼓励创新、稳定投资、降低企业成本、吸引人才和强化保障等方面，其中鼓励创新方面列出激励企业建设科技创新平台、支持先进装备制造业项目落地等补贴政策；稳定投资方面涵盖增资扩产激励、加大企业融资支持力度等措施；降低企业成本方面整理减免税费、降低用能用地运输成本等政策；吸引人才方面包含补贴创业者创业、补贴高等措施；强化保障方面列举失业人员、应届高校毕业生就业补贴等政策。

【固投入统工作】 成立高新区（江海区）稳投资（财经）工作专班，依托工作专班协调解决重大项目在项目策划、投融资模式、土地规划和资本运作等推进工作。建立工作台账，加强对各类资源的统筹规划，根据交通、基建和民生等各类建设的投资需要，推动固定投资稳步增长。明确各街道、各部门的固投职责，形成行业管理与入统责任工作机制。做好2020年以来新立项项目的投资分析预判工作，由各街道、区直各部门负责跟进落实。

【评定分离改革试点】 出台《江海区房屋建筑和市政基础设施工程招标投标“评定分离”改革试点工作推荐入围和定标委员会成员库管理办法》。选出相关单位职责成员组成区“评定分离”成员库，推进全市首创的“评定分离”改革工作，解决围标、串标、工程建设成本高企、建设工期长等突出问题。联合区有关职能部门、工业园公司等单位组织一系列培训工作。江海区是江门市首个采用“评定分离”模式的项目“乐祥路东延线（健乐路—胜利南路）道路工程施工项目”完成开标、评标、定标以及公示等工作。

【专项债项目申报】 通过专项债工作专班，统筹专项债发行申报工作。成功争取17.1亿元上级资金支持，争取地方政府专项债券5.7亿元和抗疫特别国债5100万元，其中污水管网、基础设施建设类8个项目获得资金支持，年内全部完成支付。根据新一批专项债申报工作安排，结合2021年重点项目和“十四五”规划，组织开展专项债项目申报储备工作，共梳理储备项目30个，总投资392亿元，发债资金需求127.3亿元。

【投资中长期计划编制】 研究全区2021—2025年重点建设的政府投资项目，把前期工作具备、条件成熟的项目以及未来需要重点推进的项目全部纳入中长期政府投资项目计划推进实施，坚持与规划同步原则、突出重点原则、结构优化原则、有序推进原则和投融资衔接原则，不断予以完善。

【深茂铁路深江段项目】 配合全市推进深茂铁路深江段项目的前期工作。组织相关部门会同礼乐街道配合做好深江铁路江海段现场勘察定界工作，配合江门市和市、区有关部门及深茂铁路公司对红线图的修改调整工作，加快落实项目建设的江门段江海境内的用地报批和征地拆迁工作。

【江门高新岱建输变电工程项目】 江门高新（岱建）输变电工程项目配套道路建设，实行投融资创新模式，一行路（南山路—龙溪路）、南山路（新港路—会港大道）和会港大道（礼睦路—南山路）等道路和综合管廊建设项目由政府投资实施，采用EPC+O模式建设运营，并经区政府研究决定启动项目相关工作，先后完成项目可行性研究报告编制、立项、初步设计和开标。采取（EPC+O）模式，实现地下综合管廊项目建设运营全生命周期的高效管理。

【重点项目建设】 2020年全区列入省重点项目4个，总投资额109.6亿元，年度计划投资7.5亿元，投资完成率300%。市重点项目80个，总投资额523.57亿元，2020年度计划投资94.41亿元，投资完成率133%，全市排名第一。区重点项目100项，总投资705.78亿元，年度计划投资124.77亿元，投资完成率94.81%。各个季度举办重点项目的集中动工（投产）活动，推动103个重点项目集中动工，总投资212亿元，展示年度招商引资的重要成果，对在建的区重点项目会同各牵头责任单位制订项目推进节点表，每月开展通报、上红黑榜，推动项目早竣工、早投产。

【能源管理】 构建布局合理、竞争有序、功能完善、方便消费的成品油零售服务网络体系。对辖区内22家成品油经营企业开展年度检查，加强对江海区石油成品油经营企业的监督管理，规范企业经营行为。分析研究辖区内“十三五”期间成品油消费情况，结合当前新能源发展形势，科学预测“十四五”期间成品油消费增量和成品油零售企业新投入运营数量等。做好成品油零售体系“十四五”发展规划编制工作。

【电力设施安全隐患排查】 成立专项检查组，会同供电局部门和各街道，组织开展电力设施安全隐患排查，全区排查出隐患点351处，指导督促电力设施产权单位落实整改责任。加强汛期对城乡电力设施安全隐患治理，提高公共区域供用电设施安全运行的稳定性，预防和减少涉水触电各类事故的发生。

【能源和电网工程项目】 推进中电分布式能源站、220千伏岱建（高新）输变电工程、110千伏广兴（武东）输变电工程、110千伏红星（胜利）输变电工程等能源和电网工程项目建设，召开专题工作协调会议，协调解决建设中遇到的问题，制订项目建设节点控制表，严格把控工期。

【能源领域安全管理】 做好石油天然气管道保护工作，修订《江门高新区（江海区）石油供应中断应急预案》《江门高新区（江海区）天然气供应突发事件应急预案》。定期到中海油综合能源站进行安全生产检查，重点了解企业的天然气物资存放消防安全和天然气供应、储存情况，加强对储气罐、输气管道的日常维护和检测，不定期到中电分布式能源站督导项目建设进度。开展新能源汽车推广应用专项核查，发放地方专项补贴36万元。麦克韦尔电子科技产业园通过省发展改革委节能审批。

【节能管理】 开展全区2019年能耗总量和强度“双控”目标考核各项工作和固定资产投资项目节能检查，对全区固定资产投资项目的节能工作进行抽检，先后开展对利和兴移动智能终端自动化设备生产、广东正大康地生物营养科技有限公司生产线和江门二沙岛等项目的节能落实情况检查，配合做好信义环保特种玻璃江门有限公司的节能监察和江门市长优实业有限公司、江门市优美科长信新材料有限公司、利和兴智能装备（江门）有限公司、广东正大康地生物营养科技有限公司等企业的节能专项审查。

【社会信用体系建设】 开展信用数据归集治理，针对信用信息瞒报、迟报、漏报问题，优化江门高新区（江海区）“双公示”数据校验系统。在江门市政务信息资源共享交换平台挂接区级各类公共信用信息，督促各部门及时、准确地通过市系统报送信用信息。开展“双公示”信息报送培训，及时解决各部门在信用数据报送中遇到的问题。推动各部门使用社会信用联合奖惩应用系统，把信用信息查询和实施联合奖惩纳入行政审批业务流程。推广宣传

“信易贷”平台，发动各行业主管部门推荐信用状况良好且有融资需求的企业，发挥信用信息共享应用价值、提升中小企业融资信用信息支撑、推荐300家信用状况良好且有融资需求的企业获得信贷支持。

【优化营商环境改革】 开展涉及营商环境的规章、规范性文件和其他政策文件清理工作，执行市场准入负面清单制度，处理涉政府产权纠纷问题；优化“获得电力”环境，制订电、水、气外线工程建设项目并联审批实施方案，压缩审批时限；优化成品油市场营商环境，开通成品油零售经营批准证书电子证照；落实收费目录清单制度，动态更新政府定价的经营服务性收费和政府定价中介服务收费目录清单，开展涉企收费和行业协会商会经营服务性收费清理规范工作。出台《江门高新区（江海区）落实〈优化营商环境条例〉重点工作任务分工方案》，落实优化营商环境政策。执行市场准入负面清单制度，保障各类市场主体皆可依法平等进入在负面清单以外的行业、领域及其业务，加强事中事后监管。

【行业协会商会与行政机关脱钩改革】 成立江海区行业协会商会与行政机关脱钩联合工作组，推进全区行业协会商会与行政机关脱钩改革工作。会同区民政局梳理全区在册行业协会商会脱钩改革情况，按照“应脱尽脱”原则，明确行业协会商会脱钩改革名单。

【应急物资保障】 按照《江门高新区（江海区）救灾物资储备管理办法》对全区应急仓库物资进行管理，定期将物资的最新台账发送给区应急局，每季度向江门市发改局报送物资情况。定期对冻猪肉进行检查，每季度向江门市发改局报送冻猪肉储备情况，定期报送冻猪肉和相关人员的核酸检测结果。重新签订2020年食盐代储协议，做好2021年有关食盐代储的资金预算工作。

统计工作

【统计培训】 组织各街道、区直有关职能部门的分管领导和主要业务骨干参加江门市地区生产总值统一核算培训班，江海分会场培训，围绕地区生产总值统一核算工作流程和核算方法、全市经济运行总体情况与统一核算、“四上”企业（指规模以上工业企业、资质等级建筑业企业、限额以上批零住餐企业、国家重点服务业企业）入库、退库和各主要专业统计等方面内容进行学习。坚持每年组织开展不少于一次街道统计人员能力培训，组织开展不少于两次“四上”企业全覆盖业务培训制度。举办全区“四上”企业统计业务培训班，利用网络渠道开展企业培训，每月报表期前及时发送短信提醒企业各重要指标的填报口径，降低误报率。通过微信工作群、QQ群等平台开展“微培训”，对发现的共性错误做好指导。探索使用“钉钉”等平台开展网络培训，提高培训的频率和扩大培训的覆盖面。

【投资项目入统】 会同区发动局、区住建局梳理在库入统项目、待入统重点项目、立项未入统项目、取得施工许可证未入统项目四大类项目；会同区发改局、区经促局、区住建局、区自然资源局、区产城办和工业园公司以及各街道，共同研究全区固定资产投资入统情况，对项目进行逐一摸排，协助各部门、各街道投资项目入库入统。

【政策宣讲】 联合区经济促进局、区中小企业服务中心和建设银行江门高新科技支行、中国信保等举办2020年江海区促进制造业高质量发展政策宣讲会活动，促进小微企业升规入统。通过介绍小微企业升规入统需要的各种条件及其程序，为企业进行规模以下工业统计报表填报的相关业务培训，开展升规入统和惠企政策的宣讲，以提高企业升规入统工作的质量和效率。

【统计预警分析】 做好疫情对企业生产经营影响情况快速调查，并从统计角度及时、深入分析和预测疫情对全区工业、商贸业等主要行业经济运行的影响和复工复产情况。全年刊发统计分析16期，通过测算分析、数据对比等方式，找准困难和问题并提出对策建议。

【统计法治建设】 开展常态化普法宣传教育，定期通过发送短信等形式向企业推送普法宣传信息和报表报送的提醒。定期开展双随机“两防”统计执法检查，及时发现和查处统计违法行为。全年开展双随机转向执法检查2次，采取网络监测和现场检查相结合的方式，对19家企业开展依法统计情况检查，执行《统计从业人员信用档案管理办法（试行）》，按照规定采集统计守信行为信息、统计警示行为信息和统计严重失信行为信息，按照规定公示统计从业人员严重失信行为，并对具有严重失信行为的统计从业人员进行联合惩戒。

【第七次全国人口普查】 组建区、街道、村（社区）三级普查机构，完成区级综合试点工作，建立日通报机制，发动街道的非在编人员、物业公司员工、银行员工、楼长和义工等利用空余时间兼职开展人口普查工作，制订《江门市江海区第七次全国人口普查采集设备管理工作细则》《江门市江海区第七次全国人口普查调查督导员和质量督导员工作细则》，区人普办20名督导员分到各普查区对所有“两员”进行入户督导，提高自主申报率。开展复查比对工作，通过部门和运营商大数据进一步查找未登记人口，做好漏登人口的补登和错登人口信息的修正。

农 业

【农村重点易涝区整治工程】 江海区农村重点易涝区整治工程项目建址位于礼乐街道礼西围，总投资1.65亿元，新建南冲、南口、闪滘三座电排站及疏浚电排站配套河道，新建一套自动化监控系统，工程保护面积21.47平方千米，保护人口约5万人。项目设计总装机容量为4800千瓦，设计总排水流量为每秒67每立方米，排涝标准采用水利最高标准10年一遇24小时暴雨一天排干，挡洪（潮）标准为50年一遇。工程于2018年动工建设，目前整体工程已完成建设，南冲电排站已通过单位工程验收并已交使用，闪滘、南口电排站已完成建设，正进行验收收尾工作。江海区在2018年、2019年连续两年在市乡村振兴实绩考核中位列第一，获“优秀”最高等次，全市唯一连续三年代表江门市参与“省考”，位列2019年度粤西片区10个县（市、区）第一名，江海区是全市唯一获省批复同意设立“2020年江海区农村工作突出贡献集体和先进个人”表彰奖励项目，并被提名推荐评选省乡村振兴先进集体的县（区）。

【三清三拆整治】 江海区投入1256万元，出动60427人次，整治道路148千米，清淤疏浚

"廊道"沿线水环境4.7千米，整治农田看护房1100间、13200平方米，拆除违规田间看护房367处、9175平方米，村级工业园、田园耕地达到干净整洁标准，完成年度目标任务。推广礼乐街道英南村"美丽乡村"综合整治，以及外海街道石鹤利村微改造项目等城中村微改造提升经验，完成5个镇街公园和108个村居（社区）公园新建改建，实现"一村居一公园"全覆盖，因地制宜建成"四小园"（小菜园、小果园、小花园、小公园）小生态板块244处，工作成效登上学习强国。

【农产品质量监管】 2020年完成生产环节农产品抽检1179批次，其中定量检测667批次，定性检测512批次，合格率均为100%。区级农产品检测实验室资质认定和农产品检测机构考核工作通过专家现场审核，并取得CMA（检验检测机构资质认定证书）和CATL（农产品质量安全检测机构考核合格证书）"双认证"。推广试行食用农产品合格证制度，有龙头企业、示范合作社、家庭农场等30家农产品生产单位使用农产品合格证，获得"国家农产品质量安全市"称号。

【农村三资管理】 完成2018年度、2019年度农村集体资产清查核资，登记造册理顺集体资产产权关系，促进农村集体资产的规范管理。以2019年12月31日为基准日，农村集体资产总计为53.3亿元，其中流动资产31亿元，长期资产2.4亿元，固定资产18.12亿元，其他资产1.72亿元；流动负债25亿元，长期负债6亿元，所有者权益合计22.4亿元。对农村集体经济合同管理、农村财务管理、财务公开落实等不规范问题开展集中整治，规范农村集体经济组织的管理，规范农村集体资产资源交易，实现资产增值保值。2020年共成功交易1303宗，年合同交易额为11321.11万元，增加集体收入3653.97万元。做好农村集体经济组织银行账户登记备案工作，开展农村财务监管平台与7家银行金融机构网络平台互联互通，加强农村集体经济组织日常支出业务审核监管。组织开展农村集体"三资"管理培训班、农村集体资产年度清查培训班、农村集体产权制度改革培训班，培训各街道三资办业务骨干、各村集体经济组织具体业务人员约540人次。

【河道采砂行业监管】 2020年划定江海区全区域范围内河道为禁采区，禁止区城内一切河道采砂活动。全年出动执法巡查人员135人次，巡查堆砂场50场次；全年累计巡查河道100千米，纠正违法违规行为6宗。

【农村人居环境整治】 全区48个村（居）全部达到美丽宜居村标准。打造13个美丽乡村示范村垃圾分类示范点，基本建成农村生活垃圾分类示范片区。率先在全市实现100%自然村完成雨污分流、污水管道收集或暗渠化；新增完成62条自然村污水治理的年度任务，实现259条自然村生活污水设施全覆盖，全区农村生活污水治理率100%。累计建有62座农村卫生公厕，实现每个行政村按实际需求建设1座标准化公厕的目标。已上线农村公厕"粤省事"一键找厕功能，实现数据共享。累计完成农村户厕改造24077户，无害化卫生户厕普及率达100%。

【美丽乡村示范创建】 推进1个省级新农村连片示范工程、1个省级生态宜居美丽乡村示范街、5个省级示范村创建，出台《高新区（江海区）10条美丽乡村示范村（连片村）建设方案》，投入990万元，继续打造建设10 条美丽乡村示范村（连片村），实行村庄功能和特色的差异化定位，建设村内巷道硬底化、明渠改暗渠等农村基础设施和公共服务设施，包括口袋公园建设、一河两岸建设、村道巷道修缉建设等人居环境整治工程。外海街道直冲村榕树下的文明实践站、礼乐街道缤纷英南、丰盛村一河两岸，江南街道“彩虹村”横坑村成为网红乡村打卡点。

【碧道建设】 累计已完成碧道长度25.2千米，完成投资13.76亿元，分别是江门水道（城央绿廊省级试点段）碧道：都市型碧道，西起江门船厂，东至江门大桥，长9千米，该段碧道列入广东省万里碧道“1+10”试点项目，于2020年8月通过省河长办的省级碧道试点建设现场评估；麻园河龙溪河碧道：城镇型碧道，北起三元泵站，往南贯通龙溪湖，并沿龙溪河至金瓯路，全长9.8千米；礼乐河西岸（北头咀—南口电排站段）碧道：乡野型碧道，长度6.4千米。

【菜篮子工程】 开展葡萄现代农业产业园和“一村一品”建设，发展向东村桃花、向民村葡萄、丰盛村蔬菜三个特色农业生产基地。2020年，江海区蔬菜（含果用瓜类）播种面积3.19万公顷，总产量4.58万吨；畜禽总产量383吨；水产养殖面积1.7万公顷，总产量2.78万吨。新增江门市级特色种养标准示范项目1个（南美白对虾养殖标准示范园）。建设农产品产销对接流通体系，引导农产品生产单位与农产品交易市场签订联营协议书，实现产销对接。

【江海区都市农业生态公园】 江海区都市农业生态公园建设项目，位于礼乐街道港大道以南，礼乐水道以西。项目定位为打造湾区腹地的万公顷都市农业生态公园，以建设“市民休闲娱乐的好去处、乡村振兴的试验田、脱贫攻坚扶贫田间”为目标，在全省树立创新型都市农业生态公园的名片。公园占地面积3500公顷，建设农业科普长廊、荷香园、菜香园、果香园、鱼香园，配套共享厨房、浅水湾农庄等多个功能区域，赋予科普教育、赏荷游玩、自助采摘、学农体验、休闲垂钓等功能。其中，荷香园为广东省最大的连片荷花主题公园。

【河长制工作】 江海区获江门市2019年度“河长制湖长制工作推进力度大、河湖管理保护成效明显”事项工作中表现特别突出集体。全区设置区级河长7名、街道级河长31名、村级河长59名。2020年，河（湖）长巡河7426人次，其中区级河长巡河84人次，街级河（湖）长巡河1224人次，村级河长巡河6118人次。发现问题224次，处理问题223次，问题处理率99.55%；投诉处理事项6宗，公众满意度100%。实行“一月一督查、一月一通报”制度，发布河长制专项督查“红黑榜”12期；设置22个水质监测断面，每月通报水质监测预警和排名，推进河湖“清四乱”常态化、规范化，对全区已清理的65宗“四乱”问题开展“回头看”工作，完成新增21宗“四乱”问题整治销号，整改率100%。落实“清漂”长效机制，组织开展“清漂”专项行动3次，2020年投入“清漂”专项资金163.12万元，累计清理河道垃圾814吨。

【水利基础设施建设】 2020年，水利工程有8宗，年度完成投资约9400万元，分别是礼东船闸改建工程，主要建设内容是将旧闸改建，并新增电排站，项目总投资约6015万元，2020年完成投资384万元；麻园河、龙溪河、马鬃沙河综合治理工程（水利部分），主要是对麻园河、龙溪河进行河道扩宽、清淤、新建河堤和挡墙，对马鬃沙河进行清淤，新建三元、石咀

1、石咀2三座泵站，项目水利部分内容总投资约3.3亿元，2020年完成投资1266万元，该项目水利部分内容已完成建设；江门市江新联围加固工程（江海区段），主要对江新联围江海区段进行加固，新建戗台，对金溪1电排站及水闸进行重建等，项目总投资6015万元，2020年完成投资2000万元；江海区乡村绿廊—礼乐河西岸（北头咀—会港大道），主要建设北头咀至会港大道段的乡村绿廊约4.7千米，工程总投资5370万元，2020年完成投资5000万元，工程已基本完成建设；江门市江海区乡村绿廊—马鬃沙段项目（一期），主要对马鬃沙河（江海区段）共1千米长河道进行疏挖扩宽河道行洪断面和对两岸堤防进行治理加固，项目总投资3021万元，2020年完成项目前期工作，完成投资约200万元；江门市西江潭江流域跨界重点支流综合治理工程(一期江海段），建设内容主要对江门水道进行综合治理，并对江门水道、礼乐河流域各支流进行清淤等，项目总投资5778.74万元，工期为1年，2020年基本完成初步设计及概算编制，完成投资167万元；彩虹河河道整治工程，主要建设内容是开挖河道385米和建设一座节制闸，改善彩虹河的水质和排涝情况，工程总投资1165万元，于9月进场施工，2020年完成投资400万元。

【脱贫攻坚】 2020年，全区在册贫困户127户、424人，全部实现“两不愁三保障”（实现农村贫困人口不愁吃、不愁穿；保障义务教育、基本医疗和住房安全）。全区建档立卡贫困户达到有安全住房、有安全饮用水、有电用、有电视信号覆盖、有网络信号覆盖、子女有义务教育保障、有医疗保障、家庭有稳定收入或最低生活保障等“八有”脱贫标准，年人均可支配收入达22216元，近5年年均增幅24.89%，实现100%脱贫。2020年，江海区党政主要领导定期主持召开扶贫专题会议累计6次，入村入户开展脱贫攻坚专题调研36次，区党委书记遍访脱贫任务重的村（居）5条，为贫困户解决困难问题。与对口结对帮扶恩平市建立联席会议制度，累计对接工作6次，投入帮扶资金194.9万元，实施村道建设、塘基加固、户户通水等14个建设项目，帮扶贫困人员249人。贫困户子女义务教育入学率100%，对59名建档立卡贫困学生发放31.55万元资助金；为4户贫困户进行房屋修缮，补助资金7.44万元，全力保障贫困户住房安全；贫困人口实现100%参保；基本医疗保障和重大疫病100%保障；安全饮水100%保障。全区消费扶贫产品销售总额27万元。东西部协作消费扶贫产品销售总额达3674万元。落实“6·30”广东扶贫济困日爱心助农产品网销会扶贫产品“认购”活动、政府采购贫困地区农副产品行动，实施消费扶贫53.81万元。发动机关、企事业单位开展百县千品万区进湾区采购活动，共采购扶贫农产品26.51万元。在都市农业生态公园挂牌成立消费扶贫基地。全年销售扶贫产品18万元。

【粤桂扶贫协作】 2020年，江海区落实对口帮扶大新县各级财政援助资金4692万元，用于实施劳动力转移就业稳岗补贴项目、养牛小区项目等13个项目，惠及贫困人口1.9万余人。双方落实党政干部挂职交流8人次、专业技术人才交流37人次。大力开展劳务协作，帮助2469名贫困人口到广东就业，组织109名贫困人口到广东厨艺学校开展为期40天的“粤菜师傅”培训，累计引进11家企业到大新县投资，吸纳就业185人。深入开展村与村、村与企、学校之间、医院之间结对帮扶，累计发动社会力量捐赠资金及物资折现合计89.7万元。发动江海区慈善会、工商联、爱心企业等累计向大新县捐赠防护口罩、防护面罩等防护用品26万个，两地东西部协作成效显著。大新县54个贫困村、64480名贫困人口在2020年8月清零，除贫16742户。

【水资源管理】 以“世界水日”“中国水周”为契机，派发节水、水资源、河长制等水利宣传资料及礼品1000多份，向群众宣传节水护水意识。对公共管网月用水5000立方米以上的用水户做好计划用水管理工作，增强用水大户的节水意识。对14家河道取水企业做好监督管理服务工作，征收水资源费127万元。

【水行政许可审批和监管】 水行政许可事项12大项、19子项，纳入江门市行政许可标准化目录。2020年申请数量31宗、受理31宗、办结31宗，办结时间均低于法定时限，办结效率较高。按照承诺制审批的要求对水利工程初步设计文件审批事项实行承诺制审批；对涉及取水许可的相关审批事项实行容缺承诺审批；对企业投资生产建设项目审批，实行简化审批，且在3个工作日内办结。涉水行政审批在广东省政务服务网主动公开行政许可事项的办事指南并将审批结果在广东省行政执法信息公示平台、江门市政务大数据中心进行公开。涉水行政审批对批复对象每年进行日常监督检查，并根据要求做好“双随机”抽查工作。推进水行政许可审批改革，规范编制水行政许可审批办事规程，依法开展水行政许可审批。2020年依法对生产建设项目水土保持方案审批16宗，取水许可审批7宗，开展水行政监督检查45批次。

江海区电排站统计表（排向围外）情况表

表5

分区	分片	序号	电排站名称	设计流量（立方米/秒）	装机（千瓦）	备注
礼东围江海区部分	东北片	1	金溪电排站 2	1.8	110	2×55千瓦
		2	金溪电排站 1	4	310	2×155千瓦
		小计		5.8	420	4台
	西北片	1	北村电排站	1.2	74	2×37千瓦
		2	油湾电排站	1.1	67	30+37千瓦
		3	滘北泵站	3.45	396	132×3千瓦
		4	活力路电排站	0.9	55	1台
		小计		6.65	592	8台
	东片	1	石洲电排站	17.4	900	5×180千瓦
		2	横海南电排站	13.8	720	4×180千瓦
		3	横沥电排站	11.66	840	4×210千瓦
		4	石咀1泵站	4.92	420	2×210千瓦
		小计		47.78	2880	15台

续表5

分区	分片	序号	电排站名称	设计流量（立方米/秒）	装机（千瓦）	备注
礼东围江海区部分	西南片	1	虾蛟滘电排站	15.82	900	5×180千瓦
		2	滘头电排站	13.2	800	4×200千瓦
		3	三元泵站	5.82	540	3×180千瓦
		4	礼东电排站	20	1600	4×400千瓦
		5	龙泉滘电排站	40	2840	4×710千瓦
		小计		94.84	6680	20台
礼西围江海区部分	南侧	1	南冲电排站	35	2400	6×400千瓦
	东侧	2	南口电排站	17	1200	3×400千瓦
	西侧	3	闪滘电排站	15	1200	3×400千瓦
		小计		67	4800	12台
	合计	18		222.07	15372	共59台泵机

江海区引水泵站情况表

表6

序号	泵站名称	流量（立方米/秒）	装机（千瓦）	备注
1	三元泵站	9.63	540	3×180千瓦
2	石咀1泵站	2.83	420	2×210千瓦
3	石咀2泵站	5.64	480	2×240千瓦
合计		18.1	1440	共7台泵机

江海区水闸情况表

表7

分区	序号	涵闸名称	过闸流量（立方米/秒）	水闸净宽（米）
礼西围（30.5平方千米）	1	南冲水闸	387.6	40
	2	三眼水闸	40.59	7
	3	何围水闸	34.03	6
	4	闪滘水闸	30.3	6
	5	北头咀水闸	33.16	6
	6	五冲水闸	20.54	4

续表7

分区	序号	涵闸名称	过闸流量（立方米/秒）	水闸净宽（米）
礼西围（30.5平方千米）	7	迎信水闸	25.61	5
	8	二汎水闸	42.53	5
	9	礼西船闸	33.58	6
	10	中沙水闸	18	12
礼东围江海区部分（70.75平方千米）	11	金溪1水闸	17.8	3
	12	金溪2水闸	22.3	3.15
	13	石咀水闸	18.7	4
	14	壳滘水闸	28.6	8
	15	横沥水闸	26.5	8
	16	横海南水闸	32.4	8
	17	石洲水闸	31.8	8
	18	礼东船闸	52.67	6
	19	三元水闸	18.5	4.8
	20	南船坦水闸	33.83	5
	21	横滘闸	31.28	4
	22	老滘水闸	49.33	6
	23	子渠冲水闸	26.97	4
	24	虾蛟滘水闸	38.41	5
	合计		1095.03	

工　业

【主要经济指标】 2020年，全区完成工业投资55亿元，连续12个月保持双位数增长并排名全市第一；技改投资完成44亿元，同比增长超6%，总量排名全市第二；规上工业增加值全年完成113.5亿元，同比增长5.1%，排名全市前三，高于省、市水平；实际利用外资全年完成2.59亿美元，同比增长11.84%，超额完成市下达全年任务129.31%，总量占比超过全市的三分之一，排名第一，获市商务局专门书面表扬。工业投资、规模以上工业增加值、外贸进出口总额等主要经济指标登市“红榜”20次，占江海区“红榜”上榜数量41.7%。

【新兴产业转型升级】 全年引进超亿元产业项目36个，总投资额超140亿元，项目总数和投资总额实现“双增长”。其中，引进联升—万泰5G、网驿·江门智造科技港等投资超20亿元项目2个，贝尔斯顿等投资超10亿元项目3个，宝士制冷、乐的美等超5亿元项目5个，均超额完成市、区下达的招商引资任务。引进项目投资强度平均每公顷800万元，年创税收每公顷50万元，项目容积率平均达3.0。2020年，推动58个产业类项目集中动工（投产），总投资额超150亿元，其中5G高速传导材料、骏鼎达特种材料、金多多创意糖果等项目实现“摘牌即动工”，再次刷新项目落地“高新速度”；摩尔电子、康普盾提前租赁厂房投产，增加3亿元产值。

【传统产业转型升级】 推进以德昌、优美科、摩尔电子三大龙头企业项目的建设，带动高端机电装备、新材料和新一代电子信息等三大战略性新兴产业集群做大做强；推进联升5G、贝尔斯顿、金多多等项目建设，优化提升大健康、智能家电、智慧照明等产业，打造“3+3”先进制造业集群体系。实施新一轮技术改造，鼓励和支持企业应用新技术、新工艺、新材料、新设备，加快发展工业互联网，推动工业企业“上云上平台”，发展数字经济，推动数字经济与实体经济深度融合，促进产业体系优化升级，促进5G产业赋能制造业发展。借鉴周边城市村改经验，高标准盘活村级工业园土地资源，提升产业承载力和质量效益。推动园区循环化改造，支持工业固废综合利用示范项目建设。创新园区管理机制和投资运营模式，提升水电气、道路和污水处理设施配套服务功能。

【优化工业产业结构】 推动区内企业实施“智能制造”。推动地尔汉宇机器人产业化项目一期、崇达电路二期、威铝智能制造基地等项目投入运营。鼓励企业实施“机器人应用”工程，重点在电子、机电、新材料和家电等行业领域推广应用机器人，江海区广东大冶摩托车技术有限公司获得2019年机器人应用市级扶持资金56.27万元。全面落实5G产业发展部署，推进5G新型智慧城市建设，全年建成5G基站超100个，开展朗天照明、南大机器人、伟创科技和江门云科等4个工业5G应用项目。落实省工业企业“上云上平台”服务券奖补政策，全区上云上平台企业超50家，兑换服务券近333.6万元，资金额度全市第二。汉宇集团、奇德新材料等企业获评省级工业互联网应用标杆，并获得江门市工业互联网标杆示范项目资金282万元。高速精密数控机床刀具技术改造、挤出复合膜生产线（套）和高精密注塑模具生产线扩产增效技术改造等多个项目获得珠西专项资金奖补571万元。先进制造业、高技术产业和装备制造业增加值累计增长分别为20.6%、11.2%、22.1%，占规上工业增加值分别为73.3%、38.5%、51.6%，全年增速和占比均位居全市第一。全市工业互联网工作现场会在江海区召开，江海区作经验介绍。

【双创升级】 作为全市小微双创核心区，江海区助力全市在双创绩效评价全国排名第二：在2020年3月财政部开展的第一批小微双创城市示范绩效评价中，江门市凭借扎实的工作成效赢得国家的认可，获得“全国小微双创示范城市”称号，并获得3000万元奖励。推动珠西云谷小微企业创业创新基地申报2019年国家小型微型企业创业创新示范基地，江门高新区小企业创业基地完成国家级基地复核工作。2020年4月，江门高新区获国家批准建设首批创新创业特色载体。完善中小企业服务体系，新增2家市级公共服务示范平台、2家市级公共技术服务示范平台，优化中小企业营商环境。2018年，区经促局和区科技局共同成功申报科技资源支撑性特色载体，获得5000万元专项资金奖励。其中，第一批2500万元、第二批1200万元扶持资金均已下达至江海区。11月，江海区印发《江门高新区（江海区）打造科技资源支撑型特色载体推动中小企业创新创业升级专项资金使用管理办法》，将加快推进江海区中小企业创新创业升级工作。

【防疫物资生产】 支持30多家物资保障企业提前复工复产，协助近10家企业获批转产防疫物资，驰援武汉、仙桃等国内抗疫一线供应超1000台防护服生产用缝口密封机和超2亿米防护服胶条。因对全国疫情防控作出重要贡献，国务院应对新型冠状病毒肺炎疫情联防联控机制（医疗物资保障组）在发给省政府办公厅的感谢信中对江海区经促局和辖区内企业铁金刚公司、业伟成机械厂给予表扬。

【工业企业技术改造】 工业投资连续10个月双位数增长并排名全市第一。科世得润、康普盾、江益、创彩科技、致通交运实业和供电项目等一批新项目顺利入统并实现工业投资较大贡献。鼓励引导麦克韦尔、创彩科技、正大康地等深圳、广州转移项目纳入技术改造，提高技改投资数据。1—11月，全区工业企业实施技改备案项目74个，总投资约13.34亿元，平均投资额约1900万元，其中金羚电器、信义、诺华电子和崇达4个项目投资超亿元。工业投资完成47.95亿元，同比增长约10.11%，增速全市排名第一；技改投资完成39.74亿元，同比增长8.6%。

【数字新基建】 依托电子信息及新材料产业良好基础，重点培育建滔集团、崇达、奔力达、朗天照明等一批企业开展5G器件、5G网络与基站设备、5G天线以及智能终端产业，崇达、荣信等企业已开始5G设备产业化生产，朗天照明自主研发“灯载5G微基站”产品，浩远电子已开展研发生产融合5G技术的超高清视频（8K）产品，康普盾已通过租赁厂房实现边建设边生产。推进电信网、广播电视网、互联网三网融合，拓宽物联网发展空间。全区累计投入通信基础设施建设约2亿元，光纤接入户数达15万户；建成基站约2600个，其中5G基站已建成超600个。

商　贸

【稳定外贸工作】 成立“稳外贸”工作专班，持续开展“暖企”行动，主动上门指导外贸企业提前申报各项外经贸发展专项资金，截至2020年，受惠企业近200家，扶持金额合计人民币超550万元。支持江海区防疫物资出口，已成功协助金优贝、亿嘉净、宏健、盈科美创、路思拓、嘉美生物、康迈斯、美芳生物8家企业纳入商务部防疫医疗物资出口“白名单”。推动优美科、谦信和金羚等进出口大户进口额回流或扩大。支持和帮助中岸等进出口贸易公司稳定和扩大业务，推动企业扩大进出口业务；动员威瑞电子、宝士制冷、欧铝威特、岩羊工贸、沃得光电等增加进出口生产企业扩大对外业务，提高进出口总额，威瑞电子全年进出口额13亿元；通过海关、税务查询到区内货源在外进出口的企业，动员和帮助外流进出口货源重回江海区进出口；动员和落实深圳麦克韦尔、德昌电机等新引进的在建企业提前将进出口业务转到江海区办理。通过开展跨境电商和邮快件进出口、扩大市场采购、促进一般贸易企业转型升级及多措并举稳外贸等措施，促进江海区外贸平稳增长。外贸进出口总额预计完成247亿元，总量排名全市第三，超额完成市下达的任务。其中出口总额增长3.1%。

【招商引资】 围绕“招商引资落实年”部署，落实粤港澳大湾区发展战略，开展敲门招商、精准招商、以商引商，设立“江门国家高新区驻深圳招商办事处”，组建博士级招商队伍，密切对接香港、深圳、广州等粤港澳大湾区核心城市，围绕江海区重点发展产业开展招商考察超80次，对接摩尔电子科技产业园、巴斯夫年产20000吨环保汽车涂料扩建项目等一批优质项目及增资扩产线索80条。成功引进超亿元工业项目29个，计划总投资超128亿元，其中超30亿元项目1个，超10亿元项目1个、超5亿元项目9个，完成市建设“四个走在全国前列”示范城市绩效考核招商引资指标任务。优先引进用地少、排放少、公顷产税收高、技术含量高等“两少两高”项目。项目投资强度平均每公顷800万元，年创税平均每公顷达50万元，项目容积率平均2.5，处于全省中高水平。10月22日，大新县人民政府驻江海区招商工作办事处正式挂牌，继续深化江海、大新两地产业协作，推进已落户的产业扶贫项目。

【落实惠企政策】 组织省粤财“新动能”基金与江海区上市企业对接，发挥“政银保”、政策性担保融资等信贷及担保项目作用，江海区企业办理“政银保”等项目贷款84笔，贷款总额超1亿元，缓解民营企业融资难题。2020年3月，江海产业集聚发展区纳入省产业园管理，认定产业园区范围从约403公顷扩至约2329公顷，范围基本覆盖全区符合土规、城规的工业用地。园区年度考核被评为优秀，获得100公顷工业用地指标（用在麦克韦尔园区）和375万元园区建设资金奖励。利用园区政策办理直购电优惠，降低企业成本，2020年以来年内累计为近百家企业争取电费优惠超200万元，为多家企业争取省产业共建财政扶持资金超5000万元。2020年10月，在第三届泛珠三角区域先进制造业创新发展峰会暨第六次泛珠三角九省（区）工业和信息化合作联席会议上，江海区作为全省唯一代表在会上作经验分享。

【优化营商环境】 落实市、区领导挂钩联系重点项目及重点企业制度，开展“暖企业、促投资、稳增长”行动，两级领导班子挂钩联系重点企业工作机制全面建立，实现全区规上工业企业全覆盖。为区内企业申报争取上级奖补扶持资金近1.5亿元，解决企业诉求超200项；推动企业增资扩产22家，投资额超30亿元；通过省、市领导暖企，解决优美科用电设施建设资金8亿元及所需水田用地指标等问题。解决世界500强美国康宁公司和中国香港福宁公司合作纠纷，推动康宁公司加大投资，新合作方威瑞电子2019年产值大幅上升8亿元，进出口额超13亿元。会同有关部门走访区内重点企业，组织开展各类政策宣讲会，如扶持实体经济发展系列政策宣讲会，企业上云政策宣讲会，保护知识产权座谈会，“南粤春暖”政策宣传等，帮助企业及早了解优惠政策并用好用足政策。

【促进消费回暖】 通过举办五月惠民消费节、国庆黄金周消费节等“促消费”主题活动，累计拉动消费近4亿元。配合市国六汽车补贴政策累计补助汽车超2500辆，区级财政补助金额约217万元。出台《江海区鼓励“国六”标准乘用汽车消费实施方案》，对9月

25日起在江海区汽车消费进行补贴，提供约300万元的购车补贴，并已派发消费券近3000张，推动全区汽车消费热潮。启动“2020江海夜消费节”，采用线上造势宣传平台购买、线下举办“壹圆夜市”等促销活动；江海万达广场加快建设中，1—9月累计投资完成率超67%；江海广场后侧新建“彩虹方块创意园”、江门演艺中心形成“水岸夜市”等推动夜间消费升级。做好商贸企业“小升规”工作，摸排符合条件升规入库的企业情况，推进工业企业产销分离。生和堂已于2020年8月在江海区成立销售公司，并积极应用电子商务开展销售；百斯丹顿由工业企业转商业企业入库，周佳10月零售额200万元，年内达标入库；利生车城鑫源汽车销售分公司转为独立法人。1—11月，全区实现社消零总额51.3亿元。

【江门高新港投入运营】 江门高新港已取得港口经营许可证，刷新省内占地面积超600公顷外贸集装箱港口当年交工、当年竣工、当年开港的建设纪录，12月底完成港区查验设施建设。12月30日，江门高新区（江海区）举办江门高新港竣工落成活动。江门高新港项目是广东省、江门市重点工程项目，首期项目总投资12亿元，于2015年12月动工建设。项目占地面积40万平方米，岸线732米，年吞吐量120万标箱，使全市外贸船运吞吐量增长一倍，是华南地区最大的内河智慧港口。

信息化

【一窗办一次办综合改革】 实现工程建设项目综合窗口组建和“并联审批、联合验收”工作，提高工程建设项目审批效率。工程建设项目综合窗口办理业务680件，实现并联审批、联合审批230件，联合验收完成8件。

【平台数据系统集约交接融合】 区政数局与区发改局联合印发《关于变更信用信息数据标准和报送渠道的通知》，调整双公示信用数据的报送渠道，从2020年4月20日开始，信用信息数据统一通过市政务信息资源共享交换平台上传共享（包括行政许可、行政处罚、红黑名单、荣誉表彰等信用信息），改变信用信息二次录入的现象。

【执法平台监管】 协助区城市管理与综合执法局、外海街道执法中队、礼乐街道执法中队、江南街道执法中队、司法局等部门相关工作人员开通“两平台”（行政执法信息平台、行政执法监督网络平台）账号，为执法部门应用“两平台”实施执法全过程网上办案提供技术支撑。围绕“全过程网上办理”和“执法在线智能化监督”目标，完成在江海区的落地对接和本地化适配工作，全面使用省市行政执法“两平台”。

【事权下放】 按照省、市各级政府关于取消和调整实施事项的相关工作要求，有序组织各审批部门进一步调整和优化行政权力事项。调整改革事项1571项，其中，取消事项153项，承接省级重心下移类事项484项。承接省级委托类事项36项，承接市级委托类事项114项，区级职权调整由街道实施784项。调整由街道实施的事权中，行政执法事项731项，行政许可和公共服务事项53项。

【网络设施建设】 2020年6月，区政数局组织建设江海区住建大楼的政务Wi-Fi网络，此项目建设共部署68个无线AP接入点，实现住建大楼办公区域信号全覆盖，为住建大楼各行政单位提供500兆（上行50兆，下行500兆）的Wi-Fi互联网专线，通过运营商的专业网络实现安全、可靠、高速的Wi-Fi网络访问。根据网络安全等级保护2.0的标准对中心机房进行升级改造。实现细化现有网络架构，明细网络间隔，提高网络安全防护能力。现阶段，机房环境改造、电源改造、网络安全改造等工作已完成，整个项目也已顺利验收。开展IPv6改造工作，增加区中心机房的IPv6互联网出入口设备，并完成IPv6链路配置，现阶段已实现对江门市IPv6政务外网的访问。

【数据治理】 区政数局印发《江门市江海区数据治理专项调研工作方案》，对江海区各相关单位开展数据治理调研工作。2020年已完成16个相关单位的调研，收集各调研单位新增的数据资源目录共208条，所有新增目录已在江门市政务信息资源共享交换平台完成目录编制和挂接工作，新增共享数据总量约120000条。12月15日，组织区各相关单位参加省政务大数据中心江门节点系统培训班视频会，并协助各单位核对新平台的数据迁移情况，指导各单位新建共享目录、录入自建系统，依托省政务大数据中心江门节点进一步规范各单位数据格式。

【粤省事、粤商通办事程序】 截至2020年12月底的数据，粤省事江门地区已上线779项，办理类事项为440项，查询类事项为339项；零跑动事项为711项；65种电子证照，其中已上线58项本地特色服务事项。江海区实名用户总数为100666，注册率59.85%，排名全市第二；截至2020年12月底，“粤商通”江门上线事项数为369个，办理类事项254个，查询类事项115个；江门本地特色事项数为25个。江海地区市场主体总量43727家，注册企业累计为33778家，覆盖率77.25%。

【侨都之窗服务】 江海区已经全面完成3个街道、62个村社区的侨都之窗升级改造工作，真正实现“把5×8小时的政务服务转变成为7×24小时的全天候政务服务”，江海区是全市第一个实现村(社区)24小时自助服务的市区。2020年，江海区侨都之窗办理业务量98625宗，同比增加23%。

【互联网+监管数据汇集】 协助江海区29个相关单位做好“互联网+监管”行为数据的报送工作和执法人员账号注册开通工作。已实现全区执法人员国家“互联网+监管”系统工作门户用户账号开通率和行政检查事项覆盖率100%，行政检查类事项录入率100%。

【电视办事和预约服务】 区政数局针对中老年不会用智能手机、出门难和办事不方便等问题，积极携手广电公司选取一批常办便民服务类事项进驻有线电视智慧专区门户端口，让群众打开电视看服务事项、看办事条件、看办事流程，实现在电视上查看交通违章、公积金和网上预约等服务。

【政务上云】 对江海区现存、新增的政务系统进行迁移上云，统一使用市提供的政务云平台，依托政务云平台提供的安全、稳定政务应用。2020年再次对本地部署的系统进行深度梳理，清理部分僵尸系统，重新统计全区需迁移上云的系统12个。现阶段，江海区已完成“信用中国(江门高新江海)(双公示)”等10个业务系统的迁移上云部署工作，迁移上云率达80%。

【“12345”政府服务热线】 依托市“12345”热线平台系统对区直各部门事项办理的情况进行全流程监督、风险预警提醒和绩效评价，多方位、多角度分析处理群众诉求。2020年处理群众热线、留信、留言11849件，群众满意率为99.98%。

【网上中介购买服务】 2020年，区政数局推动更多政府投资项目进入网上平台公开招标选取中介服务机构，保证网上中介超市高效有序运转。截至2020年年底，江海区已完成1329宗政府项目进驻中介超市平台公开招标。

【政府网站集约化平台服务】 按照“数据集约、技术集约、内容集约、管理集约”的思路，全区各机关部门网站开展为期6个月的网站平台迁移工作，完成部门频道的模板创建、目录创建、文章数据迁移和多次的数据比对。现阶段，江海区24个政府网站（21个区直部门加上3个街道）集约化迁移到广东省政府网站集约化平台，19个非政府机关组成部门（包括党委、纪检、群团、人大、政协等）的网站集约至江门市政府网站集约化平台中。

【政务服务堵点清零行动】 2020年以来，区政数局摸清审批部门各个环节的堵点问题，并收集汇总涉及13个部门群众办事反映强烈整治的100个堵点问题，形成2020年《江海区堵点清零行动问题整改清单》。2020年的100个堵点截至11中旬也全部整改完成，整改率100%。

【一日办服务】 协调有关职能部门优化审批流程、审批时限，为申请人提供开办企业商事登记、印章刻制、领取发票和银行开户一站式服务，实现群众开办企业1个工作日全部办结。2020年，通过一日办结的业务量为869件。

应急管理

【执法监督和调查评估】 开展“企业主要负责人履行安全生产职责专项执法行动”“铝加工和深井铸造行业执法专项行动”等多个专项行动，重点对危险化学品、机械制造、粉尘、涉氨、有限空间等行业（领域）生产经营单位的执法监察检查。2020年，出动检查人员273人次，督查重点工贸企业46家次，发现安全隐患205条，发出责令限期整改指令书42份、整改复查意见书44份，现场处理措施决定书1份。行政处罚安全生产违法违规行为企业或个人共9宗，处罚金额20.68万元。开展双随机抽查企业60家，随机抽选执法人员120人次，并及时将检查的企业情况在相关网站上公布。办结“12345”江门市政府服务热线和应急管理局的投诉举报电话的投诉举报事项45项，并妥善登记备案和归档，做到投诉举报案件查处率100%，按期答复率100%，其中处罚2家企业，处罚金额5.6万元。做好辖区内企业及个人“一票否决”和安全生产事故情况核查工作，执法股全年共核查“一票否决”企业35家次，核查人员108人次，出具守法证明15家次。

【应急值守】 应急值班实行24小时不间断值班制度，由专职值班员担任值班任务。节假日、重点时段或发生紧急情况要加强值班值守力量，值班工作岗位按A、B、C三班轮值。值班室负责突发事件信息的接报与处理，按规定时限报告同级有关部门和上级应急管理部门，联系突发事件行业专家，协调调度相关业务股室开展工作。监督检查下级应急管理部门值班值守工作情况和值班员在位履职情况。

【信息化建设】 建成覆盖全区62个村（社区）的突发预警信息发布系统，发布有关防灾减灾、应急救援、自救避险等知识和极端天气预警信息；建有三防指挥调度系统，向上对接市三防值班室，向下对接街道三防值班室，在出现台风暴雨等强对流天气情况下，实现有效调度。

【防灾减灾】 申请创建全国综合减灾示范区，划拨经费100万元推进行政村（社区）防灾减灾救灾能力“十个有”建设。发动全区62个村（社区）灾害信息员在应急“一键通”上线，运用灾情报送、预警信息播报等方式，提高基层减灾救灾能力。通过覆盖全区62个村（社区）的突发预警信息发布系统，使用应急广播和户外屏幕发布有关防灾减灾、应急救援、自救避险等知识和极端天气预警信息，提高居民的应急处置能力。区应急管理局与区人武部联合印发《关于建立突发事件应急处置联动工作机制的通知》，对两部门在预案体系、力量建设、信息共享等方面进行规定。实现由区应急管理局组织，区人武部、区消防救援大队、各职能部门及社会化救援力量参与的常态化联合演练模式，提升江海区的应急救援能力水平。

【安全生产监管】 开展重点工贸企业安全检查，对52家涉粉涉爆、63家涉有限空间企业开展安全生产专项检查，确保重点企业生产安全稳定。2020年，出动检查人员303人次，督查重点工贸企业96家次，发现安全隐患442条，发出责令限期整改指令书80份、现场处理措施决定书2份。鼓励工贸企业开展安全生产标准化创建，并组织评审单位和区安协评审专家对27家工贸企业安全生产标准化三级创建进行现场评审，按规定程序和相关标准逐项检查，完成评审程序、核实材料、颁发证书等工作。

【安全生产培训学习】 指导区安全生产协会组织举办安全生产知识专项线上培训班，有160多家工贸企业300多人参加培训；举办一期生产经营单位主要负责人20人、安全生产管理人员43人共63人参加的安全生产知识和管理能力培训班。在江门市国祯污水处理有限公司、广东威铝铝业有限公司举办一期涉有限空间安全作业和防范涉爆粉尘现场观摩学习活动。江海区应急管理局、各街道应急管理办、网络管理中心全体人员和辖区50家涉爆粉尘、有限空间作业重点企业的主要负责人、安全生产管理人员共120多人参加。

【森林防灭火】 组建森林火灾扑救“三支队伍”，分别是由森林消防、护林、防火路养护“三合一”专业队、45名民兵预备役人员为主体的半专业队和由60多人组成的街道村居森林防火应急预备队。“三支队伍”按照各自职能履行好森林防护工作任务，加强应急值守，辖区一旦发生森林火灾，即可根据高度指令在30分钟内赶赴事发地点开展森林火灾扑救工作。区自然资源局投入9.85万元，购置一批新的防火机具，配备的37台风力灭火机、20台油锯、4台高压水泵和4000米高压水带等消防器材工具，还投入0.15万元对全区的森林防火机具进行检修。筹集60多万元资金为白水带周边9个村居（社区）配备高压水泵9台，消防水带9000米。

【森林灭火演练培训】 1月15日上午，江海区组织开展江海区儿童公园森林火灾灭火救援演练。同时，区内林业部门和各街道按照行业、属地监管职责组织开展森林防灭火应急救援和“双盲”演练。5月26日至28日，江海区森林防灭火指挥部组织相关成员单位，接受全国森林防灭火指挥员培训，学习火灾扑救及逃生技能。12月17日，组织区防灭火业务干部和骨干进行业务技能培训，培养扑火指挥员的观察力、判断力、决策能力及协调能力。

【江海消防站建设】 江海消防站（含外海、礼乐模块化消防站和礼乐一级城市消防站）建设工程，总投资4000万元，其中外海、礼乐模块化消防站建设和车辆装备采购经费总计934万元，礼乐一级城市消防站建设项目总投资3044.74万元。外海、礼乐模块化消防站建设已经完工并投入执勤，礼乐一级城市消防站正在建设中。

【各类事故情况】 2020年，全区发生生产经营性道路交通事故11起，死亡7人，死亡人数同比降低22%。没有发生一般或以上生产安全亡人事故和火灾亡人事故，没有发生群死群伤灾害事件，没有发生重大社会影响事件。

【队伍建设】 江海区3个街道的机构改革均设置应急办，区、街道共有应急管理执法证人员43名。组建4人组成的区森林防火护林综合队、45名民兵预备役人员为主体的半专业队和由60多人组成的街道村居消防应急预备队等3支森林防灭火队伍。辖区3个街道建成专职消防队4支，完善4个街道消防站和62个村居微型消防站的装备配置。区消防救援大队投入460余万元购置1辆器材运输车、1辆15吨水罐泡沫消防车以及无人机、消防机器人等装备。

【科技保障】 2020年完成应急指挥平台多方视频监控信号接入和突发灾害预警信息发布系统（大喇叭）第二期工程建设。争取财政资金在白水带林区建立光谱热成像监控网。配置安全生产移动执法系统装备和执法车辆等其他装备。借助消防智慧平台线上指导单位2853家，在14家消防重点单位推广使用智慧消防设备，在各类场所共完成安装智能烟感探测器2500个。

【宣传保障】 开展“5·12”防灾减灾日、“安全生产月”“安全生产五邑行”“11·9”消防安全月、“ 2020年森林防火宣传月”和安全宣传“五进”等一系列活动，开展安康杯知识竞赛，举办各类宣传培训活动30多场，楼宇电视、网络媒体、公交广告等其他宣传活动4项，发放或张贴各类宣传资料4万多份。

【危险化学品管理】 完善危险化学品经营许可准入制度，全年办结危险化学品经营许可和备案申请77宗。开展“严责任、查隐患、保安全”危险化学品专项整治，出动314人次，检查重点危险化学品企业82家次，发现并整改隐患190项。突出“两重点一重大”、重大危险源企业，联合省、市专家组针对4家重大危险源企业开展专项检查。推进城镇人口密集区危险化学品企业搬迁改造，落实省巡视整改工作。

【道路交通安全检查】 三年行动开展以来，出动检查人员1195人次，检查运输企业545家次，发现存在安全隐患630项，召开安全生产教育及交通违法（动态监控）专项约谈会15次，约谈企业142家次。对企业主要负责人、安全管理人员及驾驶员履职安全教育培训，开展“零酒驾”创建和“一盔一带”宣传活动，完成辖区“两客一危”车辆和重型货车安装使用GPS动态监控系统等。

【建筑施工管控】 全区有深基坑5个，全区建筑起重机械设备保有量324台，其中塔式起重机械116台，施工电梯98台，物料提升机30台，吊篮80台。强化违规分包、转包、挂靠、无证施工等违法违规行为排查，督促指导施工单位加强自查自纠，严格风险点危险源建立台账和隐患跟踪整改。聘请广东煜祺检测股份有限公司，抽检江海区8台建筑起重机械，强化建筑重要设备安全管理。

【执法监管】 制定并实施《江海区进一步加强安全生产行政执法队伍体系建设工作方案》《江海区安全生产行政处罚案件审理工作规则（试行）》等，办结安全生产投诉举报、咨询事项42项，开展2次道路交通事故调查和6宗火灾事故调查。全区行政处罚安全生产违法违规行为企业或（个人）9宗、消防安全处罚10宗，处罚金额26.36万元，临时查封单位11宗，重大火灾隐患挂牌督办3宗，严格落实处罚公示、执法全程记录、案审等3项制度，没有安全生产行政处罚和消防行政处罚导致的行政复议和诉讼情况。开展节前安全检查、重要时间段督查、专项督导等30多次，完成对各部门和街道的2020年安全生产及消防工作考核，完成礼乐中福社区、文苑社区被列为市政府挂牌督办火灾隐患重点地区的整治验收。

【隐患排查整治】 从2月初汛前大排查到9月上中旬防汛、防风救灾大检查以及6月“龙舟水”和台风来临前，对全区53千米重点堤围、11座电排站、24座水闸、3宗在建水利工程、22处地质灾害点（已工程治理18处，1处为风险点）、2处易涝点全面开展安全检查。对2019年和2020年以来市、区三防指挥部组织检查中发现的问题清单和隐患开展“回头看”清理整治。

【“三防”培训及抢险救灾演练】 江海区的应急抢险队伍主要有区人武部应急民兵队伍、区消防救援大队和各街道应急队伍416人构成。5月15日，江海区组织区三防指挥部指挥长、副指挥长，三防成员单位主要负责人和重点村（居）责任人50人开展三防减灾培训班，提升江海区三防人员的业务技能。7月27日，在高新区龙溪湖公园组织开展由区武装部、区消防救援队等单位共计80人参加的水域洪涝灾害救援演练。加强应急救援队伍对防汛装备器材的熟悉和训练，提升江海区水域洪涝灾害应急救援能力以及综合性消防救援队伍和民兵应急分队的协同作战能力。

【防汛物资管理】 区级建有120平方米“三防”物资仓库一座，外海街道物资仓库250平方米，礼乐街道物资仓库250平方米，江南街道物资仓库70平方米，区人武部存有部分防汛物资。现有的4个物资仓库运行情况良好，并有专人进行管理和维护，储备的应急物资基本能够满足辖区应急抢险需要。

【“三防”信息化建设】 区金视通和应急值班两套系统接通到镇街的完成率达到100%，视频会商、卫星电话等应急通信手段均已保障到镇街。在台风“鹦鹉”“海高斯”期间，视频会商系统均能够可靠保障防御会商指挥工作开展。

【地质灾害治理】 2020年投入6万元委托广东省地质局第六地质2020队技术人员对江海区登记在册的地灾隐患点治理工程进行全面排查

巡查。投入800万元对2019年发现的滘北飞鼠山、滘头渔山和滘头樽山三处地质灾害隐患点进行工程治理，实现发现一处地质灾害隐患点即整治一处地质灾害隐患点。

【水利设施】 江新联围外海堤段正实施加固工程，江新联围仓库段塌陷六角块已更换，其他堤段六角块外坡正在更换中，增建内坡戗台、清兰段的抛石正施工中。该工程还进行内坡草皮更换，堤面沥青路面重铺。

【内涝治理】 通过排水系统改造，以及新建一座市政泵站，五邑路及南山路交界、南山路与清澜路交界两处易涝点内涝情况改善。涉及重要排涝防洪的黑臭水体综合治理工程、南冲电排站工程、龙泉滘电排站已陆续完工，礼东电排站、南口电排站、闪滘电排站建设也正加紧实施。

市场监督管理

【双随机、一公开监管】 制订《江门市江海区区直部门随机抽查事项清单》和《江门高新区（江海区）2020年跨部门“双随机、一公开”联合抽查工作计划》，全区各区直部门单部门依托“双随机、一公开”系统抽查检查对象726户，跨部门开展“双随机、一公开”联合抽查行动18次，12个负有市场监管职责的部门参加联合抽查。

【规范信用管理】 推进企业信息归集共享。整合监管部门数据资源，完善“全国一张网”建设，将全区企业年报公示和即时信息公示到国家企业信用信息公示系统（广东），让公众自主查询到企业登记信息、许可信息、行政处罚信息和年报信息。

【死亡企业清理】 执行《江门高新区（江海区）市场监管局清理长期停业未经营企业实施方案》工作部署，经区税务部门核查税证登记情况和人社部门核查社保缴交情况，将112家涉嫌“死亡”企业进行立案处理，期间有企业在收到区市场监管局信函后已完成自行注销手续，吊销企业108户。

【经营异常名录管理】 2020年，913户次企业被列入经营异常名录；126户次企业改正违法行为后申请移出异常名录；131户企业被列入严重违法失信企业名单；24户个体工商户标记经营异常状态；1644户个体工商户改正违法行为依申请取消经营异常状态。

【证照分离改革】 完善信息共享机制，实现“证”和“照”的分离，解决市场主体“办证难、手续繁”问题。根据全省统一的“企业经营范围表述用语、关键字”，将相关企业登记注册信息推送至相关行政审批、行业主管部门，保障“证照分离”改革试点的事中事后监管。扩大平台信息归集共享的范围，推进部门数据资源整合、共享。

【申请人承诺制改革】 对符合容缺标准的业务，按照“先承诺后受理、先补正后发照”的原则，由企业先承诺补正相关材料，由窗口人员受理审批，在发照环节收取齐全材料后再对企业发放执照，缩短企业办照时间。降低市场主体准入门槛，解决初创投资者发展的场所问题。“住所信息申报制”改革落实以来，江海区共有11693户商事主体通过住所申报制办理营业执照。为未开业企业和无债权债务企业提供简便的退出市场方式，解决企业“进易退难”问题。2020年，办理简易注销登记业务239宗，占注销业务总量的43.61%。

【全程网上服务】 落实商事登记智能化审批改革，全面推行“微信+智能化审批”服务，提高商事登记线上办理率。落实全程电子化“网上办”，推广“键对键”办理登记注册，引导群众通过广东政务服务网、全程电子化系统网上提交申请，数据材料网上流转，审批人员网上审核决定，结果邮寄送达。推广微信“智能办”，拓宽智能化办理范围，在设立、变更、注销登记等业务类型，PC端、手机App等办理渠道推广智能化审批服务，安排微信智能办导办专员，畅通微信办照咨询指引服务热线。推广银行“自助办”，将“商事登记+智能审批”延伸到银行STM智慧柜员机，加强与商业银行的配套合作。推进企业名称自主申报服务，利用智能申报系统，缓解企业“起名难”的问题。2020年以来，共7022户市场主体通过线上办理营业执照。

【个体工商户】 2020年，新登记开业的个体工商户10174户，资金数额48914.33万元，其中从事数量较多的行业为租赁和商务服务业6159户、批发和零售业2016户、住宿和餐饮业912户。2020年办理注销个体工商户2392户。截至2020年12月25日，江海区实有个体工商户29852户，资金数额合计100217.42万元。

【私营企业】 2020年，新登记设立的私营企业1463户，注册资本288822.68万元，其中从事数量较多的行业为制造业441户、批发和零售业394户、科学研究和技术服务业168户。2020年办理注销私营企业498户。截至2020年12月25日，江海区实有私营企业9427户，注册资本合计2181827.91万元。

【内资企业】 2020年，新登记设立内资（非私营）企业89家，注册资本81890.8万元，其中从事数量较多的行业为制造业20户、批发和零售业14户、租赁和商务服务业14户。2020年办理注销内资（非私营）企业61户。截至2020年12月25日，江海区实有内资（非私营）企业合计651户，注册资本合计833229.8万元。

【网络基础数据库】 截至2020年12月31日，全区登记库经营市场主体户数为48706户，主体库1509户，网站数2263户，72户网络市场主体申领88个红盾电子标识。

【智慧食药监平台】 上线“江门市场监管许可一网通平台”，足不出户为群众提供网上办理食品经营许可业务。实现全程电子化、不见面、零材料、零跑动。自上线以来，江海区市场监管局已受理食品经营许可证承诺制核发业务622件，一般制核发业务122件，承诺制变更业务24件，一般制变更业务16件，注销业务324件。

【电动自行车经营情况专项治理】 对全区电动自行车经营单位的实际经营情况进行摸查，经摸查实际有销售电动自行车的单位22家，有生产电动自行车的生产企业1家。掌握生产、销售的电动自行车品牌、执行标准，以及存在超经营范围经营等情况。重点检查电动自行车产品认证情况、锂电池等配件产品的一致性，检查经营户22家，涉及品牌20个，责令整改2家。督促还存有旧标准的经销商尽快联系厂家，责令其立即退货。

【环保检测机构资质检查】 全区环保检测机构进行检测机构资质认定监督检查。按照资质认定技术规范对该公司的实验室进行实地察看、查看现场资料。对检查中发现存在机构基本条件和技术能力不符合资质认定条件和要求等问题，责令限期整改。检查环保检测机构3家，其中责令整改2家，立案处罚1家。

【机动车检测机构资质检查】 通过双随机的方式，联合市局做好机动车安全性能检测机构资质认定监督检查。重点进行合法性审查，符合性审查，遵规性检查，检查检测机构的基本条件和技术能力是否能够持续保持，是否出具虚假检测结果。检查机动车检测机构10家，其中发现存在问题机构2家，责令整改2家。

【强制性产品认证专项检查】 辖区获得强制性产品认证（3C认证）的企业212家，2068张证书。以家用电器、灯具为重点，开展强制性产品认证监督专项检查，重点检查企业是否存在伪造、冒用3C认证标志、认证证书等行为，检查企业7家。对检查发现的问题督促企业进行整改，开展摩托车乘员头盔强制性产品认证专项检查，重点检查经营单位证照基本信息，进货检查验收制度执行情况，是否存在销售属3C认证目录内产品但未经认证产品，共抽查经营单位13家，暂未发现相关问题。开展电线电缆、儿童玩具、消防认证产品质量专项检查，重点认证产品是否有3C认证标志，3C证书是否真实有效。检查电线电缆企业3家、儿童玩具企业1家、消防认证产品单位6家。

【防疫用品认证专项整治行动】 联合市局认证科在辖区开展口罩、防护服等防疫用品领域认证活动专项整治行动。联合市局和区局质量股、药械股对辖区内医用/民用口罩、防护服等防疫用品生产企业进行一次全面摸排，掌握企业生产状况及相关产品注册登记和认证情况，重点了解涉及出口经营的企业情况及产品获得认证证书情况。涉及境外认证证书、注册信息的，了解掌握有关证书、发证机构、中介服务和费用负担等情况。摸排口罩、防护服等防疫用品生产企业14家。在摸排的口罩、防护服等防疫用品14家生产企业中，发现有8家口罩生产企业办理过无效的FDA（美国）、CE（欧盟）合格证书，涉及无效的FDA证书4张、CE证书共12张。发现上述无效证书后，按要求整理好案件资料和证据材料，上报给市局移送给中介机构属地管理部门立案处理，共移送资料8份。

【质量月活动】 联合市质强办举办2020年江门市质量月活动线上启动仪式。对全市生产经营单位提出《推进复工复产提高质量经济倡议书》，企业代表响应倡议，并在启动仪式上签订《江门市生产经营企业质量诚信承诺书》。各行业主管部门开展形式多样的专项检查行动，督促各行业加强质量管理，宣传相关法律法规，开展专项检查11个。

【单位食堂量化分级管理】 印发《关于开展2020年江海区春季学校食堂及校园周边食品安全专项检查工作的通知》《江海区复工开学单位食堂食品安全指引》《关于开展2020年江海区秋季学校食堂及校园周边食品安全专项检查工作的通知》，联合各市场监管所以全覆盖的巡查监管模式对学校、托管机构食堂及其周边食品经营户、企业职工食堂开展监督检查以及食品安全等级评定。对巡查中发现的各类食堂食品安全隐患和有关违法违规问题，有针对性地提出整改意见并跟踪落实整改效果，整治学校周边无证经营食品和销售“三无”食品违法行为。加强对2019年度部分B级学校食堂整改的督促落实，保持江海区学校食堂量化评级保持B级以上。

【质量建设】 2020年，江海区在全市质量工作考核中首次获评A级。严格质量执法，严厉整治生产、销售假冒伪劣产品行为。问题产品线索（含流通领域来源不明产品线索）核查处理率100%。新增国家标准3家、联盟标准1家、团体标准1家，复审测量管理体系认证1家，3C认证证书464张，农产品质量安全例行监测合格率达到99.7%。落实质量监督登记，工程质量监督覆盖率100%，工程一次验收合格率100%，落实水利工程质量终身责任制，开展保健食品、工业产品、特种设备、工程服务等多领域质量监管专项整治，重点开展厨房小家电行业质量提升行动，组织产品质量“问诊治病”活动及问题产品“清零行动”，促进多行业产品质量提升。多次组织辖区企业的质量负责人参加省、市、区级各项质量培训，邀请行业专家提供计量认证、质量提升等技术服务，指导企业申报各级“政府质量奖”。2020年8月，量子高科（中国）生物股份有限公司获“2020 年度江门市政府质量奖”。

【特种设备安全监管】 2月18日，江海区涉及防疫物资生产等领域的5家复工复产企业的特种设备进行现场监督检查，听取企业复工复产存在的困难。对检查中的问题要求企业限期整改。2020年6月，主题是“消除事故隐患，筑牢安全防线”。6月7日，在江海区恒大御景半岛开展以“安全文明乘梯之宣传活动日”为主题的电梯安全知识宣传活动，专家讲解电梯运行原理、播放安全乘梯视频、设有奖问答等形式，向社区居民多方位、立体化宣传电梯安全知识。接受现场咨询，派发特种设备相关法律法规、安全知识宣传手册。6月16日是“全国安全宣传咨询日”，在江海广场组织开展电梯应急救援演练。现场模拟如何处理电梯困人事故。6月29日，在江海区金溪社区文化公园举办“安全生产月”公益宣传活动，主题是“电梯安全进社区”和“燃气安全进社区”。现场播放电梯安全、燃气安全教育短片并发放特种设备宣传小册子，提供电梯、燃气使用安全知识咨询、开展有奖问答活动，普及电梯安全、液化石油气瓶安全知识。9月29日，开展国庆中秋节前市场监管领域安全防范大检查。先后前往大昌超市中环店、中环广场、南北药行、利记餐厅，通过看现场、查记录、问询负责人等方式，重点检查食品药品安全、工业产品质量安全、特种设备安全等情况，对发现的问题当场予以指出并要求整改。12月30日，开展岁末年初市场监管领域安全生产大检查，检查的重点为特种设备安全方面、重点工业产品质量安全方面和道路交通安全方面。检查中发现的问题要求企业立即整改，排除隐患。

【消费维权】 做好疫情防控期间投诉举报处理工作。对涉及疫情防控方面的投诉举报，“第一时间受理、第一时间转办、第一时间处理并反馈结果”，做到件件有反馈，事事有回音，全力消除辖区内因纠纷引发的疫情隐患。围绕“3·15”活动主题“凝聚你我力量”组织系列宣传活动。通过江门高新公众号和江门高新区江海区政务信息网，告知辖区经营单位和消费者“3·15”期间中消协和人民网等主媒体及新媒体的宣传活动，让广大经营者和消费者们获取消费领域新场景、新业态、新科技下的维权资讯。通过微信朋友和微信朋友群、朋友圈广泛推送“3·15消费者权益保护线上有奖问答活动”。多渠道转发中国消费者协会、省消委会公布的2019年典型消费维权案例及消费提示、消费警示，警醒广大消费者莫再“踩雷”。推进“广东省放心消费承诺单位”“广东省线下无理由退货承诺店”创建活动。共创建“广东省放心消费承诺单位”11家“广东省线下无理由退货承诺店”3家，并于2020年7月24日，在江门高新区知识产权运营公共服务中心举行授牌活动。2020年，江海区消委会受理投诉、举报、咨询事项3609宗（包括12345政府服务热线转办），其中投诉类事项1829宗，举报类事项1642宗，咨询类事项138宗，处理率和办结率均达100%，为消费者挽回经济损失257.76万元。在江门市12345政府服务热线年度考核排名全区第一。

【查办各类违法行为】 2020年立案查处各类行政案件138宗，均已结案，结案率100%，罚没金额100.47万元。查办案件数比2019年同期案件数增长102.94%，罚没金额总数同比增长48.62%。其中食品案件78宗，同比增长151.61%，食品类案件数对人口比值排名居江门市四市三区第二。案件类型涵盖食品、药品、医疗器械、化妆品、工业产品质量、商标、广告、逾期年报、无证无照、哄抬价格、特种设备等。其中查处江门市江海区外海街道某药店哄抬物价并销售过期失效的口罩的违法行为，该案也是江门市首宗口罩哄抬价格的案件，入选广东省防疫口罩哄抬价格十大案件，查处在礼乐某中学学校食堂存放过期食品原料的案件，严厉整治学校不严格履行食品安全责任的违法行为。开展整治食品非法添加的专项行动，立案查处超范围超限量使用食品添加剂生产加工食品案件6起，强化对腊味企业肉制品过氧化值超标的查处力度，倒逼腊味生产企业修改企业标准。查处4家肉制品超企业标准掺杂的违法行为。加大商标执法力度，护航5家企业开展品牌打假维护正义，包括查处辖区内某超市销售假冒商标侵权维达纸巾违法行为，查获商标侵权的卫生纸249提，受到维达纸业（中国）有限公司的高度赞许，并向区市场监督管理局赠送“品牌卫士维权先锋” 的锦旗。严厉整治假冒伪劣产品违法行为，先后查处28起质量不合格的工业产品案及1起假冒口罩包装袋的案件。

【两法衔接专项行动】 加强与区人民检察院、区公安分局开展联合执法行动，整治食品安全违法犯罪行为，全年移送涉及刑事案件10宗，总涉案货值40余万元。其中凉茶添加药品系列案纳入江海区“治理行业乱象”的典型案例，被南方电视台、《南方都市报》《江门日报》等媒体进行报道。依法对涉及的7家凉茶店实施吊销食品经营许可证的决定。加大警示震慑效应，在全市范围内首次对相关经营者实施“资格罚”的决定，限制8人终身不得从事食品生产经营管理工作，也不得担任食品生产经营企业食品安全管理人员；限制5人自处罚决定作出之日起五年内不得申请食品生产经营许可，或者从事食品生产经营管理工作、担任食品生产经营企业食品安全管理人员。该案作为省局重大食品安全违法案件挂牌的5宗督办案件之一。

【日常市场监管】 每个农贸市场成立创文“网格七人组”，由街道办事处、区市场监管局、属地派出所（交警）、区创文办、区城管执法局、区经促局和市场管理方组成，每天对农贸市场及周边环境开展督查，发现问题及时整改。2020年以来，出动执法人员925人次，检查农贸市场258家次，检查食品经营单位900多家次，在日常监管中，对市、区督查发现的问题要求市场开办（管理）者和经营者迅速做好整改，2020年处理《创文督查通知书》35份。

【药品安全监管】 2020年实现对全区140家药品零售企业检查覆盖率100%，对81家医院、诊所检查覆盖率100%。全年检查药店274家次，医疗机构93家次，发出监督意见书367份，对5家药品零售企业不凭处方销售处方药的违法违规经营行为立案处罚。推进广东省药品零售企业分级分类管理，完善药品零售市场退出机制，全年有20家药店退出药品零售行业，新开办药店24家，查实2家药品零售企业存在执业药师“挂证”行为，依法责令限期改正，给予警告的行政处罚，并通报给江海区社保局，取消其医保定点资格。对疫苗流通使用环节开展专项监督检查，共出动执法人员36人次，出动执法车辆11车次，对辖区内5家疫苗接种单位进行全覆盖检查。2020年江海区未发生疫苗质量安全事故。

【医疗器械安全监管】 2020年检查医疗器械零售企业165家次，医疗器械使用单位96家次，医疗器械批发企业35家次，医疗器械生产企业23家次，实现从生产、流通到使用的全链条监管。全年完成药品抽检44批次，医疗器械抽检12批次，检验结果全部合格。相关抽检工作全部应用广东省药监局“智慧食药监系统”进行在线录入、后续跟踪，实现全过程信息化管理。

【保健食品行业清理整治】 截至2020年12月31日，江海区现有特殊食品经营单位265家，其中保健食品经营单位224家，婴幼儿配方乳粉经营单位43家，经营范围含特医食品的持证单位24家。全年监督检查特殊经营单位265家，开展整治以不正当手段营销“电椅”“蜂胶”老年人保健品侵害老年人权益、蛋白固体饮料冒充特殊医学用途婴儿配方食品专项整治、保健食品行业专项清理整治、贯彻落实《保健食品标注警示用语指南》和特殊食品科普宣传等5个专项行动。完成特殊食品监督抽检26批次，其中保健食品监督抽检6批次，婴幼儿配方乳粉监督抽检10批次、特殊医学用途配方食品5批次，特殊膳食食品5批次。举办保健食品进商超宣传活动107次，保健食品进社区活动22次，保健食品进乡村31次，保健食品进网络（微信群）168次，保健食品进学校2次，派发保健食品科普宣传手册2800多份，张贴保健食品宣传海报550多张，播放保健食品科普视频127次。

【特殊食品安全监管】 组织实施特殊食品年度监督检查，按照风险分级管理和日常监管全覆盖的原则，重点开展“双随机、一公开”、日常监督检查，检查特殊食品经营单位265家，完成全覆盖监督检查任务。开展保健食品虚假宣传问题排查整治，排查兼营保健食品药店78家、保健食品专卖店17家、直营店9家、体验店13家、咨询服务中心15家。开展保健食品行业清理整治专项联合执法行动，联合市场股、执法大队、知识产权股和各市场监管所对辖区母婴店、超市、商场开展母婴用品店专项监督执法检查，出动执法人员278人次，检查母婴店43家、超市36家、商场42家，现场检查31个品类的213种特殊食品。联合区卫生健康局在辖区医疗卫生机构开展特殊医学用途配方食品科普宣传，张贴配方食品宣传海报261张，组织178名医疗卫生机构从业者学习特殊医学用途配方食品相关知识。指导辖区内保健食品经营单位在经营场所、网络平台等显要位置标注“保健食品不是药物，不能代替药物治疗疾病”相关消费提示信息，辖区内保健食品经营单位落实消费提示100%。开展保健食品“五进”专项科普宣传活动，共举办保健食品进商超宣传活动107次，保健食品进社区活动22次，保健食品进乡村31次，保健食品进网络（微信群）168次，保健食品进学校2次，派发保健食品科普宣传手册2800多份，张贴保健食品宣传海报550多张，播放保健食品科普视频127次。开展特殊食品安全风险监测，完成特殊食品监督抽检26批次，其中保健食品监督抽检6批次，婴幼儿配方乳粉监督抽检10批次、特殊医学用途配方食品5批次，特殊膳食食品5批次。

【化妆品安全监管】 做好化妆品监管和执法工作，通过帮、传、带的方式，联合各监管所对各辖区化妆品经营单位开展日常监督检查。加强化妆品科普知识宣传。围绕化妆品科普宣传周活动，充分利用各种宣传手段，以户外宣传、边检查边宣传等方式，向广大消费者普及化妆品基础知识、教授鉴别化妆品的真伪方法以及投诉举报方式等，以“安全用妆，与您同行”为主题，先后通过多种形式开展化妆品科普宣传周活动。共计派发宣传小册子306本、张贴4款宣传海报92张。通过化妆品快筛快检、监督抽检等手段精准整治化妆品违法违规行为，全年共立案查处化妆品违法案件3宗。

【食品质量抽检和食用农产品快检】 2020年完成“每千人6批次”抽检任务944批次，完成率125.53%，超额完成率25.33%，任务完成率及每月完成进度连续9个月位居江门四市三区第一。不合格14批次，合格率为98.51%。农产品不合格发现率2.72%，靶心命中率高于全省的平均不合格率。实行每月抽检及公示制度，监督抽检结果公示11期，公示率100%。完成核查处置不合格食品74起（含异地转办），核查完成率100%。立案71起，不合格食品核查处置立案率95.94%。《科学研判严处重罚正本清源——关于对江门市丰正食品有限公司生产的即食海蜇铝含量超标核查处置的案例简介》被省市场监管局评为优秀案例，并选送到国家市场监管总局参与不合格食品核查优秀案例评选。将食用农产品快速检测工作列入2020年民生实事之一，制订《关于印发2020年江海区农贸市场开展食用农产品快速检测工作方案的通知》。2020年开展食用农产品快检22195批次，合格率为99.29%，比江海区民生实事全年计划21600批次任务超出2395批次，全年快检完成率达102.75%。不合格食用农产品全部下架并无害化处理，处理不合格食用农产品122.1公斤。

【食品安全监管】 在全市食品安全工作评议考核中江海区获评A级。全年查处食品类行政案件78宗，案件数量（按人口比例）居全市第一；罚没58.2万元，收缴假冒伪劣食品3.5吨。加强两法衔接，移送涉刑事食品安全案件10宗，移送案件数量全市第二，涉案货值40余万元。实施全市首次的“资格罚”决定，吊销营业执照6家，吊销食品经营许可证5家，对13名直接或相关负责人员实行禁止从事食品生产经营管理工作，切实落实“处罚到人”要求。成功创建省级“放心肉菜示范超市”1家、市级“四星级”农贸市场1家，全市首推活禽经营限制扩区工作，全年未发生重大及以上食品安全事故。2020年以来，出动执法人员725人次，检查农贸市场82家次，食用农产品经营户875家次，发出责令整改通知书1份，开展监督抽检食用农产品339批次，其中不合格水产品14批次，不合格产品核查处置率100%。开展“湿粉统一查”行动。8—10月，全国发生多起米酵菌酸食物中毒事件，为此每月第一个工作日对农贸市场内销售湿米粉类产品经营户开展风险隐患排查，结合“邑餐食安”App落实专项巡查任务，派发《关于湿米粉类产品生产经营风险告知书》，进一步提高经营者的食品安全风险意识与责任意识。开展重大节日节前检查。在区食安办的统一部署下，组织开展元旦和春节、清明节、“五一”、端午、国庆中秋前食品安全大检查，对辖区内大、中型餐饮业，大型企业集体食堂进行联合检查，提出整改意见并做好跟踪落实工作。

【餐饮环节管理制度落实】 督促各市场监管所在日常巡查、监督管理中针对餐饮环节使用的肉及肉制品、食用油、大米、糕点、蔬菜以及应节食品进行重点检查，督促餐饮服务企业在主要食品原材料的采购环节做好索证索票制度的落实，提高食品原料的追踪溯源性。通过学校、幼儿园、企业、养老机构、大型餐馆等食品安全微信群，加强对单位食堂和大型餐馆日常监管的指导，督促食品安全管理员切实落实各项管理制度。

【食品销售风险分级管理】 制订《2020—2021年江海区食品销售风险分级管理工作方案》，按照A、B、C、D四个等级对食品经营者进行风险等级分类。2020年，江海区食品销售者持证总数为3263个，已完成评定工作2954个，完成率90.55%，远超出2020年完成率70%的目标。其中772个经营情况为异常，A级数量为2081，B级数量为13，C级数量为50，D级数量为38。

【互联网+“明厨亮灶”建设】 全区获证餐饮服务单位量化评级率96%、明厨亮灶建设覆盖率90%；学校食堂、养老机构食堂全部接入“邑校食安”“邑餐食安”阳光餐饮网络平台。

【食品安全网络直播执法】 2020年5月和10月，开展查学校食堂、查夜间经营餐饮单位的“一监到底”食品安全网络直播执法行动。通过双随机、一公开抽查系统现场抽取或群众投票选出食品经营单位，记者全程跟踪直播执法过程的方式进行，探索“互联网+食品安全监管”的工作模式，实现执法检查透明化、普法工作日常化。全年开展“一监到底”网络直播查食品安全活动5期，吸引96万人次参与关注，接到的584起食品安全投诉举报100%按时处理回复。

【广东省食品安全示范城市创建工作】 对照文件要求，对标对表，区创城办根据评价细则制定分工表，督促各街道办事处、区直各部门整理佐证材料。做好迎检资料准备工作和有关餐饮服务单位督导工作，同时加大宣传力度，督促各有关部门对企业进行拉网式排查，对前期实地督导发现的问题逐项目、逐企业落实。制作创建工作宣传资料通过入户宣传发放到社区居民手中。在校园、社区、广场公园、主干道路、商场、超市、农贸市场等场所利用海报、横幅、户外广告牌、宣传栏、电子显示屏、楼宇电视等媒介经常性进行创城宣传，加大媒体报道力度和频率，提高当地群众食品安全总体满意度和对创建工作的知晓率。

国有资产管理

【惠民惠企减租政策】 为163家民营企业和个体户减免租金312万元。同时指导国企克服疫情和政策性减租影响，实现租金收入同比增长：2020年高新区国有企业和江海区国有企业实现租金收入同比增长20%；完成江海区国有资本经营预算收入300万元，同比增长50%。

【国企退休人员社会化】 推进社区、街道等退管负责机构的配合协同，解决国有企业退休人员移交过程中存在的问题。2020年全面完成江海区65名国有企业退休人员社会化工作。

【“僵尸企业”出清】 为国有企业改革重组、优化企业布局和资产结构夯实基础。注销江海区胜利南物业信息有限公司、江海区建设投资有限公司、江海区域锋资产管理有限公司3家“僵尸企业”。

【金融服务平台建设】 牵头筹集1亿元成立江门市唯一的一家政府性融资担保公司，引领区属国企首次进入金融业，解决小微企业和三农主体融资难、融资贵的问题。

【区属国有企业监督管理】 制订实施《江门高新区（江海区）区属企业监督管理暂行办法》及重大事项核准备案、投资管理、国有产权变动管理、资产评估管理、物业租赁管理、融资管理七个制度，落实企业自主经营权，依法依规实施监管。

【国资平台建设和业务发展】 江门市高新技术工业园有限公司作为江门市首家“评定分离”招投标改革试点单位完成“评定分离”招投标工作。江门市高新技术工业园物业管理有限公司出资成立江门市合美环境服务有限公司承接江海全域环卫一体化项目，成为江门市唯一一个全域环卫一体化覆盖区。江门市江海区都市农业生态有限公司推动江海区都市农业生态公园建设项目，以“市民休闲娱乐的好去处、乡村振兴的试验田、脱贫攻坚扶贫车间”为目标，建设湾区腹地的万公顷都市农业生态公园。

财　政

【公有资产管理】 组织全区在册登记的行政事业单位开展2019年度行政事业单位资产报表编报工作。全区在册登记的41个行政单位的账面资产总额为94762.19万元，负债总额11313.85万元，净资产总额83448.34万元；在册登记的107个事业单位的账面资产总额为50510.53万元，负债总额17763.65万元，净资产总额32746.88万元。

【盘活闲置国有资产】 执行资产处置的审核、管理工作。对凡申请报废的资产，进行现场核查，拍照取证，规范管理，防止国有资产的流失。2020年已完成209笔行事单位资产的处置审批。

【公共财政预算收支执行情况】 2020年全区一般公共预算收入完成152910万元，为年初预算数151715万元的100.79%，超收1195万元，增长5.32%，全市排名第一。全区一般公共预算支出完成214937万元，为调整预算数208778万元的102.95%，增长9.17%。2020年基金预算收入完成168862万元，为调整预算数167107万元的101.05%，下降13.68%；基金预算支出完成318067万元，为调整预算数327266万元的97.19%，增长29.16%。2020年国有资本经营预算收入完成300万元，为年初预算数的100%；国有资本经营预算支出完成288万元，为年初预算数的96%。2020年全区直达资金预算数合计11686.44万元，支出合计11686.44万元，进度为100%。其中直达资金7826.64万元，支出合计7826.64万元，进度为100%；参照直达资金3859.8万元，支出3859.8万元，进度为100%。

【民生保障和惠民政策】 促进教育优先发展和质量提升。投入3.89亿元保障教育刚性支出。临聘教师的人员经费提高到每人每年8万元，公办幼儿园和经认定的普惠性民办幼儿园公用经费保障由2019年每人每年300元提高到每人每年400元，高中由2019年每人每年500元提高到每人每年1000元。课后管理费全部由财政全额安排资金，不用家长交费。加大公共文化财政投入，推进人均公共文化财政支出补短板工作。2020年财政共投入文化资金6298.53万元，在图书馆免费开放、推进群众文化经费（含“2131”电影工程）、白水带体育公园维护、文化场地的建设、博物馆、图书馆经费、文物普查及文化遗产申报、青少年活动中心、全民健身、各类体育运动等项目上落实财政资金保障。补强公共医疗卫生。安排2648万元保障基本公共卫生服务和落实基层医疗卫生机构保障机制；拨付1423万元支持公立医疗综合改革和医联体建设。健全社会救助体系。提高六项（城乡低保、农村五保、医疗救助、基础养老金、残疾人保障、孤儿保障）底线民生待遇标准，加大困难群众生活价格临时补贴力度，全区享受价格临时补贴人数近1.4万人次。支持打好污染防治攻坚战。安排4251万元支持污染防治和生态环境相关项目建设。支持扫黑除恶专项斗争工作。安排扫黑除恶专项斗争经费2283万元。全面完成脱贫攻坚任务。2020年扶贫专项支出558万元，上缴市扶贫基金581万元。

【会计核算指导监督】 加强江海区财务核算信息集中监管系统的规范化管理，印发《江海区行政事业单位财务核算信息集中监管系统管理规范》，规范新财务监管系统的具体使用和监管，督促各行政事业单位及时、准确完成会计核算工作。为解决新《政府会计准则》实施情况及实施过程中的存在问题，采取书面调研与调研座谈会相结合的方式，对区直各预算单位开展调研，针对会计核算业务中存在的薄弱环节跟实际困难，提出有效解决问题的意见和建议。2019年部门决算工作和企业决算从2020年1月开始启动，到2020年4月历时4个多月完成，全区81个行政事业单位和7家企业参与会计报表决算编报工作。

【财政监督检查管理】 组织江海区3个街道办事处，40个一级预算单位开展“小金库”专项治理自查工作，结合区财政局的会计监督检查，选择江门市江海区经济促进局和江门市生态环境局江海分局开展重点检查。主要检查单位2019年以来是否存在私设“小金库”及2019年度的会计信息质量情况，并对“三公”经费、会议费、培训费、差旅费、节能环保支出等科目的预算收入及支出的真实性进行抽查。开展抗疫特别国债“双监控”工作，江海区2个抗疫特别国债项目纳入“双监控”系统管理，截至2020年11月，两个项目抗疫特别国债5100万元已全部按相关规定支付完毕，并组织对两个项目的线下核查工作，重点核查资金分配、拨付、使用环节及资金支出进度和资金绩效情况，加强财政资金监督和管理。

【会计代理记账资格管理】 截至2020年12月，江海区共有19家代理记账机构，其中2020年设立5家，终止代理记账业务1家。推进“证照分离”工作，减少申请材料，申请人可网上申请上传资料，经财政部门网上审核无误后只需提交1份纸质材料；缩短审批时限，由5个工作日压缩至1个工作日办结。2020年完成2019年代理记账年度备案15家，2019年本地区代理记账机构业务总收入约为529万元，其中代理记账收入约为519万元，客户数量461户。收到“12345”政府热线投诉1宗，举报一企业未具备代理记账许可为他人办理代理记账业务，区财政局经调查依法作出行政处罚决定。对区内6家代理记账机构的代理记账业务开展监督检查，未发现问题；对1 家代理记账机构的代理资格进行检查，未发现问题。

【“三保”支出保障】 2020年全区“三保”（保工资、保民生、保运转）共计支出95827万元，机关事业单位工作人员和离休人员工资、退休人员养老金以及直接发放到个人的民生款项均已按时足额发放，特别是义务教育教师工资及时足额保障到位。

【土地收储权限下放资金管理】 密切和区自然资源局、市财政局等部门衔接，留意江海区土地出让的动态，并根据区自然资源局提供的2020年区域土地出让计划，做好土地收入台账管理。2021年，江海区共出让土地15宗，1027.89公顷，成交价款25.42亿元。其中，商住用地5宗，387.37公顷，成交价款29.62亿元；工业用地10宗，337.37公顷，成交价款1.65亿元；公共设施用地2宗，44.85公顷，成交价款0.23亿元。

【预算绩效管理】 加快建立全方位、全过程、全覆盖的预算绩效管理体系，印发《江海区全面实施预算绩效管理的工作方案》。7月开展2019年区本级财政支出项目绩效自评工作，对2019年预算绩效管理的25个项目全部纳入绩效自评范围。9月，在开展自评基础上对21个项目实施复核，3个项目进行重点评价，1个项目因终止实施不予复核评级。21个自评复核项目涉及16个部门，涉及资金共12792.8万元，总计支出12167.59万元，支出率为95.11%，支出率总体正常，只有个别项目支出率偏低。3个重点项目2019年预算金额1187.8万元，当年实际支出数为600.68万元，支出率为50.57%。推进江海区部门整体支出绩效评价工作，区财政局选取区住建局和区残联两个部门作为试点单位开展。两个部门的财政资金使用总体使用情况良好，并且均能完成所设定的绩效目标。10月，组织实施2020年江海区本级财政支出项目中期跟踪绩效评价活动。共22个部门30个项目实施自评，涉及资金15413.91万元。委托第三方机构对其中22个项目进行书面评审，8个项目进行现场评审。经评审，优等级的有8项，占比26.7%；良等级的有11项，占比36.6%；中等级的有8项，占比26.7%；低等级的有3项，占比10%。大部分项目实施顺利，改进措施得当。区直一级预算单位的预算绩效管理情况纳入区直机关单位经济社会发展绩效考核范围。考核主要内容包括：绩效申报或自评材料报送是否及时；偏离绩效目标或预期无效的项目是否及时向区财政提出纠正或调整意见；对评价中发现的问题是否在规定时限内落实整改意见并反馈。

【财政体制改革】 为畅通新冠肺炎疫情应急保障资金筹集拨付渠道，及时调度拨付防控资金，先后出台《江门市江海区财政局启动突发公共事件财政应急预案应对新型冠状病毒疫情财政应急保障资金拨付流程的通知》《江海区新型冠状病毒感染的肺炎疫情防控财政应急预案（试行）》，保障防疫资金拨付到位。推进财政资金的统筹使用，对财政资金项目的整合，严格控制新增项目设立。整合归并散小项目，调整区级专项资金目录。对已到期的项目按规定退出项目库。

【投资建设项目管理】 2020年共完成预、结算项目送审金额91538万元，其中审定工程预算31773万元，核减率1.71%；审定工程结算55723万元，核减率5.9%。审定工程间接费用160项。

【乡村振兴资金投入】 2020年江海区从土地出让收入计提用于乡村振兴3.14亿元，占土地出让收入的9.85%，实现在土地出让总收入中拿出5%—10%比例的资金用于支持乡村振兴工作的要求。资金主要投入于农村人居环境整治、“四好”农村公路建设、农村重点易涝区整治工程、美丽乡村示范村建设等方面。

【疫情防控及复工复产资金保障】 制订《江海区新型冠状病毒感染的肺炎疫情防控财政应急预案（试行）》，落实疫情防控资金2102万元，专项用于疫情防控人员临时性工作补助、疫情防控物资和设备采购、核酸检测、公共卫生和重大疫情防控救治体系建设等方面。落实“暖企业、促投资”行动方案。累计拨付财政资金2.76亿元，其中兑现防疫应急保障物资生产补助资金7133万元，兑现扶持企业资金1.17亿元，兑现“稳外贸”资金2152万元，拨付举办消费节活动、发放电子消费券和购置汽车补贴等经费903万元。建立政府采购“绿色通道”。推进疫情防控采购便利化，采购负压救护车两台、热成像人体测温仪等一批应急救援设备和防疫物资。

【重点项目支出】 提升城市品质。筹措资金8.78亿元支持区内的城央绿廊项目、完善交通路网项目、人居环境改善项目和污水管网项目建设。支持科技创新。投入科技资金1.69亿元，用于培育高新技术企业、科技创新平台发展，实施创新驱动战略。实施“亿元保障计划”。拨付党建经费2274万元，保障基层党组织建设。促进人才建设。安排人才发展专项经费1667万元，加大人才引进培育和就业创业支持力度。打好污染防治攻坚战，安排4251万元支持污染防治和生态环境相关项目建设。

税　务

【税费收入】 2020年累计组织税费收入73.62亿元，增长3.14%；其中国内税收收入53.36亿元，增长5.97%；市县级收入18.93亿元，增长3.86%，区级收入13.25亿元，增长5.92%。各预算收入级次增速均位列全市第一。

【减税降费】 全区累计新增减税降费8.82亿元，其中2020年出台的支持疫情防控和经济社会发展税费优惠政策新增减税降费5.89亿元；2019年中出台政策在2020年翘尾新增减税降费2.93亿元。开展5场“网络视频”税源调查座谈会，向60家企业代表问计问需；全年为24户次纳税人办理延期申报，为23户次企业办理延期缴纳税款。

【优化服务】 拓展“非接触式”办税渠道，成功网上代开出全省首张存量房不动产交易增值税电子普通发票，在全市率先推行免费邮寄代开发票服务；实现全链条云端纳税服务，在第八届广东省“先锋杯”比赛中获“服务中心”类别优秀奖，是全省税务系统县区级单位中唯一的获奖项目。联合银行开展“云直播”活动，全年合作银行共为1139户企业完成信用贷款14.3亿元。纳税人满意度以综合成绩98.95分获得广东省区县级单位排名及排名进步幅度“双第一”。组织开展税企问计问需座谈会68场，下户走访重点行业企业5709户，收集纳税人问题建议161条，建立行业、企业微信群54个，发出纳税人满意度宣传短信14万条。

【依法治税】 推行执法三项制度（行政执法公示制度、行政执法全过程记录制度、重大执法决定法制审核制度），使执法记录覆盖执法行为的全过程，全年共计办理行政审批业务959笔，依法实施行政处罚252户次，减少78.33%。与区财政、住建、能源等部门协作，深化第三方数据共享，全年完成风险应对任务213户次，查补税款1.17亿元，全年调查核实区内涉嫌接受增值税普票企业42户，查补税款32万元。利用内控监督平台，加强对重点工作和风险高发领域的动态风险防控，编制21个执法风险内控指标，筛查疑点数据300多条，采取“数据筛选+人工核查+问题整改”的信息化督审方式，提高督审工作的精准度和效率，共对2人次进行执法过错责任追究。

【税费管理】 开展实名基础信息比对，完成12339个联系人电话信息、928条实名办税错误数据的核实更正。加强支持疫情防控各税费优惠政策落实后续管理；推进土地增值税清算审核，实现土地增值税入库4435万元；完成2019年度个人所得税综合所得汇算、企业所得税汇算清缴工作；对符合阶段性减免企业社保费政策企业实行“免填单、免申请”服务，减税降费占税收比例位居全市第二。

【税收宣传】 在第29个全国税收宣传月期间，围绕“减税费优服务助复产促发展”主题组织开展税收宣传活动。联合市税务局办公室、纳税服务中心创作战“疫”歌曲MV《启航》在江门税务公众号发布，被“学习强国”“江门高新”等平台刊发。在办税服务厅等候休息区建设“税务有声图书馆”并于4月23日第25个“世界读书日”上线启用，用手机扫描二维码即可在线免费“听书”。结合支持复工复产税费优惠政策、非接触式办税指引等，由税务干部手绘一套5张的战“疫”复产主题漫画明信片200套，通过“走访+邮寄”的方式送到辖区纳税人手中，既可扫码了解最新政策和办税指南，又具观赏收藏和回音互动功能。会同江海区工商业联合会，面向个体私营企业协会举办“云视频”税收共治宣讲和问计问需活动，宣讲会辐射会员企业2000户。联合中国建设银行高新科技支行、中国工商银行江海支行举办“便民办税送春风银税互动助复工”云直播活动，在线解读“银税互动”相关政策。

审 计

【审计成果】 2020年，完成审计项目11个，提交审计情况报告13篇，涉及问题金额76675万元，非金额计量问题38个，提出意见及建议34条。

【重大政策跟踪审计】 对全区乡村振兴和涉农资金开展专项审计，审查区直部门11个、街道3个，延伸审查10个村居，涉及资金49101.92万元。通过开展“粤菜师傅”工程建设的工作执行情况审计和以规范行业协会商会涉企收费管理的重大政策跟踪审计，重点检查区137名领取补贴和37名参加技能培训班人员资料、区行业协会商会。关注疫情防控期间区国有资产类经营用房租金减免工作执行情况，重点审查全区减免国有资产类经营用房租金，帮助中小企业降低经营成本。

【预算执行审计】 对2019年度区本级财政预算、决算草案和其他财政收支情况进行审计，并延伸审计区直部分预算执行单位。查出不规范资金76282.4万元，提出审计建议4条。对区教育局、区科学技术局2019年度预算执行和其他财政收支情况审计，查出不规范金额62.97万元，提出审计建议3条。开展2019年度江海区本级社会保险基金预算执行情况审计，查出区内有291家企业和10173个居民参保信息不规范。

【经济责任审计】 完成区教育局主要负责人经济责任审计项目和外海中学校长任期经济责任审计项目，查出不规范金额507.95万元，提出审计意见5条。

【专项审计】 开展疫情防控资金和捐赠款物使用情况专项审计，延伸审计11个单位企业，重点核查财政资金853.72万元、捐赠资金126.53万元、专项再贷款资金400万元。

城乡建设

基本建设

【城市品质提升】 全年城市品质提升工作项目77项，年度完成投资约65.75亿，投资完成率139.79%，年度开工项目72项，其中完工项目61项。区重点项目累计完成投资6.07亿元，累计投资完成率101.84%。2020年完成“三旧”改造面积1000公顷以上，提升老旧城区周边城市配套设施；统筹推进城央绿廊建设，年度计划投资达6.43亿元，年内完成下沙水上人家公园、城央绿廊江南路西段“四道贯通”，启动江门纸厂征地拆迁、下沙人行天桥建设；启动马鬃沙碧道建设（首期），总投资约8000万元，全长7千米，首期实施长度2千米，投资额为3000万元，年内完成首期建设。

【重点建设项目】 推进城市公园建设，先后建成开放儿童公园、下沙公园、富田口袋公园、永明口袋公园等；重点推进城市主次干道建设，优化城市交通出行条件，先后建成江南路西段、乐祥路东延线、乐祥路、威东路、东荣路等，推动一行路、南山路、会港大道、金星路、金瓯路西延线等；重点改造老旧小区，完成10个老旧小区改造任务，仁美老旧小区改造作为示范项目。

【平安工地建设】 加强全区建筑施工安全的管理力度，检查在建工地139项次，排查安全隐患832条，发出安全整改通知书139份，暂停施工25份，扣分通知书29份。开展建筑施工应急救援演练活动，全区开展建筑起重机械伤害、高空坠落救援、坍塌救援、消防和紧急医疗救援、汛期应急处置等演练活动共19场。

【建筑工程质量安全】 全年开展质量检查2次，检查在建工程48项，下发整改意见书30份。组织开展建材打假工作。全年抽检在建项目37个，抽检建筑材料74组，其中包括钢筋原材49组、铝合金型材11组、防水卷材11组、砌块1组、砂1组和套筒1组，合格73组，不合格防水卷材1组。开展质量月活动。9月25日，江门市江海区时代倾城（江门）举办2020年江海区第一届建筑工匠技能竞赛，主要实操项目为楼梯平台及步级木工安装、砌筑砌体等两项，此次竞赛活动有5支队伍参加。

【审批许可业务】 全年发放建筑施工许可证320项，报建合同总价78亿元，报建建筑面积310万平方米；核发车辆营运证498本、道路运输经营许可证76套、年审车辆营运证1390本、机动车维修备案86家、办理普货车辆网2019年审181宗；办理港口经营许可业务7宗，港口内进行危险货物的装卸、过驳作业审批499宗，受理路政许可审批9宗，受理超限运输车辆（尺寸重量全超）行驶公路审批51宗。

【建筑节能管理】 落实最新标准《工业建筑节能设计统一标准》，新建建筑全面执行建筑节能强制性标准。将建筑工程项目建筑节能审查作为施工图设计文件审查的重要内容，建筑节能审查通过率达100%。落实建筑节能信息公示，引入社会监督机制。全区新建建筑竣工验收阶段节能强制性标准执行率100%。

【老旧小区改造】 2020年投入财政资金6500万元，改造10个老旧小区，分别是江南街道仁美社区、富横社区、桥南社区、蓬苑社区、江翠社区、中沙社区，礼乐街道中福社区、文苑社区，外海街道墟镇社区、石鹤利社区，其中仁美社区作为江海区老旧小区改造试点，也是江门市老旧小区改造项目试点之一。2020年，完成“三旧”改造面积1000公顷以上，提升老旧城区周边城市配套设施，横坑村老旧小区改造成为“彩虹村”。通过资金补助的办法减轻居民经济负担，激励群众增设电梯的积极性。累计核发建设工程规划许可证5个，2020年发放既有住宅增设电梯财政补助20万元。

【四好农村路建设】 制订并推行江海区农村公路“路长制”，管养好江海区地方公路里程212.54千米。在全市公路项目首次取用设计总承包EPC招投标模式投入3500万元建设十个“四好农村路”项目5.87千米。连海路、礼东路、礼乐路等辖区主干道路完工，完成“四好农村路”年度建设任务。

【下沙水上人家片区建设】 推进城央绿廊的重要景观节点——下沙水上人家片区城市更新工作，新建别致美公园，下沙公园（一期）成为网红打卡点；打通“断头路”—江南路（胜利大桥—下沙人行天桥段），方便群众交通出行；改造仁美老旧小区，着力改善老城区居住环境；启动下沙人行天桥、下沙公园（二期）、江南路（新中大道—五邑路段）等项目，推动片区基础设施建设。

【宜居城乡及农村人居环境整治】 指导村居开展村庄清洁专项行动，支持美丽乡村建设示范村的农村基础设施建设，推荐外海直冲村和礼乐雄光村为2020年“江门市宜居村庄”试点村，发动村居两委基层力量积极性改善村容村貌，通过上级考评验收。统筹组织属地街道办落实农村危房排查、档案管理及解危措施，制订《江海区农村房屋安全隐患排查整治工作方案》，完善建档立卡贫困户“一户一册”住房情况台账，推动精准扶贫对象的危房修缮工作。通过组织各街道办事处对辖区内建档立卡贫困户的住房情况进行摸底排查，原有建档立卡贫困户138户已全部脱贫销户。

【公交线路设施优化】 2020年投入25万元，完成对江海区主干道17个公交站点的旧站牌（铁牌）进行改造。全区36个建制村已100%通公交。

【交通大会战】 配合市交通大会战，推进五邑路、南山路、会港大道征地拆迁工作，配合德昌电机项目开展东海路改线工程、配合优美科项目开展江睦路扩建工程；推进船厂一路、东海路扩宽、永康路南段、明泰三路、连海路扩建等项目，已完成江海一路、桥南大道、新中大道、江翠路和白水带大道等“白改黑”沥青改造项目；完成东海路、连海路、江门河南岸道路、船厂一路、礼乐路和高新区3号地规划二路全面完工等城市主次干道的新建、升级、改造，打通一批“断头路”，缓解部分路段的交通拥堵情况；完成江海一路人行道、江礼桥东侧匝道和外海大桥南北匝道工程建设；礼东路（胜利南路—礼乐大桥）和礼乐路（江礼桥—月塘里桥）已实现通车；推动南山路、一行路、会港大道、城央绿廊—江南路西段（胜利大桥至新中大道）等项目征地拆迁和工程建设工作。

【住房保障】 推进脱贫攻坚民生兜底保障工作。扩大住房保障范围，严格审核申请对象资格，做到应保尽保，2020年度受理166户新申请，审核392户年审，发放6.3万元租赁补贴，70户无房家庭受益。

【房地产市场监管】 全区有房地产开发企业64家。新增房地产企业5家。全年发出商品房预售许可79项，办理预售变更、延期、现售变更、现售备案等配套服务事项152宗。江海区累计新批预售项目79个，批准预售建筑面积86.99万平方米，预售套数9981套，其中批准预售住宅建筑面积73.28万平方米，预售住宅套数6926套；批准预售商业建筑面积13.71万平方米，预售商业套数3055套。全年完成房地产开发投资金额约91.24亿元，同比增长14.22%。销售方面，商品房网签销售面积78.13万平方米，同比增长44.13%，其中住宅网签销售面积60.07万平方米，同比增长45.72%；商品房网签销售套数9769套，同比增长33.31%，其中住宅网签销售套数5543套，同比增长42.97%；住宅网签销售均价每平方米10194.06元，同比下降1.57%。

【物业管理】 指导物业服务企业做好疫情防控工作，加强对小区人员（车辆）的出入管理，做好疫区人员信息登记录入工作，对隔离业主及时给予人文关怀。开展全区电气和电动自行车火灾综合治理行动、检查小区的消防设施设备情况及督促全面统一施划消防通道标志线，确保生命通道的安全畅通。推进小区垃圾分类工作，督促物业小区完成生活垃圾分类投放点的建设。

【城市扬尘防控管理】 开展建筑施工扬尘治理工作，要求建设、监理、施工要建立施工现场扬尘控制专项档案，落实“六个100%”（施工工地周边100%围挡、出入车辆100%冲洗、拆迁工地100%湿法作业、渣土车辆100%密闭运输、施工现场地面100%硬化、物料堆放100%覆盖）的要求，重点强化“场内降尘、围闭、施工出入口、主要场地道路、清运作业、作业区防尘、应急响应、视频监控”等施工现场扬尘治理工作。要求各工地严格按标准设置洗车槽，严禁车辆带泥上路。全年全区建筑工地安装扬尘监控系统50台，安装防扬尘设备65台。全区开展建筑工地施工扬尘专项治理检查四次，共检查工地项目71个，检查次数达420多次，累计出动720多人次，共发出扬尘整改通知书190多份，责令相关责任主体限时整改，移交行政处罚8起。

【地名管理】 年内优化江海区内一般的路、街、巷命名更名审批工作程序，大幅压缩审批程序和审批时间，提升行政办事效率。开展不规范地名摸排整治工作，整治“大、重、洋、怪”等不规范现象。

全年审批命名地名一览表

表8

序号	命名/更名/延伸范围/销名	标准地名	类别	位于街道	地理状况	批复时间
1	更名	半岛华庭二沙岛豪苑	住宅区名	江南	天骄半岛	2020年1月22日
2	延伸范围	云沁路（延伸范围）	道路街巷名	高新	江盛重工工业南侧	2020年2月12日
3	命名	七东路	道路街巷名	外海	七东村综合楼	2020年2月18日
4	命名	文澜花园	住宅区名	外海	光博汇旁	2020年3月24日

续表8

序号	命名/更名/延伸范围/销名	标准地名	类别	位于街道	地理状况	批复时间
5	命名	江海万达广场	建筑物名	高新	金瓯路与金星路交界东南侧	2020年4月1日
6	命名	创智路	道路街巷名	高新	高新创智城东侧区间支路	2020年3月25日
7	命名	礼乐南雄雅苑	住宅区名	礼乐	英南村	2020年5月13日
8	命名	上英街	道路街巷名	礼乐	东环大厦附近	2020年6月28日
9	命名	乐北街	道路街巷名	礼乐	新立钢管有限公司	2020年6月28日
10	命名	东英街	道路街巷名	礼乐	东环大厦附近	2020年6月28日
11	命名	豪江华庭	住宅区名	江南	江海区府西小区地段五	2020年7月10日
12	命名	东荣路	道路街巷名	礼乐	礼乐会港大道北侧	2020年7月16日
13	命名	宏都华庭	住宅区名	江南	嘉瀚花园	2020年8月17日
14	命名	江湾大都汇花园	住宅区名	江南	江海区滘头西路与麻园河交接西南侧	2020年9月21日
15	命名	君逸府	住宅区名	外海	高新区35号地新港路和萃贤路交界西北侧地块	2020年9月23日
16	命名	香缇湾花园	住宅区名	外海	临近龙溪新城	2020年10月23日
17	命名	华龙翠苑	住宅区名	外海	江海区南山路与龙湖路交界东南侧地块	2020年12月4日

城市管理

【黑臭水体综合治理】 麻园河、龙溪河、礼乐中心河黑臭水体治理全面完成，城市建成区黑臭水体消除比例达100%，治理成效在人民日报、新华网、学习强国等媒体宣传报道。2020年全区新建污水管网41.1千米，排查老旧管网154千米，修复老旧管网7.9千米。

【农村生活污水处理】 推进实施五邑路污水管网、高新区（江海区）污水管网建设一期以及新建道路污水管网等工程，完成新建污水管网82千米，打通断头管，填补污水管网空白区。开展老旧污水管网排查修复工作，完成对沿河铺设约60千米老旧管网摸排，完成老旧污水管网修复17.8千米。完成文昌沙污水质净化处理厂扩容每天2万吨，高新综合污水处理厂扩容每天3万吨，全区污水处理厂处理能力每天34万吨。全区三座污水处理厂出水水质均稳定达到广东省第二时段一级A标准。率先在全市完成雨污分流、污水管道收集或暗渠化。开展五邑路北片区截污及白水带清污分流工程、礼乐街道农村生活污水治理等专项工程，农村生活污水处理设施实现全覆盖。

【常态化抑尘作业】 截至12月，累计降尘里程约20000千米，水量消耗约13000吨，油耗约15000吨，应急响应246天，主要集中在东海路、金瓯路、江海路等施工场地密集的地段进行洒水降尘；常态化开展泥头车专项整治，开展泥头车专项执法20多次，罚款金额53万元。联合整治清理烧烤档和露天焚烧817宗，发出责改通知书30多份。

【主城区基础设施建设】 累计完成路改扩建、垃圾中转站建设、路灯改造等项目920个，安装路灯694盏，亮灯率达98%以上、新建公厕4座、升级改造公厕3座、清疏下水道6.2千米、硬化巷道6830平方米、铺设人行道1.44万平方米，道路改扩建8500平方米，增加停车位5162个。

【市政公用设施管理】 开展排水设施日常管理维护工作，提前对管道进行结构性、功能性检测，对问题管道及时修复。做好台风、暴雨等灾害天气值班值守工作，确保市政设施完好安全。截至2020年12月，累计新建、更换雨水管道90000米，加装雨水口630个，新开雨水井182座，保养维修排涝泵16次，累计疏通下水管道约540000米。2020年，全区经历“鹦鹉”“森拉克”“海高斯”“浪卡”4个台风，9场大雨以及4场暴雨，台风期间和暴雨期间共出动应急抢险20次，抢险队员224人次，应急抢险车辆54台次，抽水设备5台大功率潜污泵，大功率发电机组1台，安全护栏、警示标志300个；汛期期间，清疏下水道约54650米，维修损坏路灯656盏，完成各类路灯安全隐患整改1处，处理被撞路灯5起，更换破损灯具、灯罩546套，检修地下线60处。

【市容环境整治】 优化市容环境，对主次干道、背街小巷、住宅小区、城区出入口、农贸市场等重点部位，整治垃圾乱扔、广告乱贴、摊位乱摆、车辆乱停、乱搭、乱建等“六乱”突出问题10697宗，清理卫生死角2000多处，清理乱停放共享电动自行车17500余辆。全区城乡保洁覆盖面100%，保洁面积760.25万平方米，主次干道机械化清扫率100%；全年清扫、中转运输生活垃圾13万余吨，垃圾有效处理率和无害化处理率100%；全区农村生活垃圾分类量比例50%。3个街道现共有垃圾中转站43个（其中一级垃圾中转站41个、二级垃圾压缩站2个），日产日清生活垃圾367吨，全区生活垃圾（包括农村生活垃圾）以“户集、村收、镇（街）转运、市处理”的模式覆盖全区范围，每个自然村设有1个以上垃圾收集点，每500人配备1名保洁员，满足辖区现时城乡生活垃圾统收统运的需要。持续推进“三清三拆三整治”行动，完成“三线”整治2223宗，整治长度约881千米。更换店面招牌285余块，修补残墙断壁约860平方米，刷新沿街建筑立面墙体约40万平方米。

【环卫一体化项目】 10月15日，江门高新区（江海区）环卫一体化项目正式进场实施。项目涵盖综合清扫保洁、市政公共设施清洗、小广告清理、生活垃圾收集与运输、公共厕所及化粪池清掏、水域保洁、绿地（绿化带）保洁、市容整理、垃圾分类等11个项目50个子项工作，整合道路、水域、绿化、城市家具等“墙到墙”公共空间所有保洁内容。

【垃圾分类】 2020年以来累计入户宣传9万户，累计派发《生活垃圾分类指南》《致居民的一封信》等宣传资料约16万份。开展各类教育学习活动100余次。江门一中垃圾分类宣教中心建成并投入使用。全区131个居住小区建成投放点734个，基本实现城市社区全覆盖。明泰城、名门壹号等条件成熟社区已逐步开展垃圾分类投放与督导。区直机关事业单位、部分居住小区以及160余家餐饮企业已实现餐厨垃圾单独收运。工业园公司新购置各种分类运输车辆76台，满足分类运输要求，江南街道是全市首个实现居住小区（物管小区+非物管小区）全域覆盖垃圾分类投放点的镇街，江南街道滘北桥底中转站为全市首个垃圾分类中转集散点。天鹅湾小学垃圾分类原创科普剧获第五届广东省科普剧大赛一等奖。福建省政协、新会区、鹤山市城管局先后到江海区交流学习垃圾分类工作。

【主次干道综合整治】 清理五邑路、江海路、乐祥路、东海路等主次干道沿线杂物杂草5000多吨，“牛皮癣”广告1.96万宗，乱堆放杂物占地1.5万平方米。拆除乱搭乱建雨棚820个3万平方米、违规构筑物及广告牌486宗1.2万平方米。修复金瓯路沿线标志牌188个，对江海路、东宁路、连海南路等12条道路781杆路灯进行灯杆油漆翻新。修复路面及人行道1.2万平方米，路侧石2086米，线路改造2000米，修剪道路两侧绿化树1.64万米，清疏下水管道5.73万米。

【高铁沿线整治】 推动整治高铁沿线“脏乱差”，在全省率先完成《广东省高铁安全环境整治“回头看”问题清单》45项问题整改。完成10月市城管执法局交办的新增轻轨沿线环境整治任务56项，拆除沿线违法建设、废弃建筑96宗，清理沿线不规范广告标牌112处，清理沿线堆放的物料、渣土、垃圾561处。

【园林绿化管理】 建设完成连海路绿化提升工程、龙溪河西侧绿化综合整治工程、永康北路绿化升级改造工程、永明口袋公园、文昌苑口袋公园等16项整治工程，建设绿化改造面积5.6万平方米，美化主次干道绿化及重要节点绿地景。针对重点整治城市公园应急预案，制订《江门市江海区绿化管理所安全应急预案》；做好日常绿化安全检查工作。坚持“每月一检，每季度大检，节假日前必检”的检查制度，持续对辖区范围城市公共绿地进行全面排查，国庆期间，重点针对釜山公园假山、景墙、亭廊等进行检查，同时排查江南路、江海路、金瓯路、东海路、南山路主次干道、陈少白广场和釜山公园树木安全隐患，对发现安全隐患及时落实整改。2020年，开展安全生产知识宣传7次、消防演练3次。

【燃气安全管理】 不定期对燃气企业及供应站进行安全检查，先后对气库和供应站检查共106次；开展“双随机、一公开”检查4次；岁末年初、重大节（假）日、安全生产月、汛期前和防台风等开展专项检查，检查18家，发现隐患7处，责令整改7处，经督促燃气企业与商家联合整改全部到位；检查各燃气企业送气工对居民户上门安检服务回执落实情况。做好送气工培训，2020年江海辖区燃气企业共参加送气工培训121名，提高送气工安全知识和上门安检服务程序规定；重点针对居民用户（含出租屋用户），在外海和高新片完成客户终端培训3场，参加培训人员约310人。组织街道和燃气企业广泛宣传管道燃气及液化石油气安全使用常识，制作《高新（江海区）安全用气宣传手册》5万份。组织江门华润燃气公司联合各街道深入小区、石场开展管道燃气和瓶装液化石油气安全用气宣传。建立完善监管平台，规范气瓶可溯源管理，安燃气库已完成钢瓶安装二维码21832瓶，完成市城管执法局钢瓶安装二维码的61%；全年共接到“12345”热线平台投诉7宗，均妥善处理。

【城市管理综合执法】 2020年，先后组织8次联合执法行动，出动执法人员38人，出动车辆10台次，整治无危险品运输证流动经营1宗、违规私藏6宗，没收各类钢瓶240瓶，其中实瓶85瓶。

国土资源管理

【闲置土地盘活利用】 2020年江门市自然资源局下达江海区闲置土地处置任务54公顷，截至2020年12月底，江海区完成闲置土地处置（含疑似闲置土地）320公顷，完成率592.88%，超额完成工作任务，完成率在江门市四市三区中最高。

【国土空间规划编制】 推进国土空间规划编制基础底数研究，摸查江海区未来15年发展建设需求，做好开发保护管控底线，配合开展《江门市国土空间总体规划（2020—2035年）》编制。

【中心城区产城融合示范区建设】 江海区列入2020年产城融合示范区项目库有11项，包括：江海区都市农业生态公园及碧道建设项目、江海区村级工业园升级改造、品牌学校、三甲医院等，总投资超122亿元。其中2020年计划投资10.8亿元，已完成投资10.9亿元，投资完成率超100%。

【村级工业园升级改造】 江海区超过30公顷的成片村级工业园区63个，总面积超7000公顷，大部分土地开发强度低、产业层次不高、经济效益较低。实施“一园一策”的改造模式，其中，总投资7亿元的麻一村工业园，占地151公顷，于2020年8月动工建设，预计2021年建成。南山村、武东村和联星村工业园升级改造项目于2020年10月28日集中动工，占地433公顷，改造旧厂房面积约17万平方米，改造后总建筑面积约86万平方米，总投资超35亿元，改造后的租金收益从原1550万元增加至5700万元，是原来的3倍多。

【“三旧”改造】 江海区上报新增实施项目597.75公顷，完成率103.06%，完成改造任务555.29公顷，完成率146.13%。获得奖励指标118公顷（含“三旧”奖励指标58公顷、“工改工”奖励指标30公顷、制造业发展较好指标30公顷）。

【拆旧复垦指标管理】 参与广东省复垦指标网上交易平台竞买复垦指标。至年底，共落实归还指标623公顷，按时完成全年的归还任务。

【野生动物保护管理】 到涉嫌经营野生动物餐饮经营单位和17个农贸市场重点管控点进行巡查，对收购、加工、出售野生动物及其制品行为，责令立即关闭整顿，累计检查养殖场、酒楼、市场等243家次，出动执法检查人员938人次，出动执法车辆303台次。完成食用陆生野生动物许可清退工作，查处涉及野生动物行政案件2宗。开展整治非法交易野生动物联合执法行动，查处野生动物违法案件9宗，其中刑事案件6宗，行政处罚案件3宗。

【耕地保护】 重新制定并印发《江门市江海区街道耕地保护责任目标考核办法》。按照江海区基本农田省级每公顷15元和区级每公顷16元、基本农田以外的耕地每年每公顷12元的补助标准，落实专项补助资金77.5万元，并全部下拨至街道办，江海区在礼乐街道丰盛、威西、东红村开展的三个垦造水田项目，项目规模面积1025.13公顷，核定新增水田面积894.18公顷。三个垦造水田项目全部按要求完成年度种植水稻任务，并形成水田指标。区农业农村和水利局与区自然资源局联合制定并印发《江海区垦造水田项目后期管护工作方案》，确保垦造水田项目长期、有效、稳定发挥最大效益。2020年，江海区在江门市耕地保护责任考核中获三等奖。

【森林绿化保护】 完成2020年森林督查工作，实现政策性森林保险投保率100%。编制自然保护地整合优化预案。新建乡村绿化美化示范点6个，组织全区参加义务植树总人数到13万人，义务植树18万株，开展农田林网修复、火烧迹地复绿抚育工程约160公顷，义务植树尽责率100%。

【农村不动产确权登记】 江海区“房地一体”农村宅基地和集体建设用地确权工作全覆盖江南、外海和礼乐共3个街道59条村社，面积约15.3平方千米，宗地数量约4.3万宗。制订《江海区加快推进“房地一体”农村不动产确权登记工作实施方案》并成立工作领导小组。组织队伍推进内外业工作；年内，完成外业调查40922宗。

【农村占耕地建房调查】 成立江门市江海区农村乱占耕地建房问题整治工作领导小组，印发《江门市江海区农村占用耕地建房摸排工作方案》，开展摸排农村乱占耕地建房疑似问题图斑5380个，涉及面积2043.4公顷，其中：礼乐街道疑似问题图斑4859个（90.3%），涉及面积1474.9公顷；外海街道疑似问题图斑477个（8.9%），涉及面积438.0公顷；江南街道疑似问题图斑44个（0.8%），涉及面积130.5公顷。根据摸排结果，不属于农村占用耕地建房的图斑5096个，占全部图斑的94.7%；属于农村占用耕地建房的图斑284个，占全部图斑的5.3%。其中：产业类261个（91.9%）、单户住宅类16个（5.6%）、公共管理服务类7个（2.5%）。

【地质灾害点治理】 2020年初，江海区共有地质灾害隐患点共16处（无威胁100人以上的隐患点）。截至年底，江海区12个地质灾害治理工程（覆盖21个地质灾害隐患点）均已完成主体工程建设，地质灾害隐患点治理比例达95.5%。全年共投入地质灾害防治资金552万元，共消除隐患点6处，截至12月底，全区剩余在册地质灾害隐患点10处，分别为白水带公园环山路（麻一段）、白水带公园环山路（牛山段）、东南村江翠东路旁、东南村燃气厂、东南村梅园新村、麻二金紫小学前山、南山村南岗新村公园、滘头西京里渔山54号后山、樽山西南侧、富华里飞鼠山北侧，均已实施治理工作；非在册隐患点1处，为2020年发现的隐患点，位于江南文化广场南侧（东海路）边坡，经省地质六队勘探该处隐患情况较为稳定，可暂不采取措施治理。

【土地供应】2020年，江海区供应建设用地40宗，面积2006.34公顷。其中供应国有建设用地36宗，面积1943.08公顷；批准拨用集体建设用地4宗，面积63.26公顷。

【土地执法监察】2020年，通过卫片下发的图斑一共221个，涉及土地总面积4343.8公顷，同比增加46%；其中耕地面积336.3公顷，同比下降47%。经核查，违法图斑共33个，同比下降61%；涉及土地面积248.5公顷，同比下降21%；其中耕地面积35.7公顷，同比下降35%。完成复耕复绿面积22.6公顷（耕地7.2公顷）；完善用地面积33.2公顷（耕地21.7公顷）；查处没收建筑物占地面积174.8公顷（耕地2.6公顷），已收缴罚款金额118.75万元。

环境保护

【锅炉专项整治】 淘汰注销不符合特种设备管理要求生物质锅炉，2020年，全区7台生物质燃料锅炉淘汰或改燃清洁能源已全面完成。

【土壤详查】 配合市生态环境局开展重点行业企业用地和高新技术产业工业园土壤详查，截至2020年11月，已完成高新技术产业工业园的采样工作。此次土壤详查共进行20个点位的采样，其中11个点位采集土壤样品，另外9个点位同时采集地下水及土壤样品。

【建设用地风险管控】 推进疑似污染地块名单建立工作，将拟收回土地使用权、已收回土地使用权以及用途拟变更为居住用地和商业、学校、医疗、养老机构等公共设施用地的疑似污染地块，纳入疑似污染地块名单。截至2020年底，江海区共6个地块纳入污染地块土壤环境管理信息系统，其中，2个地块为疑似污染地块，在建设用地土壤污染状况调查名录中；4个地块经调查评估确定为非污染地块，移出调查名录。

【污染源清理整顿】 推动谦信化工完成就地改造，于2020年底推动建滔化工完成关闭退出。联合外海街道办、直冲村村委和仕春公司召开协调会，经协商仕春公司自行于2020年12月底彻底关停退出。

【固废污染防治】 对照《江海区“三个一”防范固体废物非法转移处置网格化责任表》，落实“属地管理、分级负责、全面覆盖、责任到人”网络化环境监管体系。2020年来，执法出动864人次（其中周末检查99人次、上半夜检查96人次、下半夜检查38人次）、检查企业355家、发现安全隐患57家、责令整改57次、行政处罚2家、处罚金额13万元。

【危废机动车专项整治】 通过省固废平台数据监管和召集约谈企业的方式，9月11—13日，对21家未完成2019年申报登记和2020年管理计划的维修店（车行）的问题整改。4月22日，组织辖区20家较大规模涉漆维修企业开展宣传环保知识培训，印发江海区“机动车维修备案管理函”“维修备案管理的指引”，发动辖区街道及村居，引导企业做好机动车维修报备、建立健全建设危废仓、台账等相关配套设施。截至2020年12月15日，辖区经营备案和原许可有效期业户114家（备案92家、许可有效期内22家），涉及危险废物经营项目企业80家（涉喷漆25家）。开展道路运输安全整治、安全生产整治和“双随机”汽修企业等专项行动，对辖区机动车维修行业固体废物排查清查。2020年以来，联合出动检查人员281人次，检查机动车维修企业120家次，发现问题经营单位57家（存在安全隐患162处），发现危废隐患问题企业34家。

【医疗废物专项治理】 6月22日、9月22日，组织辖区医疗机构两次开展“医疗机构感染防控暨医疗废物管理”培训会，印发《江门市江海区2020年医疗机构医疗废弃物与污水处置专项整治工作方案》，启用新版广东省固体废物环境监管信息平台系统，加强医疗废弃物的收集、暂存和处置等规范化管理水平。对全区医疗机构的医疗废弃物和污水的处置，开展拉网式巡查检查，全年出动执法人员55人次，完成98家医疗废物贮存仓库的检查核实、下达《卫生监督意见书》10份、对未及时收集运送医疗废物的4家医疗机构依法予以警告，并责令立即整改。

【整治环境违法犯罪】 围绕产废的重点行业、企业为突破点，全面检查企业产废种类、数量以及利用处置方式，建设项目污染防治措施“三同时”及竣工验收等环评落实情况，严防新建项目出现投产即违法事件发生。截至年底，13家新验收项目企业未发现违规违法问题。多次会同各街道、区公安分局、区人民法院和区人民检察院等相关部门，就研究畅通投诉举报渠道、持续推动部门间信息共享行动联通和案件两法衔接。2020年以来，处理区人民检察院环境检察建议书80多份、关取缔停散乱污企业47家、召开各类会议10余次。

【环评管理】 2020年，共办理建设项目环评审批145项（其中报告书项目1个，含专章报告表项目1个，普通报告表项目143个），总投资约50亿元，环保投资约1亿元。响应疫情防控机制，协助4家企业完成应急物资生产备案工作；推行“互联网+政务服务”模式，需开展技术评估的，鼓励采取现场照片、视频录像、视频直播等方式代替现场踏勘，采取视频会议、专家函审等方式代替集中会议审查。对于列入国家《环境影响评价审批正面清单》与《广东省豁免环境影响评价手续办理的建设项目名录》（2020年版）中豁免环评手续或者实施告知承诺制审批试点的行业，豁免一批建设项目环境影响评价审批手续，并以告知承诺制形式对12个项目环评作出审批决定。

【环境监测站建设】 11月23日，接受省市场监督管理部门、环境监测部门的检验检测机构资质认定评审，顺利完成盲样考核、现场评审相关工作，并取得检验检测机构资质认定证书。环境监测站已有26个涉及水和噪声的项目可出具具有法律效力的监测报告。

【入河排污口管理】 截至2020年12月31日，已按照整治要求对全区401个入河排污口开展立牌子、树杆子、监督性监测等入河排污口整治措施。落实工作经费，正在开展二级排查前期工作。

【农村生活污水治理】 截至2020年12月31

日，江海区259个自然村已全部完成生活污水处理设施覆盖，完成率100%，其中248个自然村纳入城镇污水处理厂，11个通过农村生活污水处理设施处理。全区已建农村生活污水处理设施5座，其中正常运行的5座，正常运行率为100%。

【污染天气应对】 2020年1月至12月31日，“市大气办”共启动13次不利气象条件大气污染防控应对，应对天数165天，其中Ⅳ级应对88天，Ⅲ级应对56天，Ⅱ级应对18天，Ⅰ级应对3天。

【环保宣传教育】 2020年，在《江门日报》高新新闻版块刊登环保相关新闻37篇，在江门电视台、江门电台播放环保相关新闻18次，在江门高新、江门生态环境等微信公众号发布环保信息64篇次。1月11日，在正南社区举办“聚力攻坚，守护蓝天”大气污染防治宣传进社区主题宣传活动，于6月6日与市生态环境局联合举办“携手治污攻坚，共建美丽江门”2020年“六五”世界环境日宣传活动，于6月12日协同礼乐街道办举办“我为城市添新绿”绿植送市民暨森林城市建设宣传活动，于8月25日在礼乐街道开展河长制知识宣传活动，于11月21日在江南文化广场举办“决战百日攻坚，守护美好蓝天”环保宣传活动。

【水污染专项执法】 执行环境影响评价和“三同时”制度（防治污染设施与主体工程同时设计、同时施工、同时投产使用）。对流域工业污染源重点企业现场检查，2020年，全区出动检查人员1100人次，排查各类企业550家次，对涉水环境违法企业立案查处6宗、责令改正6家，处罚款78万元。完成80家“散乱污”工业企业（场所）综合整治完成情况的复查督导，结合日常执法检查加强对各涉水企业检查，及时发现和制止环境违法行为。

【信访处理】 2020年，全区受理环境信访投诉事项2016宗，其中水污染投诉62宗，大气污染投诉1004宗，固体废物类投诉4宗，噪声类投诉866宗，电磁辐射投诉15宗，其他65宗。

供电管理

【供电指标情况】 截至2020年10月30日，供电量累计25.29亿千瓦时，同比增长7.15%；售电量累计25.01亿千瓦时，同比增长7.41%；最高供电负荷55.911万千瓦时（8月25日），同比增长14.12%。当年电费回收率为99.9798%。全口径中压线路故障率2.51次每年每百千米。客户问题解决率100%。配电自动化终端在线率99.4%。线损异常率6.43%，其中同期分线异常率3.43%，同期分台区异常率8.42%；10千伏及以下有损线损率1.51%。营业收入5.86亿元，预算完成率32.17%，同比下降4.98%；固定资产投资转资目标完成率12.95%；购地方电成本357.86万元，预算完成率62.01%；考核口径可控供电成本153.41万元，预算完成率10.58%。

【智能电网示范区建设】 优化重点项目供电方案，完成多个试点项目建设和投产，包括江门5个首批智能电网示范区项目（110千伏永康站新出10千伏永乐甲线工程、江海局礼乐6号网格网架完善工程、110千伏科苑站新出10千伏科智甲线工程、文昌站10千伏金三角东线新增新民村老人院低压台区工程、永康站10千伏永睦线、永利Ⅱ线、永沙甲线自动化工程），礼乐老人院宽带载波和5G通信技术应用示范台区，智能分布式馈线组2个，智能配电房5个，实现配网故障快速定位、快速隔离、供电迅速恢复，缩小停电范围，减少停电时间。利用智能配电房、智能分布式自愈技术，完善配电自动化终端数据接入可视化平台，加强常规管控，配合完成江门局首个移动5G智能电网业务场景验证。

【电费减负】 落实两部制电价政策，降低企业用电成本，开展行业类别核查和二部制追溯业务，2020年累计为1.4万户次节省电费5253.87万元，受理314户二部制追溯业务申请并节省基本电费873.47万元，做好相关证据留存工作，做到免费电清单核查办理100%全覆盖，累计为392户低保户减免3.1万元电费。

【线损登记】 线上线下相结合，后台实现数据实时监控，现场网格员及时到位排查取证，精准整治窃电行为。加强与当地公安部门协调合作，通过“警企联动”，做好证据留存，追缴窃电违约费用。2020年度查处窃电行为累计27单，追补电费和违约使用电费合计893.44万元；查处违约用电行为累计3单，追补电费和违约使用电费34.21万元。

【优化计量管理】 利用系统智运工单，实施2G转4G技术改造，加强13个统建小区地下配电房通信信号，实施闭环管理，及时维护终端数据，提高终端在线率，减少计量系统数据缺点。履行扶贫户电保姆职责，对143个扶贫户开展安全用电检查工作，持续进行电压远程监测工作，确保电压监测覆盖率达100%，实现每户每天24个整点电压数据远程读取，及时反馈低电压情况，确保扶贫户实时用上电。

文化

教 育

【学校建设和升级改造工程】 推进学校建设和升级改造工程，投入资金6亿元，高标准新建江门一中附属实验学校、景贤初中和江门一中附属小学等3所学校。年内招生入学可新增学位4600多个。完成学校升级改造15所，新建5所学校的综合楼、教学楼、宿舍楼，改造10所学校的厕所、外墙或塑胶运动场等。

【学前教育】 制订学前教育“5080”攻坚行动方案（公办幼儿园在园幼儿占比达50%、公办幼儿园和普惠性民办幼儿园在园幼儿占比达80%），推进学前教育建设工程，新建公办和公办性质幼儿园21所，认定普惠性幼儿园共16所。公办幼儿园在园幼儿人数占52.9%，公办和普惠性民办幼儿园在园幼儿人数占81.7%，如期完成广东省学前教育“5080”目标任务。

【中考高考】 创新制定高三“一班一表” 线上教学措施。组织中考师生参加“邑起共练”活动。邀请九个学科的中考研究和命题专家在线培训。开展网络培训、召开质量分析会，组织高中和初中物理、化学、生物实验操作考查工作，加大实验操作全过程管理的信息化、智能化水平，探索人脸识别等新技术工作。教研员到中学调研，指导中考高考备考工作，落实考试应急预案。全年高考本科上线399人，本科上线率38.84%，完成江门市下达的目标任务；中考上江门一中分数线学生141人，高分人数创历史新高。

【五全教育活动】 全力培养学生成为德、智、体、美、劳全面发展的社会主义建设者和接班人，年内师生参加各项竞赛，获奖国家级21人、省级113人、市级400人。新民小学评为全市小学唯一一所全国文明校园和广东省艺术特色学校，礼乐中学评为全国青少年校园篮球特色学校，滘头小学评为广东省中华文化传承学校，天鹅湾小学等3所评为江门市艺术教育特色学校，礼乐二中等3所学校评为江门市首批劳动教育示范学校。

【学校信息化建设】 建设校校通、班班通，实现全区中小学校100%教室有连接互联网的多媒体教学平台。投入区公办中小学校信息化建设资金1390万元，为新建学校添置办公设备、教学多媒体平台、创客实验室、智能图书馆、电脑实验室和云录播室等功能场室。组织教师参加信息化培训，信息技术应用公开课覆盖率100%，学科覆盖率100％，教师信息技术应用普及率100％。组织开展广东省教育技术中心2020年度教育信息化应用融合创新课题申报工作，3个项目获得省立项。

【民生服务工程】 全区学校厕所改造工程100%完成。投入资金50万元，完成第二批10所学校的灭蚊工程。组织各中小学开展垃圾分类活动。推选天鹅湾小学和天鹅湾幼儿园为广东省生活垃圾分类基地，其中天鹅湾小学为全区垃圾分类示范学校并获专项资金50万元。落实扶困助学政策，累计资助大中小学和幼儿园1566人，发放助学金107万多元。推进430课后服务，实施公办小学校内免费课后托管，为全市率先实现免费课后服务的县区。

【优化教师队伍】 引进双一流院校和高水平师范院校毕业优秀教师100人，其中研究生占比60%。推进名师培养“领雁工程”（培训骨干教师，带领更多教师提高素质），实现17个名师工作室全学科覆盖，开展名师讲堂、与省市级名师工作室联动教研、同课异构、送教下乡等各具特色的专项活动。组织教师参加各级论文、学科比赛，获市级以上奖励150多人。组织22名教师代表江海区参加江门市说播课比赛全部获奖，13人获一等奖，获一等奖比例全市最高，其中小学数学和小学信息技术代表江门市参加广东省比赛获得二等奖。

【中小幼学校情况】 全区有幼儿园49所，其中公办和普惠性幼儿园22所，在园幼儿9810人，公办幼儿园在园幼儿人数占52.9%，公办和普惠性民办幼儿园在园幼儿人数占81.7%，学前教育毛入学率107.7%。有全日制中小学校33所，其中公办学校27所（小学20所，初级中学5所，完全中学2所），九年一贯制民办学校6所。其中小学招生4774人，在校生26941人，毕业生3765人；初中招生3204人，在校生8711人，毕业生2602人；高中招生1103人，在校生3253人，毕业生1072人。小学学龄儿童入学率100%，初中适龄少年入学率100%，初中升学率100%，九年义务教育巩固率98%，高中升学率97.4%，高中阶段入学毛入学率104%。

【招生工作】 保障区域适龄儿童少年接受义务教育的权利，通过实地调研，制订招生工作方案，开展网上新生报名、现场核查、补报名、甄别资料和合理安排学位等一系列工作，确保符合条件的外来工子女入读公办学校。全区一年级招生4774人，其中外来工子女2830人（入读公办学校1761人、入读民办学校1069人）。开通插班生网上报名系统，引导符合条件的插班生家长进行网上转学申请，全年插班转入公办学校725人。

【名校带新校办学模式】 先后与五邑大学、景贤学校、江门市第一中学合作共建五邑大学附属第一中学、五邑大学附属第一小学、景贤初中、景贤小学、江门一中附属小学、江门一中附属实验学校等6所品牌学校，与江门幼师合作共建8个教育实践基地。

【学籍管理】 定期组织全区中小学校学籍管理员开展培训活动。督导各中小学开展学籍管理工作，包括新生入学之日起1个月内，学校为新生采集录入学籍信息，建立学籍档案，通过电子学籍系统申请学籍号等；学校收到学生需连续停课3个月以上的休学申请，在10个工作日内给予明确答复等。严格执行“籍随人走”、不得“同城借读”等规定，规范转学程序，杜绝“空挂学籍”等现象。全区问题学籍数量逐步减少。

【校外托管机构】 全区有校外培训机构159所，其中外海街道84所、礼乐街道26所、江南街道50所。复工的校外托管机构116所，申请上半年停业26所，结束营业17所。

科 技

【高新企业培育和认定】 针对2020年需重新认定的95家高企，组织培训并逐一对接。最终江海区共发动186家企业参加高企认定申报，申报数居全市首位。根据国家公示结果，2020年江海区高企认定申报通过备案150家，通过率超80%，通过量全市第一，高企存量达407家；科技型小微企业达1176家，在库科技型中小企业达313家；优巨新材料有限公司等9家高企被评为广东省成长千强企业。

【科技金融示范区建设】 2020年组织122家企业申报市级贷款贴息项目备案，申报数量创历年之最。组织67家企业申报区级贷款贴息项目。上市企业备选库中多家优质科技企业获得上市培育，新增全市首家创业板改革并试点注册制的企业。新增科技支行1家，现有7家科技支行。

【双创升级建设】 2020年印发《江门市江海区科学技术局关于印发〈江门高新区（江海区）打造科技资源支撑型特色载体推动中小企业创新创业升级专项资金使用管理办法〉的通知》，成功引入业界领先的浙江网驿产业园，将打造聚合生产制造、科技孵化、中试成果转化和生产配套功能的科技综合体。高新创智城、粤湾云谷等科技载体陆续投入使用，启迪之星海外（粤马）孵化平台获评全省仅两家的广东省国际化科技企业孵化器；申报的国家级“双创升级”项目2020年6月通过优秀等次的绩效评价。

【全省创新挑战赛】 江海区成功举办2020广东省挑战赛（江门赛区）现场赛，最终四组技术需求与解决方案达成意向合作并现场签约，达成意向合作总金额近300万元。其中3个团队获得省赛名次；14个团队获得区现场赛名次。

【科技项目申报】 发动组织企业申报省市级科技业务，其中省级项目方面：铁金刚机械被认定为2020年省工程技术研究中心；3家企业成功申报省级“大专项+任务清单”计划项目并获得资金补助。市级项目方面：组织2家企业申报市级科技特派员工作站，1家企业申报市级新型研发机构，均成功获得立项，包括2020年全市唯一新增的市级新型研发机构；组织3家企业申报市级科技创新券补助，1家企业申报市级技术交易补助，均获得立项补助；4个项目成功获得市级医疗卫生领域科技项目立项；同时积极发动企业申报市级工程技术研究中心，14家企业获得认定；在2020年市级科技奖评选中，江海区企业获得一项特等奖、一项一等奖及两项二等奖。

【科技载体建设】 2020年江海区新增1家省级工程技术研究中心与14家市级工程技术研究中心，有75家省级工程技术研究中心，255家市级工程技术研究中心。省级以上创新平台96家，省市级新型研发机构13家，产值5亿元以上工业企业研发机构100%全覆盖，规上工业企业设立研发机构比例64.03%。江海区现共有科技企业孵化器9家、众创空间10家，其中国家级3家，省级4家，建成孵化载体面积50万平方米以上，数量及质量高居全市第一；依托江海区高校广东南方职业学院重点建设的广东南方职业学院大学科技园成功通过省级认定，成为江门市首家获此殊荣的省级大学科技园。

【科技成果转化】 引导优质企业与高校、科研院所之间联合开展技术攻关，转化输出优质技术成果。南大机器人与南方职业学院开展技术合作，成为“江门高新区产学研成果转化实践基地”。2020年度江海区共登记技术交易合同18项。

文化艺术

【公共文化服务】 对标大湾区一流公共文化设施，完成两馆一中心（科技馆、图书馆、青少年活动中心）、时尚运动中心、博物馆等一批高品质的公共文体设施建设；广东省青少年乒乓球训练基地、江海区游泳馆挂牌，2020年人均体育场地面积2.85平方米，高于全市平均水平。举办各种节庆群众活动，策划、推出一批主题鲜明、独具特色、精彩纷呈的节庆活动，江门圩日、礼乐扒龙舟、龙狮文化节、金秋灯会节、葡萄音乐节、市民运动会和生态体育节等江海特色系列文化活动。打造一批原创文艺精品，舞蹈《腾龙》、情景表演《长堤晚风》等22件文艺精品，其中4件作品在2020年度江门市群众文艺作品评选中获奖。长廊生态园被评为国家3A级景区、礼乐街道英南村被评为广东省文化和旅游特色村；打造城央绿廊、江海云道、七彩南堡、彩虹村和都市农业生态公园等特色文旅融合景点；培育“彩虹村”江南街道滘北横坑村发展网红经济、民宿业等。

【公共文化场所建设】 10月6日以国家一级馆标准建设的江海区图书馆对外开放，并制订和实施《江海区图书馆总分馆制度实施方案》。推进江海区博物馆第一期修缮工作，《广东省文物保护单位陈少白故居及附属建筑修缮工程勘察设计方案》报广东省文物局备案并开展修缮工作。指导各街道文化站做好全省文化站评估定级迎评工作。及时划拨省、市级有关经费扶持各街道文化站、基层综合文化服务中心推进达标升级工作。落实全年农家书屋提升工程市级优秀农家书屋奖补、乡镇老放映员养老补贴金和中央、省级电影专资扶持受疫情影响影院下达经费。

【文化惠民】 举办2020年江海区青少年课本剧文化节，开展教师培训、线上指导，邀请省级戏剧专家到各参赛学校进行实地指导。举办江海区第九届文化艺术节，开展第四届陈少白文学艺术奖评选。依托“文体超市”平台，举办趣味运动会60场、广场大明星60场、图书馆“阅动人生”文艺沙龙80场，社区电影播放104场、农村电影播放357场，赠送图书2000本、价值50万元的文体器材一批。开展舞蹈、美术、曲艺、音乐、器乐管弦乐、陶艺、书法等培训8期，惠及市民3000人次。

【文化产业发展】 指导江门演艺中心申报2020年广东省文化繁荣发展专项资金，获批12万元专项扶持资金。申报江门演艺中心为广东省文化旅游融合产业园。结合江海区原创文艺精品《侨都记忆》，打造成集演艺、观光和游乐为一体的文旅融合目的地。加大线上线下融合，策划打造网红直播基地。协助江门演艺中心申报国家3A级旅游风景区，建设旅游集散中心，筹建网红产业园。

【文艺精品】 舞蹈《腾龙》、情景表演《长堤晚风》等22件文艺作品登载“学习强国”平台；组织文艺家创作抗疫主题文艺作品345件，其中12件作品14次登载“学习强国”平台。邱菁萍创作系列作品代表江门登载于《羊城晚报》“艺起战疫广东文艺界在行动”专版，《“艺”心战“疫”显真情》刊登在《同舟共济战疫情——广东政协委员抗击新冠肺炎疫情辑录（下）》。何峰原创歌曲《起大樑》《小康人家》《祝您吉祥》《春到山寨》入选“决战脱贫攻坚决战全面小康——广东音乐界唱响小康幸福歌”，在省级平台展播。4件作品在2020年度江门市群众文艺作品评选中获奖。《起大樑》《粤海听潮》在“2020江门市群众艺术花会（音乐舞蹈）”比赛中分获金、铜奖；《起大樑》获“老乡讲小康——2020年江门市百姓宣讲大赛总决赛”曲艺类二等奖；陈诗卉在“红色精神在传承——江门市红故事宣讲赛”决赛中获二等奖，在广东省第九届英语电影配音大赛江门赛区选拔赛复赛获三等奖。特色美食礼乐腊肠、非遗项目外海面和非遗舞蹈《思乡面》得到中央电视台《家乡至味》栏目专题采访和录制。

【非遗工作】 推动“外海生恭鲤鱼手工艺品”和“台山玉石雕刻技艺”申报列入江门市第八批非物质文化遗产代表性项目名录。非遗项目“礼乐传统木雕制作技艺”传承人梁群英入选为江门市第六批非物质文化遗产项目代表性传承人。

【旅游推广】 采取线上传播方式推广江海区旅游，在抖音平台上线10个旅游宣传视频播放200万次；鼓励辖区旅游企业在省内外推广江海区旅游产品，制订葡萄节旅游线路、儿童公园亲子旅游线路等多条旅游精品路线在省内旅行社发布。打造“釜山公园（城央绿廊）—白水带风景区—演艺中心—茶庵古寺（龙溪第一泉）—陈少白故居”历史文化游径，还将设置旅游标识牌、设置旅游集散中心等，积极宣传打造成一条有故事有景观的精品旅游线路。

【旅游设施建设】 新建重点文旅项目龙溪湖阅读中心，总面积4000平方米，藏书量5万册。建成全市十大精品工程之一江门儿童公园，占地162公顷，在年度江门市商业发展合作交流会，获评“最佳夜赏IP地”。完成“两馆一中心”建设，面积1.8万平方米，包括科技馆、图书馆和青少年活动中心。建成开放“彩虹云道”，全长1.6千米，整体贯通儿童公园A、B区，釜山公园、体育公园、白水带公园等四大区域。“彩虹村”江南街道滘北横坑村已经成为最热网红点。

【旅游活动】 与区总工会联合举办“线上线下结合，职工畅游江海”活动。线上旅游项目围绕全区重点工作和重点项目，介绍三区并进、三业融合发展构想和相关重点项目进展情况；线下旅游通过安排旅游路线参与实地活动。举办2020年乡村旅游文化节暨礼乐葡萄节，串联礼乐街道英南村、江南街道滘北横坑村等乡村旅游景点，实现部门联动、企业参与、果农受益。国庆、中秋节日期间，在江门演艺中心举办江门圩日大型活动，推出“赛”“购”“展”“演”“游”五大板块活动。

体　育

【体育设备设施建设】 建成白水带体育公园（2.5万平方米、18个篮球场、7个足球场、12个网球场和9千米步道），实施下沙公园、江南路沿江路胜利大桥至下沙人行天桥段工程，新建体育健身步道总长2千米，总长11千米。建成龙溪湖时尚运动中心1个，投资额3000万元，占地面积5.6万平方米；龙溪湖阅读中心1个，总面积4000平方米，藏书量5万册；骁龙·双鱼乒乓球运动体验中心，占地1500平方米，设有国际乒联认证世界巡回赛专业乒乓球桌26张并举办广东省乒乓球协会江门市骁龙青少年培训中心授牌仪式。与第三方共建江海区游泳馆。新建礼乐街道新华村600平方米文体小广场，至此，全区建成文体广场66个，新增及升级灯光围网篮球场6个。全年公共体育场所总面积784022平方米，人均体育场地面积2.85平方米。

【群众体育】 举办江海区龙狮文化节，邀请各地龙狮精英队伍进行表演和比赛，有关新闻登上央视新闻直播间。成立网球协会和武术协会，新增三级社会体育指导员200名。举办第二届市民运动会，新增11个竞技项目。首次举办江海区生态体育节，采用“体育+旅游”的新模式，引进水上摩托艇、水上飞人等特色体育项目。全年举办“体彩杯”趣味运动会、足球赛、电竞赛、武术大赛、跆拳道大赛、老年人门球、残疾人活动、2000人国民体质监测、广场大明星、功夫少年、轮滑、校园足球赛、篮球大赛、乒乓球赛和体育进校园免费培训等活动。

【参加体育赛事】 在2020年江门市青少年锦标赛足球、羽毛球比赛中，江海队伍获3个第一名。江海队伍参加“广东省第十六届运动会乒乓球江门地区选拔赛”，获男子团体第一名；参加“广东省第十六届运动会健身气功江门地区选拔赛”，获团体4个第一名，单项3个第一名；代表江门市参加广东省健身气功舞大赛，分别获得青少年组和成年组的团体第二名。

卫　生

【新冠肺炎疫情防控】 疫情发生以来，第一时间出台疫情防控工作方案，成立防控工作领导小组，召开防控工作会议，对全区疫情防控工作做出安排，部署全区医疗单位立即进入“战时状态”；组织制订疫情防控应急预案和各类指引，下拨首笔财政资金400万元，及时采购应对疫情所需的药品、防护用品，保障诊疗和检测设备正常运作，成立14个工作专班，主动对接各街道、各部门，深入企业、养老机构、商贸等重点场所指导防控工作，对疑似病例、中高风险地区来江人员排查管控上。成立集中隔离医学观察管理工作专班，在PCR实验室建设、发热门诊建设及隔离酒店改造等建设项目上，安排疫情防控资金900多万元，保障项目完成。区人民医院核酸检测最大检测能力1440份每天。充分发挥医联体优势，借助两家总院专业力量，在疑似病人、确诊病人转诊及发热门诊建设、PCR实验室建设及提升检测能力、院感防控等重点工作上，提供技术支撑。基层医疗机构100多名医护人员下沉到社区一线，参与“社区三人小组”及交通站点联合检疫队伍。精挑31位责任心强、业务水平硬的医疗骨干聘任为江海区31家中小学校兼职卫生健康副校长，每个中小学校再配备一名护士，指导学校规范各项防控制度。截至12月底，实现全区疫情未蔓延、患者零死亡、医务人员零感染，全区连续10个月无确诊病例；17家企业获得国务院疫情联防联控机制的充分肯定和省、市的表扬。区分管领导曾计开、外海街道卫计局局长梁瑞芳获得省抗疫先进个人表彰。

【医疗卫生行业综合监管】 制订《江门市江海区落实广东省改革完善医疗卫生行业综合监管制度实施方案》《江门市江海区医疗卫生行业乱象整治长效机制》，强化行业综合管理力度，保障人民群众就医安全。截至12月底，查处违法违规案件18宗，处罚36.156万元，其中医疗卫生违法违规案件10宗，罚没金额35.9660万元。

【医疗卫生体制改革】 出台《关于进一步推进江门高新区（江海区）紧密型医联体建设和发展实施方案的通知》，明确总院、分院、卫生服务中心功能定位，出台《江海区紧密型医联体总院专家下沉分院及基层医疗机构专项补助管理法》，对总院专家下沉基层医疗机构给予适当补助经费，推动优质医疗资源下沉。2020 年下达专家下沉工作专项经费50万元。

【三甲医院引进工作】 为解决江门市高水平医疗资源过度集中的问题，弥补江海区医疗资源不足、没有三级医院的困境，区委、区政府把三甲医院引进工作作为当前最大的民生工程，列入2020年高新区（江海区）经济社会发展重点项目。通过对接市直三甲医院，多次开展经验交流，做好各方信息互通。6月29日，《江门市人民政府办公室关于印发〈江门市提升公共卫生服务能力项目建设方案〉的通知》确定江门市中心医院新院区落户江海区。

【江海区疾病预防控制中心】 12月30日，江海区疾病预防控制中心揭牌成立。同时，外海、礼乐、江南3个街道社区卫生服务中心分别加挂街道疾病预防控制中心牌子。多次与市疾控中心进行工作对接，梳理39种传染病实验室检测工作情况，开展传染病监测、食品抽样监测、饮用水监测等业务。形成江海区39种传染病监测方案。还组建一支50人的流行病学调查队伍并进行培训。

【卫生健康宣传】 联合江门日报推出健康教育相关新闻或科普文章39篇，推出“健康素养大讲堂”直播5期，并在“江门直播”App和江门新闻网播放基本公卫项目公益广告片，每月置顶1次。与江门日报合作开展“提升健康素养，科学防控疫情”有奖问答，答题47万人次。学习强国等国家级媒体发表推广的稿件10篇，广东卫生健康等省级媒体发表推广的稿件1篇，《江门日报》、江门发布、健康江门、人才发布等市级媒体发表推广的稿件65篇，《南方都市报》、网易、凤凰网、新浪等媒体发表的稿件9篇。

【健康促进指标】 健康促进机关、健康促进学校、健康促进医院、健康社区、健康家庭、健康促进企业的比例均高于50%、50%、40%、20%、20%、20%。2020年江海区居民健康素养水平为27.1%，高于全省平均水平。成人吸烟率为21.4%，低于全省平均水平。空气质量、饮用水质量、食品安全、垃圾处理、污水处理等各项健康环境指标基本达标。其中辖区公厕的新建及改建均按国家城市公厕二类以上标准执行；人均公园绿地面积为20.3平方米；人均体育场地面积为2.75平方米，均远高于目标值水平。12月2日至3日，江海区参加2020年度健康促进县区建设省级技术评估，获得省、市专家的高度肯定。

【爱国卫生运动】 将爱卫行动常态化环境整治与新冠肺炎疫情防控相结合，重点落实农贸等各类交易市场环境整治；成功创建国家卫生镇（礼乐街道）1个、省卫生村8条、市卫生村11条，市卫生村覆盖率100%。

【妇幼保健】 印发《发江海区城乡妇女“两癌”免费检查项目实施方案（2020—2022年）》，指定区人民医院为项目管理机构和初筛机构，按时间推进项目开展。7月，邀请市级专家对村居妇女干部和医护人员进行技术培训班，加大两癌筛查的发动和宣传。截至12月30日，江海区共开展乳腺癌检查2209例，开展宫颈癌筛查2178例。为将江海区打造成为儿童友好城市，在各大公园建设儿童免疫公共服务中心，儿童在接受预防接种服务前后，可与家长一起使用城央绿廊沿途配套设施，同时避免接种人群与就诊人群的交叉感染风险，年底建成并投入使用。

【家庭医生签约服务】 区卫生健康局与江海区天健社会工作综合服务中心签订协议，引入社工团队，以“社工+家庭医生”的专业服务模式，协助患者及家属解决在患病过程面临的经济、情绪、家庭照顾等问题。出台《江海区家庭医生签约服务实施方案（2020—2021年）》，优化重组以从事家庭医生签约服务、全科医疗工作为主体的家庭医生团队，建立基层与上级医院上下联动的卫生健康服务机制。

【特色专科门诊】 2020上半年建成礼乐中心中医馆和江海区中西医结合医院的治未病中心，5月正式启动医院与中心联合建立的16个特色专科门诊，坚持中西医结合的方式，发挥中医简便验廉的优势，为基层群众解决看病难问题。两家医院出台重点专科建设实施方案，区人民医院重点发展康复医学科，区中西医结合医院重点发展消化内科。2020年，礼乐街道社区卫生服务中心中医科被评江门市基层特色专科。

【职业健康管理】 督促企业按《职业病防治法》《建设项目职业卫生三同时监督管理办法》的规定，落实新建、改建、扩建建设项目职业卫生“三同时”工作，完成用人单位“三同时”2个；医疗机构放射诊疗工作场所新、改、扩建建设项目职业病危害“三同时”6个。对接触职业病危害因素的员工进行在职、离岗的职业健康检查并建立个人职业健康档案。已申报单位123家。联合江门市职业病防治所开展江海区职业病危害现状调查工作，完成礼乐街道、外海街道片区总计770家企业的职业病危害现状调查。

【医疗卫生机构概况】 2020年，共有各级各类医疗机构100间，其中综合医院2家、中西医结合医院1家、社区卫生服务机构6家；门诊部12家，诊所、医务室等79家。各级、各类医疗卫生机构卫生技术人员1113人，其中执业（助理）医师409人，注册护士525人，药师84人，平均卫技人员数人每千人口4人（以2019年末常住人口27.82万人计算）。住院编制床位525张，实际开放床位541张，实际开放床位每千人口床位1.94张（以2019年末常住人口27.82万人计算）。

档案·地方志

【档案业务指导】 印发《关于做好2019年度文件材料收集整理归档工作的通知》《关于做好区办公室及属下单位文件材料收集归档工作的通知》，要求各部门单位按时按质完成年度归档工作。审核区纪委监委、区委宣传部、区民政局、区审计局、区国资局、区城管局、区政数局等单位的档案分类方案，印发《江门市江海区档案行政执法检查项目及标准》，对区卫健局、礼乐街道办事处、区委政法委、区残联开展档案行政执法检查，督促未被抽检到的单位自觉对照标准做好相关工作；协助市档案局、市司法局对区人社局、区农水局开展档案行政执法检查，及时向受检单位反馈存在问题并提出整改意见。实地指导区政数局、外海海关的档案室建设、文件收集归档工作。

【档案培训】 组织区内档案员参加市档案局举办的“江门市2020年档案管理工作专题培训班”。组织区相关单位的档案从业人员通过“珠海市档案教育培训网”参加档案业务网上培训，举办档案业务培训班两期，针对档案室建设及档案收集、整理、保管、移交等方面的基础业务知识进行培训，各街道、区直各单位档案管理员60人参加培训。组织相关单位的档案管理员集中收看“新修订档案法公益大讲堂”在线直播，参加培训100人次。

【档案收集整理利用】 2020年，区档案馆共接收文书档案1万件、土地确权档案16754件、会计档案1.5万卷、公证档案8000卷，目前馆藏档案总量13万卷、15万件。通过政务网站和微信群发布《江门市江海区档案馆关于面向社会公开征集抗击新冠肺炎疫情档案资料的启事》，征集社会各界在疫情防控中所形成的照片、录音、录像等资料，目前已征集到170余份资料。2020年，整理2017年、2018年文书档案12800件，数字化文书档案13.85万页，累计完成档案数字化440万页；整理照片档案500张。接待社会各界来馆来电档案利用者477人次，查阅档案916卷、416件，复印档案资料6610页。

【地方志年鉴年报】 3月，印发《关于报送2019年度江海年鉴稿和年报资料的通知》，组织承编单位编写《江海年鉴2020》及收集年报资料，年内完成年鉴印刷出版，实现一年一鉴、公开出版的要求。

【地情开发与利用】 按照《将获荣誉表彰现役、退役军人名录录入地方志制度》的要求，做好符合录入标准的名单收集工作，并提供名录人物的相关地方志资料。《爱国爱乡的民主革命先驱陈少白》《外海面》《礼乐腊味饭》文稿入选广东乡村集萃系列丛书。联合礼乐葡萄协会做好“礼乐葡萄”地理标志证明商标注册申请工作，提供相关历史文献佐证、文章、照片等资料。

社会事务

优抚救济和社会福利

【特困人员照料护理补贴】 2020年4月起全面落实特困人员护理补贴制度，明确特困供养人员委托照料人或照料机构，签订委托照料服务协议，落实照料服务责任，并每月准时足额发放照料护理补贴，确保特困人员“平日有人照应、生病有人看护”。截至2020年12月，已为全区77名特困供养人员签订护理补贴协议，累计发放特困人员护理补贴27.88万元。

【提高低保保障标准】 1月起，城乡低保标准提高到每人每月900元，城镇低保补差水平不低于每人每月675元，农村低保补差水平不低于每人每月540元。截至12月，全区有低保对象327户、472人，城镇低保补差水平990元，农村低保补差水平972元，均位列全市第一，累计发放低保金462.12万元。

【基层队伍建设】 年内划拨村务监督委员会岗位补贴资金，指导开展村务监督委员会成员考核评议，按时完成正常离任村干部信息收集工作，配合组织部门测算今明两年所需费用。9月印发《江海区落实疫情防控一线城乡社区工作者临时工作补助实施方案》，发放疫情防控一线城乡社区工作者临时工作补助154.37万元。

【特困供养标准】 2020年1月起，江海区特困供养金提高至每人每年17280元。截至12月，全区有特困供养对象77人（集中24人，分散43人），累计发放特困供养金121.48万元。

【残疾人补贴】 2020年1月起，困难残疾人生活补贴提高到每人每月175元，重度残疾人护理补贴提高到每人每月235元，并于2020年10月起将低收入家庭残疾人纳入困难残疾人生活补贴。截至12月，困难残疾人生活补贴人数为254人，累计发放补贴46.66万元，重度残疾人护理补贴人数为2015人（其中精神智力三、四级354人），累计发放补贴562.33万元，合计发放补贴资金608.99万元。

【殡葬管理】 制订《江海区关于加强2020年清明期间祭扫活动管理工作的实施方案》，倡导“云祭拜”以及错峰分散祭扫，推动殡葬改革新风尚。于各村居各社区和白水带风景区入口处悬挂宣传横幅，做好“文明祭扫、森林防火”的宣传。联合江海区住建和水务局，通过申请划拨专项资金给白水带风景区，用于组织相关人员进行日常巡查和风景区内的新建山坟的清理，及时制止风景区内的乱埋乱葬乱祭扫的行为，从根源上杜绝森林山火发生的可能。制定24小时值班制度，配备值班领导和值班人员，对白水带风景区等重点区域进行监控。

【社会组织培育发展】 2020年江海区社会组织有211家，其中社会团体127家，民办非企业单位84家，其中社区社会组织107家，区级社会组织104家。以政府购买服务方式，由江海区社会服务发展中心承接运营“社会组织孵化基地项目”，为辖区社会组织提供政策咨询、业务培训、入孵培育等服务。2020年累计孵化培育8家社会组织，举办社会组织活动20余场。通过开展礼乐街道“联创善治”公益微创投、外海墟镇“党建引领、文化传承”项目、“童庆六一·相伴成长”牵手关爱困境儿童志愿服务行动、“迎中秋·贺国庆”关爱困难家庭慰问活动和“共建一个家”贫困家庭旧房改造项目等民生服务微项目。

【社会组织日常管理】 2020年起开展社会组织第三方年报监测评价，与每年开展的登记、年检、抽查相结合。需参加2019年度工作报告的社会组织204家，已参加2019年度工作报告的社会组织164家，参加率为80%，并对2019年度社会组织年报情况进行通报。6月至9月，开展社会服务机构专项整治工作；12月，开展2020年江海区社会组织“双随机、一公开”抽查监督工作，通过到社会服务机构登记住所实地查看、座谈、查阅资料，及委托第三方会计师事务所抽检财务审计相结合的方式，对江海区成立的社会组织进行行政检查。纳入实地走访检查的社会组织合计22家，委托第三方会计师事务所抽检财务审计的社会组织合计9家，完成检查22家。落实专项经费，完成社会组织法定代表人离任审计和注销清算审计。2020年提供服务社会组织24家，支出经费57120元。2020年申请报备重大活动社会组织19家。

【行业协会商会与行政机关脱钩改革】 成立江海区行业协会商会与行政机关脱钩联合工作组，对全区行业协会商会脱钩改革进行摸查。有行业协会4家，均已完成脱钩工作。有商会3家，业务主管单位为江门市江海区工商联，该3家商会未纳入脱钩改革范围。

【规范行业协会商会涉企收费】 制订《江门市江海区江海区民政局行业协会商会乱收费行为举报投诉查处工作制度》《江门市江海区民政局行业协会商会乱收费行为举报投诉查处工作制度》规范江门市江海区行业协会商会涉企收费，依法处理涉企收费违法违规行为，维护行业协会商会和广大会员企业的合法权益，促进行业协会商会健康发展，结合工作实际。

【社会慈善】 协助举办2020年慈善公益活动启动仪式，区四套班子领导带头，14个企业单位和社会爱心人士在现场捐赠爱心支票，现场接收认捐善款达2011.1万元。现场还表彰21家2019年度捐赠10万元以上的企业。开展“共建一个家”贫困家庭旧房改造项目。由江海区民政局、江海区慈善会牵头发起，以“政府指导、慈善资助、机构统筹、社工推进、村居协助、志愿参与”的方式推进，整合五邑慈善会、澳门钜星国际慈善会、广州“築＋”公益计划等公益慈善资源，捐赠资助款物100万元，为江海区12户贫困家庭进行危房改造（或重建）。加强三级慈善体系建设，全区70%的村（社区）已建设慈善联谊会。

【婚姻登记服务】 全年业务办理登记数1687宗，其中结婚1054对，离婚436对，补领婚姻证书197宗，并已全部完成入册归档。

【养老服务】 对德寿颐养院，瑞健颐养院开展养老服务疫情防控管理，与市内医疗机构签订医养结合协议。依托江海区社会福利综合服务中心建成江门市首个区域性养老服务中心（瑞键颐养院）。年内新建养老助餐点，东村居家养老服务站是江门市第一个建成在农村地区的居家养老服务示范站点。年内落实养老机构运营补助14.76万元，发放新增床位补贴7.5万元。发动养老机构购买责任保险，实现辖区养老机构责任保险全覆盖。

【儿童福利服务】 年内搭建未成年人救助保护中心1个+区级儿童服务指导中心1个+村（居）儿童之家的儿童福利服务平台20个，新增的儿童之家10个已全面完成硬件设施建设并投入使用，全年累计举办儿童活动62场。制定儿童福利领域巡防制度和强制报告制度，儿童主任、专业社工在巡访中发现儿童监护、健康、生活、就学就医等存在问题，形成“预防—发现—报告—处置—关爱帮扶”的工作机制。

【流浪乞讨人员救助管理】 通过DNA比对、人像识别、今日头条等智能化寻亲手段完善滞留人员寻亲机制，提高寻亲的有效性。2020年，全区收治精神障碍流浪乞讨人员11人，确认身份并送返11人，现仍有滞留人员13人（其中长期滞留人员11人），累计支出救助金额62.89万元。

【临时救助】 对其他社会救助制度暂时无法覆盖的困难群众，通过临时救助做到有困必帮、有难必救。2020年临时救助17人次，累计发放4.64万元临时救助金。

【未成年人救助保护】 在全市率先探索研究制订《江海区未成年人救助保护中心困境儿童临时监护工作制度》《江门市江海区监护困境儿童安全保护工作指引》，明确规范困境儿童进出未成年人救助保护中心的办理程序。

劳动和社会保障

【劳动保障监察执法】 2020年期间，累计处理劳动监察举报投诉案件405宗，涉及人数745人，金额506.1万元，追回被拖欠工资457.3万元，劳动保障监察举报投诉案件结案率100%。开展清理整顿人力资源市场秩序、2020年度“双随机一公开”抽查、根治欠薪等专项执法行动4次，开展日常巡查360余次，累计发放教育宣传资料410余份。

【就业创业优惠政策】 2020年全年发放16家企业疫情防控期一次性吸纳就业补贴153.4万元；发放29家企业接受治疗或医学观察隔离职工工资待遇补贴12.63万元；发放98家企业一次性延迟复工补助46.5万元；发放96人职工自行返回交通补贴1.78万元；发放4家盲人按摩机构稳就业专项补贴2.8万元。对39家区内防控物资企业通过用工平台，筛查疫情防控期间新招用员工情况，根据排查结果通知符合条件防控物资企业申请一次吸纳就业补贴，协助和指导江门崇达电路技术有限公司成功申请520人吸纳就业补贴，使企业成功获得补贴52万元。全年认定就业困难人员5人，对象包括大龄就业困难人员、全征地农民及连续失业3个月以上人员。截至12月底，发放各项就业创业和疫情补贴共1145.8万元，惠及企业847家次，惠及个人1288人次。对返乡创业农民、高校毕业生以及小微企业等落实创业担保贷款政策，截至12月底，已发放创业担保贷款16笔，贷款金额1630万元。以购买服务方式，通过专业服务机构对就业困难人员、高校毕业生、退役军人、建档立卡贫困人员等重点帮扶群体，组织开展就业创业政策宣讲活动3次。

【就业创业服务】 开展港澳青年创新创业团队进驻征集工作，进驻项目共有47个（累计77个），其中港澳创业项目4个，人力资源项目15个。完成“双创园”二期工程建设，场地硬装设计、装修及设备采购等工程建设，开展第三方运营服务采购。

【人才服务】 12月18日，在江海万达广场成功举办“才汇江海，智创高新，携手未来”江海区人才发展促进会一周年总结大会暨会员（代表）大会。2020年组织举办五场中大型政策宣讲会5场，组织文体等各种形式的高层次人才交流活动12场。

【技能培训】 实施“彩虹计划”创业行动，对获得粤菜技能证书的创业者给予最高10万元的创业补贴，有8家餐饮店完成备案投入运营。启动“三社联动”（社会治理、社区服务、社工成长）家政示范社区建设，成立“三社联动”家政示范服务中心，开展家政需求调查，技能培训、就业推荐等系列公益性服务；8月，江海区侨乡烹饪职业培训学校成立；开展“南粤家政”“粤菜师傅”技能大赛，组织参赛者参加专业的赛前技能培训，301人报名参赛并参加专业的赛前培训，其中201人通过考试获得技能证书。鼓励企业推广线上适岗培训，提高在职人员对岗位的适应能力，375家企业33407名员工进行适岗培训，其中有234家企业申领补贴资金，794.079万元。开展以工代训“百日行动”，全年有139企业申领补贴1903.2万元，惠及职工9117人次。开展“农村电商”和“乡村工匠”工程，举办农村电商技能培训4期，参加各类返乡下乡创业人员246人，联合市职业训练中心在礼乐街道向东村开展“一镇街一产业一方案”花卉栽培技能人才培训班。2020年新增成立3家职业技能培训机构，全区有5家。企业开发的“LED芯片及外延片制造”“岭南盆景制作”两个职业技能培训课程标准已获批通过，并且有5家机构或企业提交申请备案成为课标培训机构。“江海区梁氏木雕工艺文化馆”获评江门市技能大师工作室。

【企业用工服务】 加强劳务对接工作与广西大新、山西、从江人社局签订就业协议，累计报送1325家企业岗位需求信息，提供招聘岗位约2.2万个。全年举办“南粤春暖”、扶贫专场、毕业生等公益性招聘会30场，发布招聘岗位约3.2万个，推荐就业6330次。1月赴广西崇左市大新县参加粤桂扶贫劳务协作现场招聘会，组织江门市企业6家参加，提供招聘岗位495个；9月，组织辖区重点企业3家赴黔东南州从江县参加东西部劳务协作暨高校毕业生专场招聘会，提供招聘岗位698个。开展“点对点”劳务对接，通过复工专列、省际包车等方式接送省外务工人员返岗444人。

【维权宣传】 加强普法宣传，区人社在局官方网站发布上级人社部门政策文件、通知公告等。利用各种招聘会、“12333全国统一咨询日”“江海区政策法规宣传活动”“全国宪法宣传日”等主题宣传活动，设立法律法规咨询台，发放宣传材料，讲解政策法规，面向广大群众宣传劳动保障法律法规，以5月1日实施的《保障农民工工资支付条例》为契机，引导劳动者理性维权。拓展维权渠道，通过电话、来访、“12345”市政府热线、微信小程序和省劳动保障监察信息系统等多种方式及时受理劳动者投诉举报。

【劳动争议处理】 制订并出台《关于加强做好劳动争议案件调解工作的通知》和《关于进一步规范基层劳动人事争议调解工作的通知》，理顺区仲裁委与基层调解组织的工作衔接，将劳动争议调解服务延伸至基层各类调解组织，依托人民调解、行业调解、工会调解、行政调解等多元化手段。2020年度，江海区劳动争议案件立案834宗，历年积案59宗，年度已结案888宗，结案率为99.44%，劳动争议案件调解率78.15%。全年未发生重大群体性劳动争议案件。

【以工代训百日行动】 2020年9月至12月，开展“百日行动、援企稳岗”为主题的以工代训百日行动，特别是小微企业和受疫情影响较大的外贸、住宿餐饮、文化旅游、交通运输、批发零售五个行业的大型企业。通过为企业送政策、送资金，提供精准有效服务，推动每个符合条件的企业享受相应职业培训补贴，支持企业稳定岗位，鼓励企业吸纳就业，保障劳动者基本生活。2020年江海区受理审核审批205企业，发放2919.7万元，惠及职工26037人次。

【和谐劳动关系构建】 建立政府、工会、企业协调劳动关系三方工作机制，出台《江海区协调劳动关系三方会议制度》，依法督促用人单位与劳动者签订劳动合同，全区在岗职工《劳动合同》签订率达98.8%。组织实施企业劳动保障守法诚信等级评价，被评为A级单位22家。

【扶贫工作】 截至2020年12月，建档立卡贫困户133户、446人，其中有劳动能力206人，201人通过企业吸纳、灵活就业和自主创业方式成功就业。开展2020年公益性岗位招录工作，向各街道、各单位、部门收集开展公益性岗位需求，共收集5个单位21个公益性岗位申请，成功录用5人，其中建档立卡3人，就业困难人员2人。累计建立8个就业扶贫点，帮助13名扶贫人员就业。

医疗保障

【基本医疗保险】 职工基本医疗保险，最低缴费基数为3505元，最高为12396元，单位缴费比例6%（含生育保险0.5%），个人缴费比例2%。城乡居民基本医疗保险个人缴费标准为336元，人均财政补助标准提高到550元，其中中央补助30%。最低生活保障对象等八类特殊人群由区医疗救助资金资助参保。2020年末参保239079人，其中职工基本医疗保险163832人，城乡居民基本医疗保险75247人。城乡居民基本医疗保险住院统筹报销起付标准为：一级及以下、二级、三级定点医疗机构和非定点医疗机构，起付标准分别是500元、600元、900元和1500元，报销比例分别为85%、80%、65%和40%，封顶线为30万元。自付费用在1万元以上纳入大病保险，封顶线为24万元。职工基本医疗保险在此基础上，自付费用在5000元以内报销50%、5000元至20万元报销85%、20万元以上报销90%，封顶线为10万元。

【基本医疗保险基金管理】 职工基本医疗保险基金收入46299万元，支出44145万元，当期结余2155万元，2019年结余30895万元，历年累计结余33050万元，可支付月数9个月。住院19547人次，住院率14.47%，平均住院费用14091元。城乡居民基本医疗保险基金收入6699万元，支出3899万元，当期结余2800万元，2019年结余461万元，历年累计结余3261万元，可支付月数10个月。住院8408人次，住院率13.66%，次均住院费用10914元。

【精准扶贫医疗保障】 全区建档立卡贫困人口445名，全年精准扶贫人员就医1348人次，产生医疗费用308.35万元，报销金额302.6万元，报销比例为98.14%。其中门诊就医人次为1170人次，门诊医疗总费用为117.49万元，报销金额为117.26万元，报销比例为99.8%；住院178人次，住院总金额为190.86万元，报销金额为185.34万元，报销比例为97.11%。

【医保宣传】 通过江门电视台《医保聊天室》、新媒体平台、举办微信有奖问答送话费、在主干道公共汽车候车亭设置整治欺诈骗保宣传专栏宣传标语、聘请第三方开展进村入户宣传等多种方式向群众宣传医保政策以及欺诈骗保行为。提供医保精准扶贫宣传材料，在“江门电视台”以及“广东公共频道”播出，开展医保政策集中宣传培训和送医保政策下乡活动3场。

【定点医药机构监管】 全区有定点医药机构127间，其中定点医疗机构24间，定点零售药店103间。开展医保基金监管专项治理，依靠虹邑第三方智能筛选系统，通过聘请专家对医保违法违规行为进行核查，全年处理存在违规行为的公立医院5家，扣减金额8.2万元；民营医疗机构2家，扣减金额0.83万元，并将其违规行为纳入年终分级管理考评，扣减相应分数。通过经办机构及第三方对定点零售药店的检查，对存在执业药师挂证行为的某药店暂停服务协议3个月，对不按要求配备药师在岗的某药店暂停服务协议1个月。

【公立医疗机构药品采购管理】 采取平时督促、通报和约谈医疗机构负责人的办法，督促公立医疗机构认真落实第一批、第二批和第三批国家组织药品集中采购和使用试点扩大区域范围中选品种约定采购量。区内公立定点医疗机构参加药品集中采购1063万元，占药品采购金额的31.91%，采购量稳步上升，其中第一批、第二批国家组织药品集中采购量已完成。

【医疗救助】 医疗救助5167人次，支出188.39万元。其中资助参保1613人，补助金额54.2万元；门诊医疗救助3179人次，救助金额41.16万元；住院医疗救助371人次，救助金额91.38万元；二次医疗救助4人次，救助金额1.65万元。

【疫情防控医疗保障】 落实疫情防控期间阶段性减征和缓缴基本医疗保险费政策，为中小企业复工复产减轻负担。2月至6月，职工医保单位缴费部分实行减半征收，累计为企业减负4794万元，受惠企业9300多家。支持医疗机构开展新冠肺炎患者的救治工作，落实辖区救治医院医疗费用预拨付。医保基金支付救治费用7.68万元。免费CT筛查11人，免费核酸检测34229人，其中市内参保22945人，医保基金支付183.47万元。

社会保险

【社会保险政策执行】 应对疫情影响，支持企业复工复产工作，落实失业保险费率阶段性调整、阶段性下调工伤保险缴费费率、阶段性减免企业社会保险费、延长缓缴社会保险费用等一系列援企政策，积极推动企业保险支持企业稳岗补贴、“受影响企业”返还失业保险费，扩大失业保险范围落实失业补助金、降低企业用工成本。建筑行业参加工伤保险、城乡居民参加养老保险实现全覆盖。稳步推进企业年金备案审核，落实征地农民养老保障和社会化退休管理。

【征地农民养老保障】 审核征地项目11宗，计提纳入养老保障范围的被征地农民1164人、计提被征地农民养老保障资金1592.352万元。协助区政府出台《关于印发江门市江海区全征地农民参加企业职工基本养老保险延缴补助资金拨付规程的通知》，发放延缴补助人次2879，发放延缴补助资金287.9万元。

【养老保险】 至12月底止，江海区参加企业职工养老保险12.48万人，基金收入97087万元，支出92573万元；江海区城乡居民参加社会养老保险4.2万人，基金收入4704万元，支出3369万元。江海区参加机关事业单位基本养老保险0.35万人，基金收入8681万元，支出8813万元。

【医疗保险】 至12月底止，江海区参加城镇职工基本医疗保险16.21万人，基金（含12月生育保险）收入46299万元，支出44145万元。其中享受城镇职工基本医疗保险住院待遇19170人次，发放待遇19534.32万元(含大病支出）。江海区参加城乡居民基本医疗保险7.52万人，基金收入6699万元，支出3899万元。其中享受城乡基本医疗保险住院待遇8300人次，发放待遇5097.48万元（含大病支出）。有效减轻群众医疗费用负担。江海区参保人享受异地就医结算待遇2658人次，发放待遇1897.92万元（含大病支出）。

【失业保险】 至12月底止，江海区参加失业保险11.21万人，基金收入1082万元，总支出5568万元。

【工伤保险】 至12月底止，江海区参加工伤保险11.78万人，基金收入2715元，支出3703万元。

民族宗教

【民族团结进步宣传月活动】 以“携手奔小康”为主题开展民族团结进步宣传月活动，在少数民族相对集中的村、社区，利用滚动屏幕、宣传橱窗、广告栏等，张贴、悬挂民族团结宣传标语、宣传海报。在城央绿廊外滩湿地公园设立摊位，通过微信公众号推送民族团结进步为主要内容的宣传教育，向居民宣传民族团结工作的重要性和必要性。

【民族团结进步创建活动】 以“共同团结奋斗，共同繁荣发展”为主题，推进民族团结进步创建活动“六进”（进社区、进机关、进学校、进企业、进农村、进家庭）工作。选取江海区实验小学、江南街道新中社区、江南街道北湾社区3家单位作为江海区2020年度民族团结进步创建活动单位，争创省级、市级民族团结进步示范单位。

【宗教事务管理】 组织宗教工作的党政领导干部及工作人员、各宗教活动场所负责人到台山市西严寺、基督教台城堂进行现场教学。定期召开宗教工作季度会议，研究推进宗教中国化工作实效。联合区委党校举办全区宗教工作队伍政策法规培训班暨新修订《广东省宗教事务条例》宣讲会。

【教堂寺庙情况】 区内有宗教活动场所6处。其中，基督教堂2处，佛教教堂4处。备案宗教教职人员24人。其中，广东省宗教教职人员22人，广东省以外省份宗教教职人员2人。

街道

外海街道

【简述】 外海街道位于江门市东部，是高新区、江海区发展重镇，连接珠三角核心区与江门主城区的重要节点，辖区面积47.1平方千米。外海街道地理位置优越，江中等多条高速贯穿全境，广珠城轨江门支线在外海街道设置江海站；外运码头、江门港设在外海街道西江河边。有户籍人口5.1万人，流动人口5.9万人，有华侨、旅港澳同胞4万余人，共有21个村、社区，包括麻一村、麻二村、麻三村、南山村、东南村、东升村、直冲村、东宁村、前进村、七东村、七西村、中东村12个行政村；金溪社区、石鹤利社区、四大社区、清兰社区、沙津横社区、墟镇社区、银泉社区、永康社区、彩虹社区9个社区。

【经济发展情况】 2020年，街道地区生产总值159亿元，年均增长6.8%，实现规模以上工业总产值82亿元，增长3%；固定资产投资82亿元，增长3.4%；社会消费品零售总额17亿元，下降7%；进出口总额132亿元，增长0.8%。全年区域地方库收入9.5亿元，村级“净收入”达2.6亿元，同比增长0.59%。全力盘活辖区闲置用地和厂房，村级闲置厂房已盘活面积合计52850平方米，总盘活率达到92%。其中直冲工业区南区二期项目面积为4万平方米的3栋厂房已全面完成招商工作，多家企业进驻；东南工业二区新建3.4万平方米厂房将为村集体带来近480万元的年租金收入，南山工业园区A区推进改造。落实21个村居的农村集体资产交易平台全覆盖，全年三资平台完成交易247宗，成交合同总金额80875万元，同比递增99.08%。

【重点项目建设】 总投资额15.48亿元的6项区级重点项目累计完成投资6.44亿元，完成年度投资计划的100%。其中外海七西股份合作经济联合社厂区建设项目、江门市现代照明有限公司厂房建设项目、沿江路绿化改造工程、江门市致通交运实业有限公司江门市致海厂区建设项目已完成全部工程建设进入投产阶段；推进连海路扩建工程及石咀河、中路河黑臭水体综合治理工程、规划七路道路工程、五邑路北片区截污及白水带清污分流工程项目等建设。

【教育】 投入3000万元，新建中路小学三幢教学楼和运动场，增购一批现代化的教学设备，投入专项资金对街道学校的教学信息化设备进行更新换代。2020年高考本科上线人数创历史新高；麻一小学开展蔡李佛拳的“以武树德”特色教育；银泉小学的“一校多品”打造特色；中路小学开展“四雅校园”特色办学、麻二小学开展国学传统办学、外海中心小学和江海区实验小学创新办学模式等。

【文化】 在春节前举办迎春文艺晚会、“贺岁杯”篮球赛和乒乓球赛。9月，举办“抗疫情、保发展，金融知识进万家”暨迎中秋·贺国庆主题晚会；10月，在外海五大祠广场举办“我们的中国梦——文化进万家，2020年外海街道国庆文艺专场”，开展舞蹈、武术、曲艺、龙狮等专场表演，在外海五大祠泉石陈公祠举办庆国庆诗书画展览。

【卫生】 在疫情初期，严防高风险地区疫情输入、聚集性疫情、境外疫情输入、社区疫情反弹，推行集中隔离、社区排查、流行病学调查，疫情防控转入常态化后，坚持“外防输入、内防反弹”，完善及时发现、快速处置、精准管控、有效救治的防控机制，加大辖区环境整治力度，引导群众理性科学防控，多渠道做好防护物资供应。街道防控举措和典型人物在人民日报网、江门高新新闻、《江门日报》等多个媒体得到宣传报道，外海街道被评为抗疫先进单位，4名被授予省、市级抗疫先进个人称号。

【社会民生福祉】 为低保户、残疾人、重大疾病人员、困难家庭、贫困学生、重点优抚对象等弱势群体落实以供养金、慰问金、残疾补贴、特困和临时救助、重大疾病救助金、保险补贴以及慈善救助金，共计发放700多万元，发放相关村务补贴及奖教学金150多万元，建立两级双拥工作站，为11名退役军人发放自主就业一次性安置补助经费共80多万元，举办专场招聘会，解决企业用工问题，新增城镇就业1580人，城镇失业人员再就业人数1150人，开展“一对一”就业帮扶78人，城镇登记失业率2.5%；协助发放灵活就业社会保险补贴44人次共32448元。做好技能提升培训补贴和高技能人才养老保险补贴工作；做好企业退休人员社会化管理和退休人员养老待遇资格认证工作，共为8728名企业退休人员办理退休人员年审手续，为辖区282名领取城乡居保待遇的参保人进行城乡养老资格认证。落实20926人参加城乡居民基本医疗保险，为18条村居全征地农民发放全征地农民延缴补助资金400多万元。完成全国第七次人口普查工作。

【城乡环境整治】 升级改造中心市场，划定市场口三角地带为摩托车车位，拆除文体中心围墙并划定小车车位和摩托车车位，补划街道辖区内所有停车泊位标线、车道线和方向箭头；拆除高速公路外海出口违建建筑及相关路段已过展示期限的大型户外立柱广告牌；推进生活垃圾分类工作，建造各类收集点共197个，投放分类垃圾桶500多个。推进农村人居环境整治，组织开展爱国卫生、环境整改、“三整治”等大行动；17个村（居）已基本完成雨污分流工作，推进金溪青年河截污管工程、龙溪河（中路河、石咀河）污水管网铺设、中路河一河两岸整治、五邑路北片区截污及白水带清污分流工程。环境整治及创文整改行动共清理清拆各类乱搭乱建达5000多处，粉刷旧楼道、旧墙面1000多平方米，拆除面积达3万平方米，清理清运各类垃圾草杂物2000余吨，整治荒地达3万平方米，修复坑洼路4000多平方米等，完成边线中线标线10000多米、网格线3000多米、斑马线75平方米、划定小车车位2000多个及摩托车车位900多个。

【城乡品质提升】 推进五邑路扩建工程、连海路（五邑路—金瓯路）扩建工程，开展连海北路地段规划路网（一、二、七路）建设工程；完成一行路、江睦路、高新区16号地、七东村自留地、中心医院新院地块、万泰项目收塘、收地工作；增加南山路通往麻园路的出入口；投入800多万元升级改造全长约1千米的沿江路绿化工程及面积约2.84万平方米湿地堤上公园；开展老旧社区改造、彩虹河河道整治工程、外海街道中心片区垃圾中转站、牛眠山风雨球场等土建工程。完成14家县级重点监管企业和10家新增重点监管企业“一企一策”综合整治及24家重点监管企业销号式综合整治工作；开展汽车维修行业挥发性有机物整治排查、“清废除患2020”、“散乱污”工业企业（场所）、“回头看”综合整治、企业固定污染源清理整顿、排污许可证核发和排污信息登记工作。

【河长制工作】 开展护河志愿者活动，加强河长制工作宣传。不定期巡查监督西江水道沿线非法采砂、非法排放。推进黑臭水体整治，开展龙溪河（中路河、石咀河）综合治理、截污管道工程，完成市、区河长制专项检查及“红黑榜”整改问题共66宗。开展河道保洁清洁大行动、“清四乱”、“五清”、整治涉渔“三无”船舶等专项行动，全年清漂共出动挖掘机17台班（次）、车辆运输60多车次、清运车200多车次、工人4000多人次，清理两岸垃圾17吨，清理河道、河面漂浮物面积9.2万平方千米、清理量600多吨，清拆违章建筑物20多处，清拆水泥桥梁1座，清理渔业生产的铁棚3个、铁架浮台1个、鱼排1个。

【乡村振兴】 外海街道按照“产业兴旺、生态宜居、乡风文明、治理有效、生活富裕”总要求，实施乡村振兴战略三年行动计划，实绩考核中，外海在江门市14个镇街中排第一名。完成村庄规划编制、审批、自来水供水管道进村入户、“四好农村路”建设、农村治理、4G网络、物流服务100%覆盖。升级改造旧工业园，实现土地二次开发和效益最大化。培育外海供销社助农服务中心成为连接农户和新型农业经营主体的重要经营服务节点，加强农民职业技能培训，拓宽就业渠道。完成清产核资，建立健全管理和公开制度。推进农村人居环境整治，实施“三清一改”村庄清洁行动，加快推进农村生活污水处理，17个村（居）已基本完成雨污分流工作，落实《江海区10条美丽乡村示范村建设方案》工作，做好辖区村道、公园、明渠改造等公共设施建设。

【脱贫攻坚】 做好产业扶贫、就业扶贫、资产收益扶贫、消费扶贫，解决“两不愁三保障”突出问题，如期完成脱贫攻坚任务，推进扶贫线与低保线“两线合一”，建立常态化的长效帮扶机制，依托社工中心建立残疾人、精准扶贫对象参与手工加工产业，并为对象提供上门送货、收货服务，增加对象收入。实施“家门口”就业扶贫计划，建设“扶贫车间”1个，共有45名扶贫对象实现稳定就业，5名扶贫对象实现灵活就业。通过就业跟踪帮扶，确保更多的贫困户能够在岗在职，达到以劳动增收脱贫，对有较为稳定工作和收入并能提供有效证明文件的贫困户兑现奖励，全年共有51名扶贫对象实现稳定就业，将“社工扶贫”融入脱贫攻坚工作中，为扶贫对象购买保险，做到应保尽保。

【农村社区治理】 农村社区治理三年行动计划第一批试点村（居）顺利通过中期验收，年内将东南村、前进村、七西村、石鹤利社区四个村居列为第二批农村社区治理重点建设村居，并按照三年行动计划的要求推进治理。

【社会综合治理】 全面排查化解矛盾纠纷，顺利完成2020年全国“两会”维稳安保工作。开展扫黑除恶专项斗争，结合疫情防控和复工复产，联合企业防止不法分子向企业非法谋取利益。以“禁毒办+派出所+社工”三方联动深入开展禁毒工作，提高社区戒毒（康复）成功率；持续做好严重精神障碍患者救助救治、反邪教警示教育、护路护线工作；做好“中心+网格化+信息化”建设，实行综治信息系统录入网格事件常态化管理，共录入网格事件12482件；依法调处矛盾纠纷，共受理12345政府服务热线2120宗，已办结2047宗，按时办结率为99.8%，信访件共受理50宗，已办结50宗，按时办结率100%。

【安全生产工作】 建成江门市首个模块化专

职消防站，开展消防安全及企业生产隐患排查整治工作；分别开展11场警示宣传会和7场消防知识宣传进村（居）活动；开展村民自建出租屋消防安全专项整治工作，全年整治记录在册的出租屋2660间，发出“消防整治达标出租屋”铭牌2479间，改建铺位和承诺不租数181间，已全部通过验收整改完毕；启用安全生产移动执法系统，规范行政执法，加强业务培训和应急队伍建设；切实做好三防工作，2020年全年出动12000多人次巡查、督查、复查生产经营单位585家次、三小场所2083间次、出租屋3456间次、公共场所40间次，山体地质灾害点8处，落实整改隐患2000多项。1名被授予广东省“疫情防控先锋”称号、3名被评为江门市疫情防控和复工复产工作标兵。

【村社区简介】 麻一村　位于外海街道西南部，背靠江门市白水带风景区，南接江门市高新技术开发区和江海区人民政府行政中心，面积27.07公顷，有自然村14条，常住人口13136人，其中户籍人口4502人，外来人口8634人。村内设有农贸市场1个、灯光运动场2个、露天剧场、文化活动室2个、学校1间、幼儿园1间、卫生所1间、公园5个。2020年，村级集体总收入2584万元，人均分红3063元。

麻二村　位于外海街道西北部。东接麻一村，西连麻三村，北靠白水带风景区，南与江门高新区接壤。村庄面积33.08公顷，山林39.3公顷。全村共有村民小组4个，户数897户，户籍人口2720人；流动人口5000多人。村内设有公共服务站、妇女学校、多功能会议室、警务室、文化书屋等。村内电网、水网、路网、通讯网、市场、灯光运动场、老人活动中心、学校、幼儿园、卫生站、公园等。五邑路、金瓯路贯穿全村，村的经济收入以物业出租为主。

麻三村　位于外海街道西南部，东接麻二村，北靠白水带，五邑路经本村，江翠路贯通全村。全村占地面积约3.6平方千米。辖区内有村民小组10个、户数998户，户籍人口3852人，村内有银泉小学，老人活动室4间，长者饭堂1间，幼儿园2所，文化室1间，卫生站2所，供村民休憩的公园6个，汽车客运站1个，篮球场4个，大型农贸市场2个。麻三村村集体经济收入来源主要是村内商铺及工业区厂房的租金收入，2020年村集体经济收入4300多万元，人均分红7600元。

南山村　位于外海街道中部偏西，北面毗邻白水带风景旅游区，东南面临高新区，南面紧邻城际轻轨，总面积1.6平方千米，五邑路贯通村庄中部，南山路贯穿村庄西北部直通广中江高速，江海路在村东面。村辖下有村民小组5个，户数428户，户籍人口1866人，常住人口1866人。有文化室、幼儿园、老人活动室各1间、南山伍公祠及碑刻“心池”1座，昭武将军庙(昭武庙)2座、“光风艇津”遗址、非物质文化遗产太虚拳宗师伍雪波故居等历史遗迹。村集体经济收入主要来源于工业发展、出租工业用地、建厂和商铺经营的方式，2020年度村级总收入达1500万元，人均分红4500元。

中东村　位于外海街道南部，东临西江，北与七西村接壤，连接江睦路、连海路。由新南、住船、二冲、黄字、上石、中石、下石7个自然村里组成，辖下村民小组7个，户籍人口2630人、常住人口10000人。建有文化体育广场，设有篮球场、羽毛球场并安装多套健身器材及乒乓球台，设有中东龙舟协会，中东慈善联谊会，建有江海区实验小学。中东村集体经济收入主要来源自留用地租金和发展第三产业，2020年村集体收入总额1375万，各小组股民分红均超过3000元。

东南村 位于外海街道东北部，东接江门国家高新区、南靠南山、西近金溪、北连东升，辖区内有外麻路、江海路、五邑路经村，辖区2.6平方千米，村内有下街涌、横沥河流经。辖下有12个村民小组，户籍人口4355人，常住人口7500人。村内有广东南方职业学院1所，东南小学1所（民办），东南幼儿园1所，老人驿站、图书室、文化室、卫生站各有1个。村内建有常亨公园、龙溪第一泉公园和常兴新园公园，配有休闲健身、文化传承、党建科普等设施，以及辛亥革命元勋陈少白故居“白园”等历史遗迹，设有东南慈善联谊会。东南村村集体经济收入主要来源厂房物业出租，2020年村集体经济收入2800多万元。

东升村 位于外海街道中部，北接四大社区，南连东南村，西与金溪社区接壤，江海公路在村边经过，下街涌在村中经过。东升村辖下8个村民小组，户数472户，户籍人口2038人，常住人口3250人。有东滨陈公祠、南滨陈公祠和艾亭陈公祠3间祠堂，洪圣大王庙1个，村内有外海中心小学、幼儿园、卫生站、东升幸福院各1间，辖区内有五大祠及广场、小型公园多个。村集体经济收入来源出租厂房、铺位和土地等方面，2020年全村集体经济收入总收入739万，人均2840元。

七东村 位于外海街道东部，北连东宁村，南连七西村，东邻海伦湾小区，面积1平方千米。辖区分3个片区：七东片、海心沙片、桃江片，设有7个村民小组，共有500户，户籍人口1601人，常住人口1750人。村内有幼儿园、卫生站各1间，老人活动室4间，公园2个，村集体经济收入来源租金收入为主，2020年村级经济收入约500万元，村民人均分红2745元。

七西村 位于外海街道东南部，东连七东村，南与江门市高新区金瓯路接壤，毗邻江门港澳客运码头，西连直冲村耕地，北连前进村，面积约1平方千米。外睦公路在村沿经过，村内有中路河。村辖下有4个村民小组，由七西直巷、盈丰新村、四十亩、旗尾4个自然村组成，共415户，户籍人口1495人。村内设有幼儿托管中心、杏龄居养中心、小公园、篮球场，设有文化室、老人活动室、卫生站各1间。建有文化体育活动公园，设有篮球场、羽毛球场、乒乓球场、儿童公园、体育活动设施、公共卫生间、垃圾中转站。每年村主要农业为鱼塘，村主要工业有塑料、电器、化工喷塑、玻璃工业、五金等。2020村级经济净收入约723万元，人均分红约2100元。

直冲村 位于外海街道中部，东连沙津横社区，北接中华大道，南邻中路片，西与东升、四大相连，毗邻港澳码头，辖区总面积5平方千米。村内辖下有19个村民小组、户数1802户，人口5542人。辖区内设有幼儿园、卫生服务中心各1所，小公园2处，老人活动中心5所，有平壬陈公祠、可南陈公祠、蒸育陈公祠、瑶琳陈公祠、敬禾堂、遯舟祖祠堂共6间。设有“一场（党建广场）一桥（龙溪桥）一站（新时代文明实践站）一馆（龙溪羽毛球馆）四长廊” 四条文化宣传长廊。村集体经济收益主要是通过“众筹融资、集约用地、筑巢引凤”的方式，盘活利用好村级留用地建厂房进行招商招租，增加收入。2020年，直冲村集体收入5083余万元，民生支出约1420万元，村民人均分红3767元。

东宁村 位于外海街道东部，东临西江，北接直冲村，南与七东接壤，外睦公路在村边经过并有中路河流经，村下辖有村民小组7个，户数380户，常住人口1560人，村内有篮球场、卫生站、公共卫生间各1个。村集体经济收入主要来源地块和厂房的租金，2020年全村集体收益350余万，人均分红2000元。

前进村　位于外海街道东部，面积约2平方千米，北接东南村，东与七东、七西两村隔河相望。辖下有村民小组7个，户数656户、户籍人口2155人，常住人口3500人，村内设有篮球场2个，市场、商贸城、老人幸福院、幼儿园、文化室、卫生站、居家养老服务中心各1间。村内有工业园2个，主要是五金制品、化工、家具厂企，2020年村级集体经济年收入1100万元，人均分红3000元。

墟镇社区　位于外海街道中部，辖区总面积约2平方千米。墟镇社区有赤岭新村、昔园新村、利亨新村、富景山庄共4个居民点和翡翠华府、帕佳图观园、海盈雅苑、珑山居、连海苑共5个楼盘，共有户籍住户3240户，户籍人口8250人，常住人口约1.6万人，辖区内有幼儿园、中小学及医疗卫生服务机构，公园、酒店、餐饮娱乐等。社区设有党员远程网络学习站、学雷锋志愿服务站、公共法律服务点、妇女维权服务站、社区警务室、综治信访维稳工作站、心理咨询室、应急物资仓库等。设有墟镇慈善联谊会。

金溪社区　位于外海街道北部，东临茶庵公园，南至白水带风景区，西连江南街道，北向西江河，辖区面积1.53平方千米。现有居民住户300多户，户籍人口1050人，外来流动人口4495人，辖区内私营企业和个体工商户100多家。社区内有多个工业园区，主要经营工业有制氧、玻璃、灯饰、五金制造、汽修等产业，集体企业1家，2020年经济收入1600多万元。金溪社区党群服务中心提供就业、社会保障、社会救助、计生、教育等“一站式”的服务；设有妇女之家，老年之家，社区卫生站、学雷锋志愿服务站、社区警务室，建有金溪农家书屋、金桂园、乡贤馆、彩虹公园、文体广场、口袋公园等多个休闲活动场所。

清兰社区　位于外海街道北部，东接沙津横社区、南至中华大道、西与石鹤利社区相连、北临西江，面积约为0.8平方千米，辖下居民小组4个，户数305户、户籍人口1110人，常住人口约5000人。社区内设有祠堂、图书室、文化室、老人活动室各1间，小公园3个，社区内有工业区1个，主要发展灯饰配件厂、印刷厂、电子厂、床垫厂等产业，2020年经济收入约455万，人均分红约2800元。

四大社区　位于外海街道北部，北与清兰、东与沙津横、南与直冲、西与石鹤利相连，辖居民小组4个，面积1.5平方千米。共有户数200户、户籍人口628人，常住人口约6000人。区内有四大老人文体活动中心、昱泽幼儿园、博文托幼、中心小学各1间。社区集体经济收入主要来源于厂房出租及工业园收益，有电子、电池、织造、泡沫等产业企业80多家，2020年集体经济收入545万元，人均3404元。

沙津横社区　位于外海街道东北部，占地2.5平方千米，西北、西南分别与清兰、四大、直冲接壤，东有蓬江纸厂，西江从东北流经，区中有中华大道，外运码头。社区辖下居民小组10个，户籍人口2365人，常住人口3958人。社区主要工业有五金、制衣、纺织、皮具、灯饰、电器、印刷等。社区内有小学、幼儿园、图书室、文化室、老人活动室、卫生站和社区长者饭堂各1所，六榕台古迹1处，有赖云陈公祠、潘氏祖祠祠堂2个，小公园5个。社区共有企业50多家，2020年集体经济收入约1000万，人均分红2053元。

石鹤利社区　位于外海街道北部，北临西江，南接金溪社区，东与清兰、四大社区和直冲村相邻，面积0.8平方千米，辖下居民小组1个，户数285户，户籍人口848人，常住人口1291人。社区内有幼儿园、文化室、老人活动室、公共厕所各1间，小公园2个，党建广场1个，装有路灯80盏。社区集体经济来源以物业出租为主，工业区有企业52家，主要以五金、塑料、饮料、灯饰、针织、汽车维修和房地产开发等为主。2019年，村集体经济收入285万元，人均2300元。

银泉社区　位于外海街道西南部，辖区有银泉花园A、B、C、D、E、翠湖湾6个商住小区，坐拥白水带公园风景名胜，总面积1平方千米。社区户数3306户，户籍人口3000多人，常住人口1万多人。辖区商铺266间，其中有1间江海区创业扶持4H站和3间托幼机构。社区设有会议室、图书室、计生服务室、活动室、微型消防站等基础设施，设有银泉之家、高新区（江海区）党群服务中心、外海街道党群服务中心、人才驿站。

彩虹社区　位于外海街道南部，管辖范围11.7平方千米，从东起西江沿岸，南至外海街道与新会区睦洲镇自然分界河，西达龙溪路，北至海逸华庭北侧。辖区住宅小区有9个，分别是海逸华庭、海伦湾、财富海景、奕聪花园、金海苑、海伦心苑、海逸星宸、龙溪新城、悦海轩、另有海伦湾三、四期在建。辖区内有新向阳海逸华庭国际幼儿园、新向阳奕聪花园国际幼儿园、英贝尔幼儿园、中港英文学校等。户籍人口4199人，常住人口28000人。在册的工商企业1149间，“三小”场所800间。设有彩虹慈善联谊会。

永康社区　位于外海街道南部，辖区面积12.1平方千米，管辖范围东起龙溪路，南至礼乐自然分界河，西达永康路，北至五邑路，辖区内有江海碧桂园、君汇熙庭、高新小区、新城雅苑、宏都新城、汇源新苑、江悦花园、柏嘉阁等8个住宅小区。企业1650家。现有居民6800户，常住人口16985人，其中户籍人口3988人。社区设有社区会议室、图书室、计生服务室、防震减灾室、社区文体服务中心、退役军人服务站等多功能场所，基础设施有社区门前绿地、汇源新苑小广场、龙溪湖公园，管辖企业650家。

礼乐街道

【简述】　礼乐街道地处江海区南面，东邻高新技术开发区和江海区人民政府行政中心，西与新会区高铁站隔江相望，北跨江礼大桥通市区，南接新会区睦洲镇、三江镇。下辖24个村和4个社区，分别是：新民村、新华村、新丰村、新兴村、新创村、英南村、英北村、跨龙村、东红村、东仁村、威东村、威西村、镇龙村、五四村、敬和村、雄乡村、雄光村、丰盛村、向前村、向民村、向东村、向荣村、武东村、乌纱村、文昌沙社区、文苑社区、中福社区和墟镇社区。辖区面积50.4平方千米，人口9.3万人，其中户籍人口7.0万人。

【街道经济发展】　2020年，实现地区生产总值36.75亿元；完成规模以上工业增加值14.33亿元；完成固定资产投资38.76亿元；完成工业投资13.13亿元；完成技改投资11.27亿元；完成社会消费品零售总额25.25亿元；完成一般公共预算收入1.26亿元，完成基层区域地方库税收收入1.6亿元。街道共有700多家工业企业，规模以上工业企业37家，产值亿元以上企业9家、超10亿元企业1家，高新技术企业25家。

【重点项目建设】 推动14个规模较大、带动力强的项目集中动工（投产），总投资额超71.26亿元，全年投资完成率达到88.6%。巴斯夫二期、江门通用（一期）以及量子高科二期等超亿元工业项目先后投产，2020年实现投资1.43亿，总投资合计5.75亿元。培育壮大骨干企业，德昌电机一期顺利投产，二期全面启动；金多多食品、通用焊接新材料等重大项目相继落地动工。武东村级工业园顺利启动升级改造，占地约6.4万平方米，改造旧厂房面积约2.7万平方米，改造后新增年工业产值10亿元。

【基础设施建设】 配合市完成五邑路、会港大道用地征拆和高压线塔迁改，全力保障项目建设用地；完成礼乐路、礼东公路、乐祥路、礼睦路升级改造，投入2600万元推动“四好农村路”建设，为辖区居民创建“畅、安、舒、美”的农村公路环境；推动深茂铁路礼乐段、金瓯路西延线、云沁路西延线动工建设。完成纸厂一期桥头堡范围1万平方米房屋的征拆搬迁，为城央绿廊礼乐段建设提供用地保障；完成中福文锦苑社区老旧社区改造；推进江门船厂（恒大御景半岛）、江门纸厂（朗睛新天地）、联合化纤（联合高峰汇），星湖湾等“三旧”改造项目。按照“应划尽划”原则，新增施划小车车位3000个，摩托车车位8000个，解决停车难、停车乱的问题；辖区4个农贸市场提质升级，改善市场环境卫生。

【教育】 街道共有公办学校10所，其中完全中学1所、初中2所、小学7所，民办学校4所、幼（托）儿园17间。2020年，新增300个优质学位；完成新民小学、新联小学科学楼、礼乐三中教学楼及礼乐中学乐学楼的升级改造；建成礼乐中学学生宿舍楼及食堂并投入使用，礼贤小学新建综合楼动工建设。推进“5080工程”，礼乐首家公办幼儿园——中心幼儿园正式开园。

【文化体育】 连续17年举办礼乐街道LBA篮球联赛。举办村际篮球联赛、中小学生三人篮球赛；礼乐街道机关篮球队包揽江海区“贺岁杯”“体彩杯”两大篮球赛冠军；礼乐中学篮球队获江门市运动会篮球赛冠军。2020年，跨龙村农家书屋顺利通过江门市农家书屋示范点验收。升级建成跨龙村、向荣村、人民会堂灯光篮球场。礼乐文化站通过2020年省特级文化站检查验收，建成24条村和4个社区的综合文化服务中心并通过区文化馆验收，投入10万元建成礼乐自助图书分馆，投入10万元建成中福社区文化服务中心示范点，投入7万元建成跨龙村自助图书阅读点。

【卫生】 新冠肺炎疫情发生以来，礼乐街道成立街道疫情防控工作领导小组、疫情防控指挥部，组建四级网格疫情防控工作组织体系，28个“三人组”、645名网格员对辖区进行常态化防控。自3月17日至12月31日，礼乐街道无新增确诊病例。其中，礼乐街道3名党员干部获评江门市抗击新冠肺炎疫情先进个人。推进医联体建设，礼乐医院正式成为江门市五邑中医院江海分院，五邑中医院江海分院真正实现与总院一体化管理。辖区20个村级卫生站全面推进升级改造，提升医疗环境。推进公共卫生服务均等化，组织实施十五项国家基本公共卫生服务和重大公共卫生服务项目，开展居民健康电子档案建档、两癌筛查、慢性病管理、65岁及以上老人健康检查等工作。

【社会综合治理】 全年未发生较大及以上安全生产、消防安全事故，食品安全形势稳定向好。2020年，受理12345政府热线2048件并全部办结；通过司法和人民调解受理的各类纠纷120起，调解成功120起，成功率100%。创建“平安村居”网格化管理建设方面，礼乐街道已基本实现全覆盖。推进扫黑除恶专项斗争，开展线索摸排。礼乐街道成为江门市唯一一个获得“2020年广东省最美禁毒团队”称号的镇（街）。

【环境整治】 全年累计整改“廊道”范围农田看护房1100多间，清拆田间乱搭窝棚3.2万平方米，整治田间地头垃圾堆放点260处，清理杂物废弃物9.3吨。基本完成胜利南路、会港大道、东海路以及江珠高速北部的看护房清理整治工作，完成整治980间，包括胜利南路沿线192间，会港大道沿线305间，东海路沿线、江珠高速沿线483间。乡村绿廊、都市农业生态公园正式对外开放，礼乐河碧道建设累计完成建设6.4千米。全街道各级财政累计投入约418.53万元，共新建或升级改造农村公厕27座，完成全街道24个行政村每一个村至少有一个公共厕所的任务，每个厕所均安装电风扇或相关排气设备、配备无障碍设施及带有母婴板的第三卫生间，农村无害化卫生户厕已全面达到三格化粪处理，为群众提供良好的如厕环境。开展违法用地整改和农村乱占耕地建房问题整治工作，摸排农村乱占耕地建房疑似问题图斑4859个，涉及面积98.33万平方米，全年完成违法用地整改5宗，涉及面积9600平方米。

【“三清三拆三整治”】 全街道24个行政村155个自然村完成“三清三拆三整治”，完成率100%，全部村（居）达到美丽宜居村标准。其中东红村在推进人居环境整治过程中，将遗弃的农器具变废为宝，兴建起各具主题特色的“怀古阁”，打造成为全区甚至是全市率先建成的大规模乡村博物馆，受到“学习强国”平台关注报道。“缤纷英南”“向民葡萄”“向东桃花”等多条村成为美丽乡村新名片。全年累计清理村巷道及生产工具、建筑材料乱堆乱放7491处；清理房屋前后和村巷道杂草、积存垃圾14831处；清理沟渠池塘溪河淤泥、漂浮物和障碍物1488处；拆除危、弃房518间，拆除面积24944平方米；拆除乱搭乱建、违章建筑459处，面积9556.4平方米；拆除非法违规商业广告、招牌83处，面积1079.1平方米。

【河长制工作】 累计投入资金2616万余元，开展“五清”专项行动，清理河道违法建筑和堆积物12万立方米；投入1.2亿元全面完成礼乐中心河黑臭水体治理；投入8000多万实现辖区内农村生活污水收集管网全覆盖，率先在全区实现所有自然村完成雨污分流、污水管道收集，形成河畅、水清、堤固、岸绿、景美的水生态环境。落实河流保洁制度，落实管护责任，常态化水面清理打捞，各村河长使用巡河软件平台定期开展巡查记录，对脏乱差、垃圾入河导致的水环境问题及时处理。

【便民服务】 推进线上业务办理，推广养老资格线上认证、失业签到线上办理，失业待遇线上申领、城乡居民养老保险缴费档次线上变更等一系列线上业务，指引群众通过“粤省事”“广东人社”“广东社保”App或“五邑人社”小程序等渠道办理相关业务。公共服务中心增设便民设施，在中心正门口两边及对面马路共规划50个停车位，改善停车问题；推行EMS免费邮寄服务，实现政务服务只跑一次；推进“5+X”工作日为群众提供延时办、假日办、预约办的服务。

【民生工作】 2020年街道全年教育、社会保障支出、医疗卫生民生支出1.68亿元，占财政总支出64.13%。全年发布招聘岗位9205个，城镇新增就业2322人，失业再就业51人，城镇登记失业率控制在3%以下，组织重点困难群体、失业人员784人次参加线上、线下试岗培训。累计发放各类救助、低保金、生活补贴超600万元。全市首个区域性养老服务中心瑞健颐养院和全市首个农村地区居家养老服务示范站点向东幸福院正式启用，礼乐街道居家养老服务站正式挂牌，礼乐街道获2020年江海区“最美双拥集体”、退役军人五星级服务站称号。建成江海区首家礼乐街道级长者饭堂，并于2020年8月正式由江门市恒爱社工机构承接服务，2020年累计堂食服务3840人次，送餐服务1750人次。

【脱贫攻坚】 至2020年底，辖区农村建档立卡贫困户年人均可支配收入20875.49元、城镇建档立卡贫困户年人均可支配收入24105.08元，贫困人口收入水平显著提高，全部实现“两不愁三保障”，精准扶贫户81户271人全部超过脱贫线。街道对口帮扶的广西大新县下雷镇成功脱贫摘帽。2020年，全街道有19名处于九年义务教育阶段的建档立卡贫困户子女，入学率100%，无因贫失学辍学的情况；对报名公益性岗位的贫困人员优先安置，2020年有3名扶贫对象进入公益性岗位。

【环保攻坚战】 完成8家涉VOCs（挥发性有机物）重点监管企业“一企一策”综合整治，关停福顺五金制品加工等14家“散乱污”企业（场所），对丰达线路板、新迪织造制衣等不符合环保排放要求的企业完成就地改造；丰盛村、向东村5座生活污水处理站陆续投入使用。对礼乐辖区内所有腊味加工企业、食品加工企业58间企业进行专项检查，检查发现不符合要求的，已整改完成；对辖区内394家企业进行网上排污许可登记并全部完成登记；对53家过会后须办国家版排污许可证的企业进行通知并协助其完成国家版排污许可证办理，已全部完成发证。妥善处理群众来信来访，维护好群众环境权益，2020年接处投诉60宗，已办结案件60宗，其中水污染投诉4宗，大气污染投诉9宗，食肆类投诉33宗，噪声类投诉13宗，其他（含咨询类）1宗。

【特色农业】 连续六年举办礼乐葡萄节，2020年还开通直播带货，将“线上+线下”融合，带动农产品经济效益4000多万元；通过发展“一村一品”，实现葡萄、火龙果、蔬菜等传统农产品提质增效。培育现代农业产业，通过集中流转，推进规模经营的模式，培育达华农业生态园、秾稼生态园等现代农业龙头项目；结合乡村振兴探索开发农旅项目，形成“七彩南堡—都市农业生态公园—长廊生态园—向民葡萄产业园”精品乡村旅游线路，全年累计吸引接待旅游人数15万人次。

【村社区简介】 *英南村* 位于礼乐街道南部，东北邻东红村，西接跨龙村、东仁村，南临南冲公路、环镇路及南环公路。辖区面积2.09平方千米，耕地面积144.2万平方米。全村户数554户、户籍人口2164人，设有村民联络小组7个。英南村在全区率先引进集农业观光、农产品采摘、农家乐等为一体的秾稼生态园，实行集体开发、连片种植、分户承包，建设生态采摘园、农家乐、绿道观光带等配套设施。2020年村集体经济收入116万元。

跨龙村 位于礼乐街道南部，东邻英南村，西邻雄乡村，北邻雄光村、东仁村，南面田园，由护龙里、忠心里、南安里、东胜里、

南胜里、西安里和龙兴里组成，全村总面积约1.6平方千米，较大的有张、李、林、胡4姓。全村户数561户、户籍人口2450人，下设村民小组8个。2020年全村集体收入69万。村内建有礼乐街道第二初级中学、篮球公园、南胜里公园以及党建公园。

雄乡村　位于礼乐街道西南部，东邻东仁村，南接跨龙村，北接雄光村，由西贤里、西兴里、源兴里、汇龙里、南龙里和兴龙里组成，大姓为梁姓。全村户数582户、户籍人口2215人，下设村民小组8个。总面积1.5平方千米，其中耕地面积156.67万平方米，村内主要以农业为主，种植水稻、甘蔗、水果、蔬菜，兼养塘鱼以及南美白对虾。2020年，村集体经济收入70万元。2020年完成源兴里硬底化250米，农用道路硬底化约800米；张围河彻河堤石堤，安装护栏。

雄光村　位于礼乐街道西南部，西与田围接壤，东与中心市场为邻，南接雄乡村、跨龙村；北与墟镇园林新村、敬和村为邻。全村宅基地面积10万平方米，耕地面积161.67万平方米。全村户数487户、户籍人口2068人，下设村民小组6个。主要农作物有水稻、番薯、蔬菜、甘蔗、新会柑等。水产养殖主要有南美白对虾、桂花、泥鳅和四大家鱼等。2020年全村集体收入总额为69.71万元。村内设有幼儿园、文化活动室、图书馆、老人活动中心、部分户外健身器械。有篮球队和龙舟队各1支。2020年，雄光村获江门市生态村称号。

五四村　位于礼乐街道西部，东临张围河，西临江门水道，南邻雄乡村双桠围，北邻新民村。村委会辖下有村民小组6个，由礼和里、龙滘里、逢兴里、聚龙里四个里组成。全村面积1.25平方千米，绿化面积3400平方米，有户数706户、户籍人口2725人，人口较多的姓氏有李、何、蓝、陈、吴。村内有阳光学校、卫生站、老人之家5间、篮球场3个、休闲、健身绿化公园3个，党建公园1个。每年端午节，礼乐龙舟在张围河五四河段竞渡。村内有篮球队、舞蹈队。2020年，村集体经济收入106万元。

东红村　位于礼乐街道南部，东临环镇路工业开发区，南接英南村，西邻东仁村，北靠英北及镇龙村。由攀桂里、叶兴东里、叶兴西里、东兴里、英东里组成。大姓为谭姓。全村总面积2.2平方千米，有户数598户、户籍人口2692人，辖下村民小组9个。特色农业以果蔗、蔬菜、水稻种植为主，兼花卉种植及鱼、虾水产养殖。2020年，村集体经济收入87万元。村内有谭氏家塾一间，距今已一百多年历史。有一座名为南溪桥的旦拱桥，桥长207米，建于乾隆四十四年（1779年）。

东仁村　位于礼乐街道中部。东有中心河与英北村隔河相望，西邻雄光村和雄乡村，西南邻跨龙村，南有庙前河与东红、英南隔河相望，还有两里飞地东邻镇龙村，西邻英北村。村东是东仁里，村西是芳兴里、福禄里、新城里。有中心河和庙前河绕村旁，还有英北桥，三多桥，东胜桥连接邻村。辖下有村民小组10个。由东仁里（镬耳围）、芳兴里、新城里（死水围）、福禄里、五福里、永兴里六个里组成。村内古建筑有礼乐乐善堂、芳兴里牌坊。根据礼乐人民公社调查史记载，东仁村是礼乐较早有人定居的村落。较大的姓氏是谭姓。全村总面积约126.67万平方米，耕地面积106.67万平方米，有户数415户、户籍人口2414人。特色农业以甘蔗、蔬菜、鱼塘为主。工业以印刷业、食品加工，如发记腊味厂、杉竹等。2020年，村集体经济收入142万元。

英北村　位于礼乐街道东部，东邻乌纱

村，西邻墟镇社区，南邻东仁村，北邻威东村。由民乐里、大社里、英盛里、兴盛里4个里组成。以朱、陈、李、黄姓居多，全村总面积2.2平方千米，有户数498户、户籍人口2229人。辖下村民小组9个。村内有英北文体公园，占地约2500平方米，北面是礼乐中心小学，南面是居民区，公园内设有篮球场、羽毛球场、乒乓球场、休息亭、健身器材等。2020年，村集体经济收入63万元。

镇龙村　位于礼乐街道东南部，由九如里、镇龙里、扳龙里组成，东临江海区东环三路，南临东红村一河相隔，西临东仁村，北临英北村农田，镇龙村辖区面积101万平方米，其中宅地面积9.93万平方米，耕地面积91.07万平方米。村内有村民小组4个，户数265户、户籍人口1096人，村内有篮球场、休闲公园、健身公园、休息凉亭、老人活动中心、卫生公厕、卫生站、党建文体小公园等基础设施。2020年，村集体经济收入77.82万元，集体经济以出租厂房、耕地、鱼塘为主。2020年度农民人均可支配收入10500元，农民收入主要来源是销售甘蔗、香蕉、竹芋等农特产品。

敬和村　位于礼乐街道中部，东南面与威西村相连，东北面与威东村竹仔围冲相隔，南面与雄光村相连，西面与五四村相隔张围河段，北至新创村相连。敬和村总面积243.9万平方米，全村户数912户、户籍人口3957人。下辖联络组9个，8个里：张围里、月塘里、新塘里、敬和里、金和里、新和里、祈丰里、祈新里。较大的姓氏有区、麦、张、吴4姓。耕地面积221.1万平方米，分别位于茨姑洛围、禾峰围、石減水田、三吉围、老罗围、第一洼、木头律、沙腰围，主要以耕地和鱼塘养殖为主。村农业主要以种植业为主，有甘蔗、柑橘、各类蔬菜瓜果等农作物。2020年，村集体经济收入109万元，主要收入来源为农田和鱼塘出租收益、小组上缴款项、新栈酒楼等租金收入。村委会内建有一站式办公室、卫生站、幼儿园、老人活动中心、平安公园等，每年举办端午龙舟赛、重阳老人聚餐、春节篮球赛等文化活动，其中的篮球队参加礼乐街道的春节篮球赛和LBA（礼乐篮球联赛）曾多次获得冠亚军奖杯荣誉。2020年获评江门市卫生村、江门市生态示范村称号。

威西村　位于礼乐街道中部，东邻威东村，西接敬和村，南与旧礼乐街道办事处接近；另有新村位于乐祥东路南北两侧，乐中市场东面，环镇公路东西走向贯穿。辖区内有接龙里、迎龙里、聚龙里、东胜里、新地里、泗源里、南昌里、永胜里、永贤里、永盛里等10个里。区内原有刘家祠、区家祠（竹溪祖），刘、区姓为大姓。全村户数551户、户籍人口2450人，总面积约1.5平方千米，其中农用地面积140.27万平方米，大部分位于第四氹至老罗围之间，主要种植蔬菜、甘蔗、香蕉、花卉树木等；鱼塘面积66.67万平方米，集中老罗围一带，主要养殖南美白对虾、罗氏虾及小面积养殖四大家鱼。2020年村集体经济收入85万元，村内有大型腊味加工私营企业11家，大型纸业制品工厂4家。村内建有东胜里文体公园、新地里文体公园和平安公园，公园内都设置健身器材、乒乓球台、象棋台、健身路径等。2020年获评江门市卫生村称号。

威东村　位于礼乐街道中部，东邻乌纱村，南邻英北村，西邻威西村，北邻武东村，总面积2.24平方千米，全村户数812户、户籍人口3150人。2020年全村经济收入480万元，其中村级集体经济收入为168万元。通过上级补助和自身筹集资金，建成威东村中路里文化活动中心，并对村内的巷道及下水道进行改造升级，对威东村六小组、威东村委侧的2座公厕的升级改造。把旧村址侧空地打造成威东村中心文体公园，面积2300平方米。投入30多万元将旧村址东面部分改建成“威东村长活动中心”，内设儿童活动、学习场所、长者娱乐、休闲，乡贤文化展示等功能。2020年，获得广东省乡村治理示范村、江门市基层党建示范村、江门市生态示范村称号。

乌纱村　位于礼乐街道中部，东面为武东水田，以乌纱桥冲为界，南面为镇龙村，以公路冲为界，西面为威东村，以乌纱村冲为界，北面为武东水田，以乌纱冲为界。以曾、区、胡、付、邓姓居多。乌纱村由五个村民联络组组成，全村总面积1.6平方千米，有户数388户，户籍人口1889人。农业主要以种植业和养殖业为主，有甘蔗、香蕉、蔬菜、树苗等，主要分布在乌纱纳谷围、青头洲、沘浪农田地区；养殖主要以四大家鱼为主，主要分布在礼东鱼塘地区；工业发展以化工、腊味制品、五金制品、饮食等企业为主，主要分布在乌纱村东边围工业区、礼东工业园、乌纱咀工业区等。2020年，争取到“3+3+3”专项改造工程，总投资500万元，对村内河涌的全线清淤及清障、河岸改造、绿化建设、路灯监控设备增设等，将原本垃圾堆积，臭气熏天的污水河修建为村内的环河绿道和乡间栈。2020年村级集体收入414.64万元。2020年，乌纱村获评广东省乡村治理示范村、基层党建示范村、社会心理服务体系建设示范单位、农村工作突出贡献集体称号。

武东村　位于礼乐街道北部，东邻睦洲水道，西接威东村、威西村、新创村、新华村等；南接威东村、乌纱村；北至睦洲河道。环镇公路与乐祥东路贯穿于东西与南北。辖区内有益兴里、茂隆里、东隆里、仁厚里、东和里、仁和里、仁家里、兴隆里、刘家里、天福里、广丰里。全村总面积3.2平方千米，其中耕地面积156.67万平方米，鱼塘约80万平方米。有村民小组19个，户籍人口5057人。2020年村集体收入498万元，辖区主要产业有：腊味生产加工行业、食品行业、金属铸造业、新材料研发等；辖区龙头企业有：江门市长优实业有限公司、江门市优美科长信新材料有限公司、广东生和堂健康食品股份有限公司、江门市兰花食品有限公司、江门市民盛厨具有限公司、江门市鹏中皇食品有限公司；辖区内有小学1所、幼儿园1所。

新创村　位于礼乐街道西北部，东南北三面分别与武东、威西、新丰三村相邻。全村有五个里，分别是丰安里、建安里、沙咀里、新安里和永安里。全村户数381户，常住人口2213人，户籍人口1822人。全村总面积1.07平方千米，农田主要集中在礼东金钩围、大洋沙围、牛尾围、五围、沙尾围等地方，农业用地面积约86.67万平方米，其中鱼塘面积约31.73万平方米，花卉面积5.33万平方米，其余耕地以种植瓜菜、果蔗和薯类为主。在养殖方面，养殖南美白对虾面积10.67万平方米，其余鱼塘面积以四大家鱼和鱼花为主。2020年，建成新创村牌坊，对村道、巷道卫生的管理，一河两岸安装护栏杆和路灯，种植树木。2020年，村集体经济收入69.25万元，农民人均可支配收入16371元。2020年获评江门市卫生村称号。

新丰村　位于礼乐街道北部，东邻武东村，南邻新创村，西靠礼乐大道，北邻新兴村，有三福里和流沙里。流沙里村民以种植蔬果、养殖鱼虾为主，并建有一个50多家企业和个体的工业园。全村户数353户、户籍人口1530人，外来流动人口500人。村内建有一个村标小公园。2020年，村集体收入430万元，村民分红每人1600元。2020年，新丰村获评广东省卫生村、江门市生态村、江门市基层党建示范村称号。

新华村　位于礼乐街道北部，由睦洲水道分割为二大板块。礼西片东邻武东村，南接新兴村；礼东片位于江海区府南面。土地面积93.33万平方米，下辖村民联络组6个，全村户数360户，常住人口2380人，户籍人口1560人。农业主要以鱼类养殖为主，分布礼东片永茂围、东升围、暗洲围等地方。礼西片工业园区以五金配件加工、电器加工、腊味加工为主要经济增长点。礼东片以礼睦路田园饮食街带动商业发展。2020年，村集体经济收入430万元，农民人均可支配收入14500元。2020年获评广东省乡村治理示范村称号。

新兴村　位于礼乐街道北部，东邻新华村，以石敢当河冲为界，南相连新丰村，西靠江礼公路，北至礼义路，全村总面积1.1平方千米，其中耕地面积48.6万平方米。全村户数366户、户籍人口1660人，下设村民小组4个，村民居住分布在仁让里、西兴里、纸扇里、仁兴里。新兴村是主要发展近郊型农业，以水产、花卉、蔬菜等种养业为主，村委村的主要经济收入来源靠土地、鱼塘出租，未有工业和商业等发展收入。2020年村集体经济（含小组经济）总收入630万元。

新民村　位于礼乐街道北部，毗邻江门市市区。下辖村民联络组7个，全村有户数1071户、户籍人口4491人，流动人口4000人。全村总面积200万平方米，其中耕地面积53.2万平方米。工商业用地41.27万平方米，公益事业用地37.33万平方米。村内建有村民活动中心，中心内配套健身室、图书室、娱乐室、音乐室、保健室、曲艺室等功能设备室，还建有占地面积2.2万平方米的文化体育公园，园内有篮球场2个、羽毛球场2个、舞台1个、儿童沙池1个。配备7197平方米的综合市场1个和农贸市场1个，建有新民小学、新民幼儿园和医疗卫生站。2020年，村委会集体经济年收入2705万元，村民人均年收入18830元。

向前村　位于礼乐街道东部，东邻向民村，南邻新创农田、向荣村，与礼东市场接近。周围有礼睦路、礼东大桥、南环路至京珠高速等重要交通道路。主灌河贯穿全村，主灌河以西为村民居住点，以东为向前村农田。该村由大利里、瑞利里组成，以梁、区、陈姓居多。下辖村民联络组4个，有户数365户、户籍人口1591人，全村总面积1.5平方千米，其中耕地面积73.33万平方米，以种植水稻、蔬菜、甘蔗、水果和鱼塘养殖为主。村内有党群服务中心，内设有会议室、娱乐室，图书室及文化娱乐健身活动设施，并有“向前老人幸福院”、党建文化河堤、篮球场、党建公园。村集体经济有出租厂房用地约13.33万平方米，出租铺位220平方米。2020年，村集体经济收入320万元，村民每年分红每人500元。

向荣村　位于礼乐街道东南部，东、北靠礼睦路，西接睦州水道，水路和陆路交通方便，由天成里组成。大姓有陈、李、吴3姓。全村户数241户、户籍人口1182人，总面积80万平方米，全村现有耕地面积30万平方米，主要以种植甘蔗、瓜果蔬菜为主，工业用地面积9.33万平方米。辖区内有各类企业30多家，主要以五金配件、塑料、纸箱生产为主。村内建有向荣村党群服务中心、党员活动室、村级卫生医疗站、人口文化公园、老人之家、篮球场等公共设施。2020年村集体经济收入200万元，全村每年每股分配500元。2020年获评为广东省卫生村称号。

向民村　位于礼乐街道东南部，东与丰盛村相隔，南与向荣相近，西与向前村相邻、北与礼东青年堤外海相望。辖区下有村民小组5个，全村户数509户、户籍人口2349人，主要姓氏有李、陈、区姓。全村总面积1.5平方千米，其中耕地面积98.67万平方米，村内传统经营以种植水稻、甘蔗、蔬菜、柑、橘为主。2000年开始转型引进巨峰葡萄品种种植，成为一村一品的主打品牌，2020年葡萄种植面积46.67万平方米，产值560万元。在礼东市场自建商铺720平方米出租收入8.5万元和兴建礼东市商铺1050平方米，收益9万元。2020年，村集体发包收入71.5万元。

向东村　位于礼乐街道东南部，全村总面积204.53万平方米，耕地面积133.33万平方米。东至新会睦洲，南至礼东大围堤，西至威西村，北至丰盛村，全村划分生产小组7个，有户数549户、户籍人口2549人。村主要以种植桃花、菊花等花卉和蔬菜为主要农产品，以桃花作为“一村一品”品牌。辖区内有学校1家（江海博雅学校），1家医疗站，1家幸福院，1个慈善联谊会，1个桃花协会，1个桃花种植耕地，企业工厂19间。2020年，村集体经济收入165万元，其中村收入为97万，小组收入为68万。

丰盛村　位于礼乐街道东部，临靠江海区八景之一的礼乐主灌河，接连礼睦路，交通便利，有自然村2条，户数205户、户籍人口1001人，常住人口1250人。总面积0.7平方千米，耕地面积占52.33万平方米，其中分田到户29.13万平方米，村和小组发包鱼塘和耕地共23.2万平方米，主要生产无公害蔬菜、葡萄、番石榴、香蕉。有工业地3.33万平方米，其中工业厂房3万平方米，中小型企有12家，主要经营食品凉果，五金加工，汽车零配件。村内有医疗卫生站、老人幸福院、篮球场、公园、健身器材公共基础设施。2020年获评综合性文化服务中心试点称号。2020年村集体年收入125万元，人均可支配收入16000元。

墟镇社区　位于礼乐街道中部，辖区范围东靠东仁村，南靠东红村，西靠雄光村，北靠威西村，社区管辖面积约0.32平方千米。社区常住人口5640人；户数3958人、户籍人口2068户。辖区共有厂企约68家，物业管理处1个，楼宇66栋，住宅小区3个，平房60多间，学校6所（中学1所，小学2所，幼儿园3所）。有乐中公园、颐晚园、康乐园、会堂广场、图书阅览室、曲艺室，并设有健身器材、音乐器材，建有宣传、科普橱窗。2020年度获评江海区无毒社区。

文苑社区　位于礼乐街道北部。辖区面积0.5平方千米。辖区范围包括文昌花园、文锦苑二个小区域。东邻文昌沙社区，南邻新民村，西北面邻中福社区。文苑社区拥有楼幢数243幢，居民户数4836户，总人数14988人，其中户籍人数4590人，外来人口10398人。文苑社区配置有社区党群活动中心、室外篮球场、法治公园等公共活动场所。辖区内有3个物业小区，1个别墅区，小区外居民楼173幢，幼儿园2所，1间小型制衣厂。2020年，获评江门市抗击新冠肺炎疫情先进单位称号。

文昌沙社区　位于礼乐街道北部，东邻江睦河道，西接文苑社区、新民村；南接新华村、新兴村；北至江礼桥，连接江门市蓬江区。主要管辖路段：纸厂新村、礼乐一路、文兴苑小区、文耀苑小区、五邑路、乐平街、乐安街、文盛花园、礼义路至北头咀桥，辖区面积约1平方千米。社区有户数2565户，常住人口数为7861人。下设居民小组17个，居民代表51名，社区设有社区党群服务中心、社区公共服务、义工服务站、党群会议室、卫计服务室、调解室、民兵营、人大代表工作室、社区图书室、防灾减灾办公室、社区微型消防站、妇女儿童服务中心等。社区公园设有健身器材、健身舞台。辖区医疗设施有祥和门诊部，教育设施有朗晴小学。有新建住宅小区有朗晴新天地、文华豪庭、万隆铭汇轩、联合高峰汇等。辖区有工商企业200多家，农贸市场1家，小型的个体工商户500多家。2020年，获评江门市第四次全国经济普查先进集体称号。

中福社区　社区管辖原中福（即现文锦苑1至28幢）、帕佳图小区、文昌中英文小区、利生车城、恒大御景半岛花园。辖区面积0.7平方千米，户籍人口11300人。社区设有党员义工服务队、居民志愿服务队、文昌中英文学校义工服务队、碧源污水处理有限公司义工服务队、中福慈善会五大服务队伍。

江南街道

【简述】　江南街道地处高新（江海）区中心区域，是高新（江海）区人民政府所在地，全区政治、文化、交通、商贸中心和城市核心区。行政区域面积为13.62平方千米，常住人口90339人，其中户籍人口50616人，下辖13个社区居委会、2个经济联社和14个经济合作社。江南街道东倚白水带风景名胜区，西环江门河及礼乐河，辖区内有釜山公园、白水带体育公园、城央绿廊、儿童公园、彩虹村、渔山公园、下沙公园等。辖区交通条件发达，广珠城际轨道贯通其中，毗连江鹤、江中、广中等高速干线，辖区内东海路、胜利南路贯通南北、江海路、五邑路、金瓯路联系东西，胜利大桥、蓬江大桥、东华大桥、江门大桥、北街大桥等5座桥梁横跨江海区和蓬江区，辖区有2所中学、5所小学，9所幼儿园，5个农贸市场，23个文体小广场。

【经济发展】　2020年，完成固定资产投资增长17.1%，完成目标106.5%；规模以上工业增加值17.21亿元，增长13.9%，完成目标108.5%；社会消费品零售总额14.57亿元，增长3.1%，完成目标92.6%；完成区域地方库收入26438万元。

【重点项目建设】　街道牵头的6个区级重点项目，全年累计完成投资13.86亿元，投资完成率100%。累计配合完成城央绿廊7千米核心段建设任务。联星工业园升级改造和油湾片区城市更新改造正式启动，春燕项目已将近完成，红星项目已完成招拍挂。完成下沙二期搬迁改造项目拆迁补偿任务，下沙水上人家公园将于春节前全面完成，并向市民开放。推进府西小区轻轨综合体配套开发、保利江湾大都汇、一汇天地广场、明泰城等高品质商住小区建设；江南路西段、泰安西路、泰安东路全面建成并实现通车；以仁美社区为试点，同步做好桥南、蓬苑、江翠、中沙、富横、竹苑等老旧小区改造提质工程建设；实施乡村振兴战略，横坑彩虹村、明星村成为美丽乡村新名片。

【教育】　创建“平安校园”。开展“防溺水、防交通事故、防火、防汛”等安全宣传教育。开展“扫黑除恶”“拒绝毒品”等专题教育活动，80多场6万多人次。全街道实现安全工作责任零事故、非正常死亡零事故的“双零”目标，其中滘头小学被评为“江门市安全文明校园”。推进民生工程建设。景贤小学二期配套工程9月建成投入使用。配备室内体育馆、教师培训中心及各种功能室等，建筑面积19011平方米，总投资约6000万元。江门一中附属小学、江海景贤初中主体工程已经封顶。江南小学教学楼工程8月建成投入使用。十一中排水修缮工程，滘头小学办公室装修工程、加建护栏及通道雨篷工程等项目已完成。打造优质教育品牌。景贤小学加强与景贤学校合作办学。天鹅湾小学学校数字化信息化建设在市区起引领示范作用。滘北小学被评为江门市第三批校园足球特色学校，滘头小学被评为江门市艺术教育（剪纸）特色学校。开展“小手拉大手”垃圾分类宣传活动（主题班会）100 多场次。其中十一中获第34届广东省青少年科技创新大赛省一等奖、专利申请奖及全国二等奖，首届童星族国际青少年艺术节暨南方少儿中秋晚会全省总决赛一等奖。天鹅湾小学获2019年广东省“劳动·爱”主题教育优秀组织奖、16个优秀劳动实践活动获省级奖励，“垃圾分类”主题的《猪小戒和四个大桶》获第五届广东省科普剧大赛一等奖。滘头小学获2019年广东省中小学家庭教育典型案例。江南小学杨梅老师被评为江门市劳动模范。组织师生参加各级各类竞赛，全街道中小学获区级三等奖以上奖项480多人次，市级三等奖以上奖项250多人次。其中30多篇论文在国家、省、市级刊物上发表，景贤小学徐妙艳获“一师一优课”省级优课。十一中9个备课组获得“江门市集体备课成果优秀奖”，7个备课组获得“江海区中考备课组质量优胜奖”，2020年上江门一中分数线83人（含22名推荐生）。景贤小学获2019至2020学年度江海区小学教学质量一等奖。

【文化体育】 在江门演艺中心2幢二楼建设街道文化站，建筑面积1150平方米。设置多功能艺术厅、舞蹈排练室、音乐排练室、培训室、会议室、24小时自助图书馆、电子阅览室、桥都先锋展馆、户外大舞台、户外影院等10大功能室。街道文化站及24小时自助图书馆有限度对外开放。配合区文化馆做好区文化总馆江南分馆和江翠、建联、北湾社区3个文化服务点及区图书总馆江南分馆和江翠、中沙、北湾社区3个服务点的建设，对照省的考核标准补齐软、硬件设施，开展群众性文化娱乐活动，组织各企事业单位、艺术团队、居民群众参加区第八届文化艺术节，组织送戏下乡130多场，开展书法、舞蹈、醒狮等各类活动160多场次。对辖区公共私营体育资源进行摸底登记。发动居民群众600多人参加国民体质监测活动。组织多支队伍参加2020年江海区“体彩杯”篮球赛、羽毛球赛等。

【卫生】 落实防控措施，指导社区做好疫情排查，逐一跟踪落实，登记备案，做好隔离人员14日内进行体温监测。坚守“外防输入内防扩散”原则，指导社区“三人组”专车专班运送境外人员回属地进行居家隔离，严格落实“一人一档”社区管理，切实落实各项管控措施；对重点地区近14日返回人员，对相关人员切实落实“四个一”，发放一份健康告知书，开展一次健康问询，查验一次健康码，开展一次核酸检测，纳入社区管理，实施台账登记。是年居家隔离建档人员1093人，境外返回建档人员103人，备案登记人员134人。投入防蚊灭蚊工作的经费43万元。出动专业防治人员1100人次，施用消杀药物1940千克，消杀器械350台次。农贸集市、食品加工与销售单位、超市、宾馆、商务楼、医疗机构、敬老院或养老院、幼托机构和学校、轨道交通、车站、建筑工地、小区等重点单位加强防鼠设施的建设，落实各项灭蚊、灭鼠措施，控制辖区病媒生物密度达到低密度。开展以清除卫生死角、环境卫生综合整治为重点的爱国卫生行动，重点针对背街小巷、城中村、城乡接合部、建筑工地、老旧居民区等区域场所，清理暴露垃圾和污水坑洼，疏通排水沟、下水道，组织党员、义工、居民翻盆倒罐、清除各类容器积水，填平洼地，防止蚊蝇孳生。累计派发宣传单张20000份，清除蚊虫孳生地2650宗，更新宣传栏86块。江南社区卫生服务中心共完成为65岁以上老人免费体检4150多人。管理高血压病人3036人，管理糖尿病人1012人，实现慢病管理人数和规范管理人次达到国家基本公共卫生服务规范要求。完成辖区13个社区32000人的家庭医生入户签约建档工作，13个社区的家庭医生签约服务全覆盖。全年献血总量为169140毫升，超额完成2020年的无偿献血任务。

【社会治安管理】 投入500万元用于综治维稳平安建设、扫黑除恶专项斗争及社会治安重点整治。实行分管领导包案督办和街道干部包村调处矛盾纠纷制度，针对涉房地产开发、物业小区车位等5个重点领域的社会矛盾突出问题，建立台账，做好分析研判，全年上级交办信访件40宗，办结40宗，办结率100%。辖区内的3个派出所在“两打两控”专项行动中排名全区第一。成功创建2020年智慧新警务优秀示范点。在2020年江海区国家机关“谁执法谁普法”履职报告评议测评当中获最佳表现奖。通过市对江南街道重点治理、区对银城社区社会治安突出问题挂牌整治验收。建立小探头视频网络工程，开展行车卫士安装服务，共安装行车卫士1200台。在滘头辖区中心道路安装覆盖社会面监控，推进滘头明星村建设“智感围村”试点项目。

【“三旧”改造】 滘头红星“三旧”项目于2020年10月13日完成挂拍，开发商已进场启动项目建设。滘头联星工业区项目已上平台公布挂拍公告并完成网拍；滘北油湾片区改造项目推进中，11月20日，油湾片区项目指挥部幕，配合开展江门河岸沿线公园及道路土地搬迁腾空工作，北街经济社正开展补偿方案（第二稿）落户表决工作。

【社区公共服务站】 完成脱贫攻坚战，11户27人建档立卡贫困户全部脱贫退出。通过政企合力，与保利集团举办“保利在江海——助力粤桂扶贫、普惠大美江南”公益活动，保利公司定向采购大新县的优质农产品作为公益活动慰问品做好困难老人节日慰问行动，累计慰问走访困难老人29人，发放慰问品29份、慰问金7000元。推进农村社区治理实验区三年行动计划的社区“1+2+N”治理（社区党支部带领小区党支部，连接业主委员会、楼栋长共同参与小区治理）模式，入选全市首批市域社会治理现代化试点工作示范项目。以仁美社区裕安花园为试点，推出“同心圆·积分+”治理项目，通过购买服务，引入专业社工进驻项目，与裕安花园业委会建立联动机制。建立街道、社区两级14个退役军人服务站，建设综合性退役军人之家，街道成功创建“广东省五星级退役军人服务示范站”，3个社区争创“广东省四星级社区退役军人服务站”。在江翠社区新建街道居家养老服务站，满足辖区老年人多样化的服务需求。推动困境儿童救助保护服务体系建设，把江翠、建联和新中社区纳入“儿童之家”试点。对公共服务中心服务大厅、24小时自助服务区进行全面升级，增设便民服务设施，设立就业服务微信和QQ企业用工群，传送国家最新就业创业政策及提供在线劳资咨询服务。举办4场公益性专场招聘会，共有110家企业进场招聘，提供约3000余个就业岗位供求职者选择。针对不同的服务对象实施各有特色的“一对一”就业帮扶计划，根据需求组织免费培训和推荐就业，辖区内17名有劳动能力的建档立卡人员已全部就业及参保。

【三资监督】 做好资源的立项审批、合同审核工作，16个经济组织交易成交194宗，成交总金额1325.2万元，成交合同总价6452.2万元。做好农村集体年度清查工作，辖区2个股份合作经济联社和14个股份合作经济社全面完成2018—2019年清产核资工作，清理账面固定资产总额1911.11万元。同时，做好村级农村集体经济组织换届审计工作，11个经济组织已初步完成第一阶段的换届审计工作。

【基层党建】 落实党的基层组织建设三年行动计划，投入200万元在演艺中心新建街道党校，开展社区大党委、党员双报到、红色街长制，党建引领社区治理等工作。在新南小区成立党支部，推动台资企业东骏公司成立工会组织、侨胞之家。实施社区“头雁”工程，通过竞岗方式选拔5名年轻社区党组织副书记。新组建10家“两新”党组织，新发展28名党员。推动江翠、仁美、建联、北湾创建市基层党建示范社区，打造安诺特、科恒、晨光等“两新”党建示范点。依法依规、按时按质全面完成社区“两委”换届工作。

【环境整治】 做好污染防治攻坚战，协助关停落后产能及“散乱污”企业，谦信化工、建滔化工顺利完成就地改造及关闭退出；严格落实河长制，开展“清漂”专项行动，整治河道岸线16千米，麻园河黑臭水体治理，初步实现“河清岸绿景美”。投入337万元，以城乡环境综合整治为重点，开展“九大专项行动”（市政基础设施建设、建筑工地管理、老旧小区建设和管理、亮化、绿化、“蜘蛛网”、城市环境卫生、市容秩序、广告大清理），落实市区环卫一体化工作部署，率先在全区进行一体化保洁，完成交接、解约工作。落实专项资金800多万元，全面推开垃圾分类工作，实现街道开放式小区、物管小区垃圾分类建点全覆盖，在江门市示范片区生活垃圾分类工作评比中持续得分位居前列，成为江门市垃圾分类示范镇街。开展中心城区创文整改攻坚，投入超1000万元解决老旧城区乱停乱放、楼道粉刷、道路坑洼修复、市场升级改造、社区消防设施改造等重点难点问题。

【社区简介】 桥南社区 位于蓬江大桥的南面。面积0.4平方千米，管辖范围包括桥南新村、桥东新村、江海一路双号34号至120号、江海一路单号至375号、活力路、江南二路、松庆里、华庆里、龙上里、凤鸣苑。社区常住居民2151户，总人口5219人，其中户籍居民1425户、3335人，非户籍680户、1884人。小学1所，辖区内厂企50间，个体私营店铺115多家。社区公共服务站设置服务受理前台、群众办事等候点、会议室，办公楼旁设有老人活动室、党员活动室、电教室、警务室、电子图书阅览室、居家养老服务中心等多功能的活动中心1个和2个文化小广场。

蓬苑社区 位于飞鼠山南部，面积约0.43平方千米。管辖地段包括：蓬苑、南苑里、南苑商城、江海玉圭园、江翠路（部分）、江南路（部分）、桥南大道（部分）、江海一路（部分）。蓬苑社区共有3174户，总人口8554人，其中户籍户1602户，户籍人口4596人，流动户1572户，流动人口3958人，地域面积0.43平方千米，下设七个居民小组。辖区内有小学1间，幼儿园1间，个企私营企业235家。社区服务中心占地90平方米，有棋牌室、图书阅览室，多功能活动室等场所。社区公共服务站设有社区党委，党员远程网络教育站，社区义工服务站，社区警务室，社区志愿（义工）服务站，公共法律服务点，妇女维权服务站，心理咨询室，新家庭文化屋，星光老人之家等。

江翠社区　位于烟墩山附近，面积0.45平方千米，管辖地段包括翠园里、翠鸣苑、凯旋堡、江海一路、江南路、中沙路、江南新村、江翠路和东海路9个片区，住户3058户，人口8365人，有中学1所，省级幼儿园1所，个体私营企业250家。设党群服务室、志愿楼长工作服务站、多功能会议室、综合活动室、综合阅览室、人大联络室、心理咨询室等设备齐全的功能室。整合社区公共服务站、家庭综合服务中心、志愿楼长服务站、残疾人综合服务中心、综合文化服务中心、新时代文明实践站、文体小广场等总建筑面积达2000多平方米的公共服务资源。

新中社区　位于桥南大道西南面，面积0.46平方千米，管辖地段有：新南里、新中里、太宁里、长隆里、大井里、丰宁里、新中大道1号之一、之二，新中大道3号之一、之二、之三、之四，新中大道5号之一、之二、之三、之四、之五、之六、之七（部分单号商铺）、江翠路（158、162号），辖区现有住户2365户，共有人口6539人，户籍人口1069户、2957人；非户籍人口1296户，3582人；共有68幢楼房、1间幼儿园、企事业商铺119家。有面积达8600平方米（其中新南广场6600平方米和新中公园2000平方米）的文化小广场。社区公共服务站使用面积共600多平方米，设有公共服务站、党员活动室、心理咨询室、老人活动中心、青少年活动中心、家长学校、普法加油站、志愿管家联络点、警务室、消防展示室、庇护站、文化书屋、图书阅览室、电子阅览室、新中卫生服务站、法治长廊、健身长廊、篮球场、羽毛球场、乒乓球场等场所。

竹苑社区　位于竹苑里，辖区面积0.31平方千米。下辖竹苑里、东汇城、江南新村、红门楼（部分）、中沙（部分）、挪角里和瑞龙里6个片区。社区常住人口3813人，其中户籍人口2711人，流动人口1661人。有幼儿园1间，三小场所75家。

中沙社区　位于胜利大桥南岸，面积约：0.35平方千米。下辖（管辖范围）：中沙1号至51号；红门楼2至6号之三、17至17号之五、18号、23号、26号、34号、34号之一至之三、35号、38号之一、50至54号之二；江南路18号至22号、22号之一至22号之二；下沙1号、1号之一至七（空号户）、下沙1号之八至十；仁美里1号之一1幢至3幢、仁美里1号至2号（包括仁美里1号之二、仁美里1号之三、仁美里2号之二）。现有居民：981户，户籍人口：2789人，常住非户籍人口：903人，流动人口：812人，社区公共服务站面向的服务对象4504人。辖区内有幼儿园1间，托管中心3间，个体工商户143家。

仁美社区　位于胜利大桥南岸，面积0.8平方千米。管辖地区有红星经济合作社，惠泽园（保障房）、仁美里、仁美新村、裕安花园、新围新村、下沙、红门楼71、72号、星海湾。社区内有幼儿园一所，设有星光老年人之家、青少年活动室、党员活动室、婚育分校、图书室、文化小广场等。辖区总户数3033户，居住人口9243人（其中户籍人口3217人，非户籍常住人口约5076人，流动人口约915人），大小厂企45家，商铺140家。

建联社区　位于银城社区和仁美社区之间，辖下8个居民小组，管辖地区有新星、建星、联星三个经济合作社，包括：新基里、新基新村、厚朋里、厚朋里西、厚朋里东、顺天里、建星新村、顺天花园、联星花园、石嘴里等，面积1.3平方千米，社区总人口8922人，其中户籍人口3977人，流动人口4945人，辖区内托儿所1所，厂企82家，个体112户。建联社区党群综合服务中心，建筑面积960平方米，设有党群会议室、党员教育室、“两委”办公室、康园中心、便民服务活动室、防灾减灾物资室、微型消防站、计生服务室、家长学校、心理咨询室、430学堂、科学育儿基地、新家庭文化书屋、电子阅览室、志愿者服务站、居家养老服务站等。

银城社区　位于五星新村1号，面积1.8平方千米，下辖银星和五星两个经济合作社，有莲花里、西京里、航世里、丰谷里、五星新村、银城花园、市心里、截水里、银星新村、莲花新村、康城、明泰城、怡景湾等13个居民小组，户籍人口1572户、4361人；常住人口1930户、4885人；流动人口425人，136户。辖区有学校两间，幼儿园两间，托管中心两间，大型厂企三间，三小场所246间。社区设有党群活动室、图书阅览室、会议室、调解室、多功能室等。

正南社区　位于东海路以东，面积1.2平方千米，辖区覆盖正安村、南雄村、兴南小区、君逸居、君悦居、雅南居等。现有楼房67幢，平房345间，有常住户2363户。其中户籍人口数4045人，常住人口数4423人，流动人口550人。正南社区公共服务站面向的服务对象人数9018人。正南社区公共服务站设有党代表工作室，党员远程网络教育站、社区义工服务站、社区警务室、信访工作站、人民调解室、妇女之家、心理咨询室、残疾人协会、新家庭文化屋、星光老人之家、计划生育服务站等。

永明社区　位于东海路旁，面积2平方千米。管辖（永南里、东海花园、江海花园、南泉花园、天鹅湾、永康里（永星经济合作社）、四村里（明星经济合作社）等。社区设有图书阅览室、老年活动室、党员活动室、会议室、婚育分校、家长学校、青少年之家、心理咨询室、民兵营，社区警务站、社区卫生服务站、综治信访维稳工作站、体育文化广场等；现有居民约4988户，户籍人口6382人，常住非户籍人口8369人，流动人口145人，社区公共服务站面向的服务对象14896人。辖区内有学校1间，个人私营企业（个体）256家。

北湾社区　位于江海区北边，面积2.5平方千米。下辖（管辖范围）仁美里、茶山里、龙湾里、平乐里、江海三路147—155，永安居、北街水闸、电化厂、浮法玻璃厂、溶剂厂、油湾里、江海二路单号商住楼号、藕山1、藕山2，瑞华苑、海事局、华茵绿洲、格林春天豪庭等，设有党群会议室、党员教育室、多功能会议室、防灾减灾物资室、微型消防站、计划生育协会办公室、心理咨询室、家庭综合活动室、430学堂、科学育儿基地、新家庭文化书屋、电子阅览室、家长学校、义工服务站。现有居民2089户，户籍人口3200人，常住非户籍人口2594人，流动人口3004人，社区公共服务站面向的服务对象10860人。现有党员32人。辖区内学校1间，个人私营企业（个体）531家。

富横社区　位于江南街道东片，面积1.2平方千米，现有住户共1950户，6565人，户籍人口2645人，流动人口3920人，社区内设社区公共服务站、党群服务中心、430学堂、妇女儿童维权站、图书室、义工服务站、居家养老服务中心、残疾人康园中心、心理咨询室等。辖内有江门市演艺中心、釜山公园（城央绿廊）、白水带体育公园、白水带公园风景名胜。

附录

2020年江海区国民经济和社会发展统计公报

2020年，面对新冠肺炎疫情的严重冲击和复杂多变的国内外环境，江海区坚持以习近平新时代中国特色社会主义思想为指导，全面贯彻党的十九大和十九届二中、三中、四中、五中全会精神，坚定不移贯彻新发展理念，认真落实省委“1+1+9”工作部署、市委“1+1+5”工作举措和区委“1+1+12”工作任务，坚持稳中求进工作总基调，抢抓“双区”建设发展机遇，统筹推进疫情防控和经济社会发展工作，扎实做好“六稳”工作，全面落实“六保”任务，决胜全面建成小康社会取得决定性成就，“十三五”规划主要目标顺利完成，高质量发展迈出坚定步伐，为开启全面建设社会主义现代化新征程奠定坚实基础。

一、综合

经江门市统计局统一核算，2020年江海实现地区生产总值（初步核算数）249.03亿元，比2019年增长3.5%。其中，第一产业增加值5.35亿元，增长2.8%；第二产业增加值131.7亿元，增长3.6%；第三产业增加值111.98亿元，增长3.4%。三次产业结构为2.1:52.9:45.0。

图1　2015—2020年地区生产总值及其增长速度

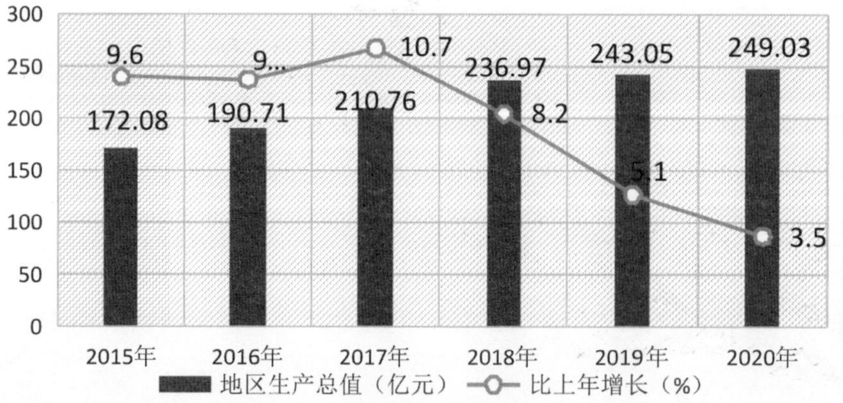

全区年末户籍总人口18.05万人。全年人口出生率12.6‰，死亡率6.6‰，自然增长率6.0‰。年末户籍人口的主要构成：男性占48.4%，女性占51.6%；17岁以下人口占19.6%，18—34岁人口占23.1%，35—59岁人口占39.3%，60岁以上人口占18.0%。

全年城镇新增就业5540人，城镇失业人员再就业4200人，就业困难人员实现就业352人。年末城镇登记失业率2.5%，比2019年上升0.12个百分点。全年开展劳动力技能培训4.3万人，新增转移就业劳动力141人。

年末私营企业9427户，注册资金218.18亿元，分别比2019年增长9.6%和22.7%；个体工商户29852户，注册资金10.02亿元，分别增长35.1%和48.4%。

全年地方一般公共预算收入15.29亿元，比2019年增长5.3%，其中，税收收入12.85亿元，增长2.8%。地方一般公共预算支出

21.49亿元，增长9.1%。其中，教育支出3.9亿元，增长2.3%；卫生健康支出1.72亿元，增长6.9%；社会保障和就业支出3.15亿元，增长19.4%。

二、农业

全年农林牧渔业总产值9.17亿元，比2019年增长0.8%。

全年粮食作物播种面积58.87公顷，比2019年增长11.6%。甘蔗种植面积547.8公顷，增长0.2%。蔬菜种植面积2124.8公顷，增长5.0%。

全年粮食产量297吨，比2019年增长53.9%。果蔗产量45896吨，增长1.5%。蔬菜产量45808吨，增长5.5%。

全年肉类总产量383吨，比2019年增长3.0%。全年水产品产量27799吨，增长3.7%。

图2　2015—2020年粮食产量及其增长速度

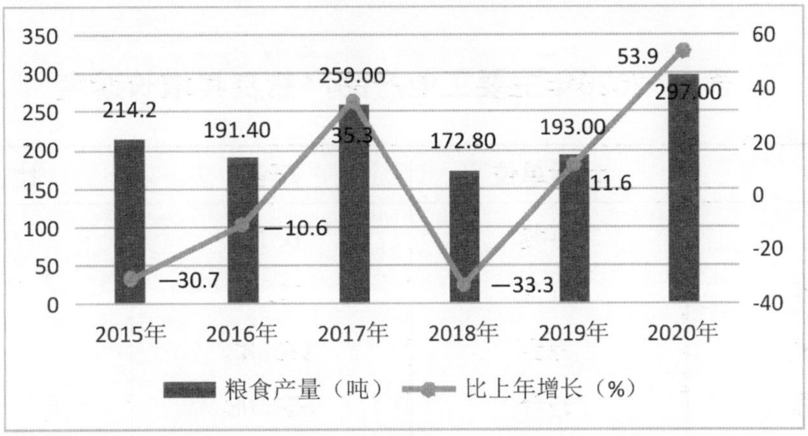

三、工业和建筑业

全年规模以上工业增加值比2019年增长5.1%。分注册类型看，国有及国有控股企业增长26.4%，民营企业增长2.9%，外商及港澳台投资企业增长1.4%，股份制企业增长9.3%。分轻重工业看，轻工业增长7.8%；重工业增长3.8%。分企业规模看，大型企业下降16.4%，中型企业增长9.9%，小型企业增长9.3%，微型企业增长33.8%。

图3　2015—2020年规模以上工业增加值增长速度（%）

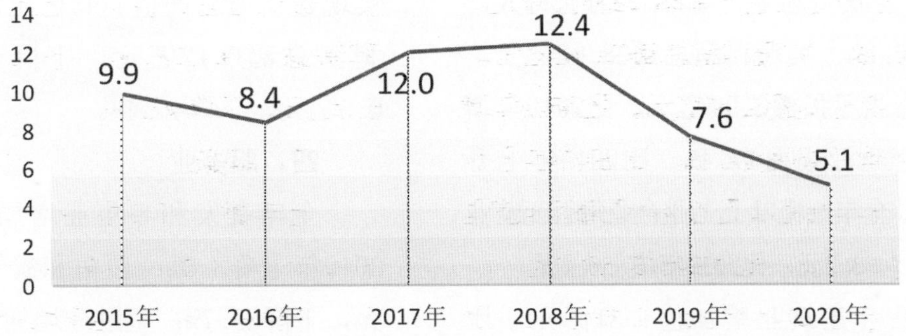

分行业看，计算机、通信和其他电子设备制造业、电气机械及器材制造业、非金属矿物制品业、化学原料和化学制品制造业、金属制品业等增加值排列前五位的行业分别下降1.4%、增长8.4%、下降9.6%、增长30.5%、增长9.1%。

规模以上高技术产业增加值比2019年增长2.3%，占规模以上工业增加值的比重为36.7%。其中，医药制造业增长4.8%，电子及通信设备制造业增长0.8%，计算机及办公设备制造业下降12.9%，医疗仪器设备及仪器仪表制造业增长415.8%。

规模以上先进制造业增加值比2019年增长1.9%，占规模以上工业增加值的比重为69.2%。其中，先进装备制造业下降0.6%，高端电子信息制造业下降1.6%，石油化工产业增长31.0%，先进轻纺制造业增长8.0%，新材料制造业下降6.8%，生物医药及高性能医疗器械增长23.8%。先进装备制造业中，智能制造装备增长36.0%，新能源装备增长19.4%，汽车制造业下降47.9%，重要基础件增长3.6%。

表1　2020年主要工业产品产量及其增长速度

产品名称	计量单位	产量	比上年增长（%）
纱	万吨	0.15	-66.2
房间空调器	万台	11.09	-57.5
家用洗衣机	万台	182.33	-1.3
家用电风扇	万台	551.08	21.1
摩托车整车	万辆	52.17	25.3
烧碱	万吨	8.34	1.3
平板玻璃	万重量箱	2291.64	-4.9
光电子器件	万只	398.6	67.7

规模以上工业资产贡献率7.7%，资产负债率51.0%，流动资产周转次数1.74次，成本费用利润率6.3%，全员劳动生产率18.72万元每人，产品销售率96.6%。实现利润总额28.68亿元，增长2.6%。企业亏损额6.94亿元，比2019年增长154.2%。企业亏损面17.4%，比2019年上升0.4个百分点。全年规模以上工业企业每百元营业收入中的成本为83.3元，比2019年增加0.2元。

全年全社会建筑业增加值1.31亿元，比2019年下降2.2%。全年具有资质等级的总承包和专业承包建筑企业17个，比2019年增加8个；实现建筑业总产值4.45亿元，增长8.6%。实现利润总额0.12亿元，下降40.0%；利税总额0.3亿元，下降46.4%。

四、服务业

全年批发和零售业增加值11.54亿元，比2019年下降3.0%；住宿和餐饮业增加值3.66亿元，下降22.7%；金融业增加值8.67亿元，增长

7.7%；房地产增加值36.41亿元，增长11.5%；交通运输、仓储和邮政业增加值5.51亿元，下降2.1%；营利性服务业增加值24.5亿元，增长0.2%；非营利性服务业增加值21.62亿元，增长4.6%。

全年规模以上服务业企业实现营业收入10.48亿元，比2019年增长17.5%；利润总额0.74亿元，增长4.6%。分行业看，交通运输、仓储和邮政业营业收入下降9.1%；信息传输、软件和信息技术服务业增长8.5%；租赁和商务服务业增长60.4%；科学研究和技术服务业下降2.8%；水利、环境和公共设施管理业增长11.1%；文化、体育和娱乐业下降31.5%。

五、固定资产投资

全年固定资产投资比2019年增长12.1%。分投资主体看，国有经济投资增长15.9%；港澳台、外商经济投资下降48.3%；民间投资增长22.4%。分产业看，第二产业投资增长10.6%；第三产业投资增长12.7%。分类别看，工业投资增长10.6%，占固定资产投资的比重为28.7%；房地产开发投资增长14.2%，占固定资产投资的比重为47.7%；基础设施投资增长6.6%，占固定资产投资的比重为22.2%。

图4　2015—2020年固定资产投资增长速度（%）

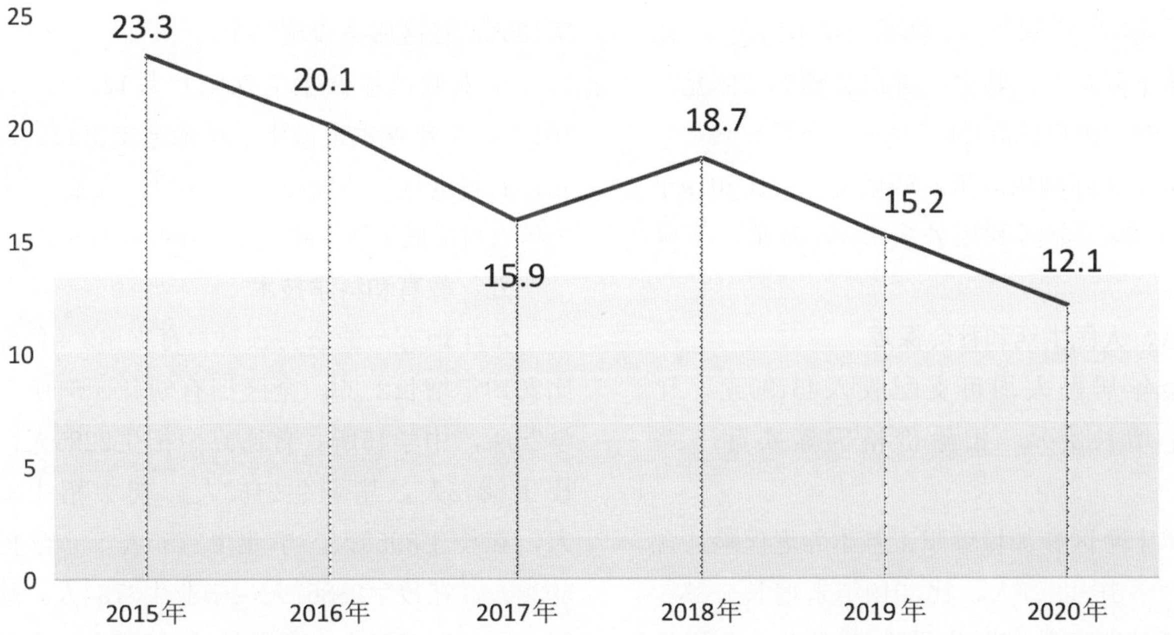

全年商品房施工面积522.05万平方米，比2019年下降9.7%；商品房竣工面积27.4万平方米，下降54.0%；商品房销售面积68.3万平方米，增长23.1%；商品房销售额64.65亿元，增长20.8%。

六、国内贸易

全年社会消费品零售总额56.8亿元，比2019年下降6.2%。分行业看，限额以上批发零售业实现零售额24.96亿元，下降5.1%；限额以上住宿餐饮业实现零售额1.39亿元，下降23.2%。分商品类别看，在限额以上批发零售业零售额中，粮油和食品类增长20.7%，文化办公用品类下降17.6%，汽车类下降5.9%，其他类增长3.4%。

图5　2015—2020年社会消费品零售总额及其增长速度

七、对外经济

全年外贸进出口总额245.0亿元，比2019年下降2.2%。其中，进口总额58.2亿元，下降4.6%；出口总额186.8亿元，下降1.4%。

全年实际利用外资2.59亿美元，比2019年增长11.8%；合同利用外资0.3亿美元，下降93.9%。

八、人民生活和社会保障

全年居民人均可支配收入45190元，比2019年增长3.0%，扣除价格因素实际下降0.1%。

年末全区参加城镇职工基本养老保险（含离退休）16.22万人，比2019年末增长4.8%。参加城镇职工基本医疗保险16.38万人，增长6.7%。参加工伤保险11.78万人，增长1.9%。参加生育保险11.58万人，增长10.7%。参加失业保险11.21万人，增长9.1%。参加城乡居民社会养老保险4.2万人，下降3.3%。参加城乡居民基本医疗保险7.52万人，增长1.8%。

年末拥有社会福利院1间，床位1000张，收寄养人数706人；儿童福利院1间，床位500张，收养人数110人。养老院2间，床位375张，收寄养人数263人。社区服务中心覆盖率100%，社区服务设施65个。

年末城镇最低生活保障户数121户，人数161人，全年城镇最低生活保障金支出172.71万元；农村最低生活保障户数206户，人数311人，全年农村最低生活保障金支出289.41万元。

九、教育和科学技术

全年地方一般公共预算教育支出3.9亿元，比2019年增长2.3%。全区拥有幼儿园51所，小学20所，中学15所。普通高中招生2285人，在校生6842人，毕业生2153人。初中招生3274人，在校生8953人，毕业生2755人。小学招生5028人，在校生28867人，毕业生3733人。幼儿园入园儿童4067人，在园幼儿10327人。小学学龄儿童入学率100%，初中适龄少年入学率100%，初中升学率100%，高中升学率98.8%。

全年地方一般公共预算科学技术支出1.67亿元，比2019年增长4.0%。年末国家级高新技术企业407家；全年净增国家级高新技术企业56家。拥有省级以上创新平台97个。拥有工程研究中心255家，其中省级工程研究中心75家。全年专利授权量3078件，增长18.2%。其中发明专利授权量127件，下降19.1%。

十、文化、旅游、体育和卫生

年末全区拥有基层综合性文体服务中心62个，街道文体服务中心3个，文化馆1个，文化分馆3个，图书馆1个，24小时自助图书馆3个，图书总藏量34.3万册。广播人口综合覆盖率和电视人口综合覆盖率均100%。全区拥有13个体育公园，66个文体广场，其中全民健身广场13个，文体小广场53个。公共体育场所总面积为78.4万平方米。

全年旅游总收入15.48亿元。全年接待游客147万人次。其中，接待一日游游客69万人次；接待过夜游客78万人次。

全年组织文艺家创作抗疫主题文艺作品345件，其中共12件作品14次登上“学习强国”平台；区文化馆选送的原创歌曲《起大樑》在“2020江门市群众艺术花会（音乐舞蹈）”比赛和“老乡讲小康——2020年江门市百姓宣讲大赛总决赛”曲艺类分别获得金奖和二等奖；江海区选拔队伍参加“广东省第十六届运动会乒乓球江门地区选拔赛”，获男子团体第一名；参加“广东省第十六届运动会健身气功江门地区选拔赛”，获团体4个第一名，单项3个第一名；代表江门市参加广东省健身气功舞大赛，分别获得青少年组和成年组的团体第二名；礼乐街道英南村获评第二批广东省文化和旅游特色村；长廊生态园成功创建为国家AAA级旅游景区。

年末全区共有各类医疗卫生机构100个，其中医院3个。各类卫生技术人员1113人，床位525张。医院卫生技术人员536人，其中执业（含助理）医师179人，床位485张。

十一、资源、环境和安全生产

年末拥有污水处理厂3座，污水管网182千米，污水处理能力34吨/日，城镇生活污水处理率97.5%。镇级生活垃圾转运站43座，城镇生活垃圾无害化处理率100%。

全年规模以上工业综合能源消费量47.24万吨标准煤，比2019年增长1.7%。全年全社会用电量31.96亿千瓦时，增长8.4%。分产业看，第一产业用电量0.51亿千瓦时，增长14.3%；第二产业用电量25.13亿千瓦时，增长7.0%，其中工业用电量24.55亿千瓦时，增长6.8%；第三产业用电量2.97亿千瓦时，增长15.7%。城乡居民用电量3.35亿千瓦时，增长12.6%。

全区大气环境质量良好，空气质量达标天数占比为88.0%。饮用水源水质达标率为100%。城市区域环境噪声平均值为56.69分贝，优于国家区域环境噪声2类区昼间标准；道路交通干线两侧昼间噪声质量处于较好水平，等效声级为69.7分贝，符合国家4类区昼间标准。

全区全年共发生生产安全事故11起，死亡7人，受伤8人，直接经济损失14.74万元，事故起数和受伤人数均与2019年持平，死亡人数下降22.2%，直接经济损失增长20.1%。其中，道路运输事故11起。消防事故109起，增长21%；死亡0人，受伤0人，均与2019年持平；直接经济损失134万元，增长351%。

注：

1.本公报中2020年数据为初步统计数，统计图中2015—2019年数据为年报数。

2.地区生产总值、三次产业及相关行业增加值绝对数按现价计算，增长速度按可比价计算；地方一般公共预算收入增长速度按可比口径计算。

3.农业相关历史数据根据第三次全国农业普查结果进行修订。

4.社会消费品零售总额根据第四次全国经

济普查结果对2019年数据进行修订。

5. 规模以上工业统计口径为年主营业务收入2000万元及以上的工业企业。

6. 固定资产投资项目统计起点由计划总投资50万元提高到500万元，增速为可比口径。

7. 限额以上批发和零售业统计标准为：批发业年主营业务收入2000万元及以上；零售业年主营业务收入500万元及以上。

8. 规模以上服务业范围是：（1）年营业收入2000万元及以上服务业法人单位。包括：交通运输、仓储和邮政业，信息传输、软件和信息技术服务业，水利、环境和公共设施管理业三个门类和卫生行业大类。（2）年营业收入1000万元及以上服务业法人单位。包括：租赁和商务服务业，科学研究和技术服务业，教育三个门类，以及物业管理、房地产中介服务、房地产租赁经营和其他房地产业四个行业小类。（3）年营业收入500万元及以上服务业法人单位。包括：居民服务、修理和其他服务业，文化、体育和娱乐业两个门类，以及社会工作行业大类。

9. 2015年起，“地方公共财政预算收入”更名为“地方一般公共预算收入”。

资料来源：本公报中户籍人口数据来自市公安局江海分局；城镇就业和失业、社会保障数据来自区人力资源和社会保障局；专利、私营企业和个体工商户数据来自区市场监督管理局；财政数据来自区财政局；水产品产量数据来自区农业农村和水利局；进出口、利用外资数据来自区经济促进局；教育数据来自区教育局；高新技术企业、创新平台、研究中心数据来自区科学技术局；文化、旅游、体育数据来自区委宣传部；卫生数据来自区卫生健康局；福利院数据来自市社会福利院；养老院、社区服务、最低生活保障数据来自区民政局；污水处理、垃圾转运数据来自区城市管理和综合执法局；气象、环境监测、水资源数据来自市统计公报；生产安全事故数据来自区应急管理局；消防事故数据来自区消防救援大队；其他数据来自区统计局。